易經

現代生活的智慧

《易經》是中國文化的源頭，是中國古代文化中的經典，是中國古典哲學中的哲學，是生活智慧中的智慧。本書作者從《易經》的每一卦中挖掘出來的若干點悟，結合古今中外不拘一格的生活實例，闡述了許多有關現代人生活必知、實用、而精妙的生活大智慧，讓讀者在趣味解讀《易經》的同時，更便於對《卦》辭的理解。

孫三寶 著

以最古老的智慧寶典，感悟現代生活
用最淺顯的易懂文字，解決現實困惑

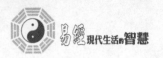

前　言

　　《易經》是中國文化的源頭，是中國古代文化中的經典，是中國古典哲學中的哲學，是生活智慧中的智慧。《易經》中的哲理博大精深，其基本哲理為陰陽，陰代表女性，柔順而消極；陽則代表男性，剛強而積極。陰陽交錯組合乃成八卦，八卦又演繹出六十四卦。傳說八卦為伏羲氏所作，六十四卦為神農氏所作，卦爻辭是文王與周公所作，《十翼》，則是孔子所作。到了西漢，儒家將《周易》與《禮》、《樂》、《詩》、《書》、《春秋》奉為經典，稱為「六經」。

　　《易經》講天地陰陽，宇宙自然，人倫五行，推演未來，使人類的生存能夠知其然，更知其所以然。學會了《易經》也就是要掌握用簡易的方法，去看待我們生活中變易的事物，從而得到不易的真理，真正把握《易經》的真諦。

　　《易經》對於現代人來說，越來越重要。《易經》這門學問，不僅幫助我們瞭解自然界，幫助我們瞭解人群社會，而且也幫助我們瞭解自己。閱讀《易經》，只要通過第一關，瞭解基本的八卦，再合成六十四個六爻卦，就慢慢知道：人生有六十四種處境，每一個卦有六爻，變成三百八十四爻，代表三百八十四種位置。六十四個大的形勢，三百八十四個位置，你總能從裡面找到一個地方吧？但是找地方又要記得，它不斷在變化，「易」就是變化。隨時知道居安思危，任何狀態表面上是安靜的，其實它實質上充滿動力，隨時都有新的狀況出現，最怕的是不知道將來會變化得怎麼樣。人最可怕的是無知，以為將來還是很好，那太天真了；以為將來都不好，那太悲觀了。看《易

經》就知道，它的變化規則大概是什麼，這個卦後面接什麼卦，都有一定的道理存在。

《易經》雖然是我們民族古老的智慧，但它和現代人依然有很大的關係，依然具有現代意義。我們學習《易經》，就是要把它作為我們生活中的哲學老師，只要在我們的生活和社會實踐中，牢牢地把握了《易經》中有關生活的智慧，那麼，我們的人生獲得成功的機率就會是比較高的；我們研讀《易經》，就是要知道生活中的必然性和可變性，進而發揮人的主觀能動性，使自己知命樂天，享受奮鬥的樂趣和人生最佳的生活狀態。

《易經現代生活的智慧》本書是作者從《易經》的每一卦中挖掘出來的若干點悟，結合古今中外不拘一格的生活實例，闡述了許多有關現代人生活必知、實用，而精妙的生活大智慧，讓讀者在趣味解讀《易經》的同時，更便於對《卦》辭的理解，我們相信，讀者若以熱情和信心去閱讀這本書，領悟其中的奧秘，就必能學有所得，並從中深深體會會古人「閒坐小窗讀《周易》，不知春去已多時」的悠遠意境！

　　伏羲，又稱太昊。生於隴西成紀（今甘肅天水），徙治陳倉，定都於陳宛丘（今河南淮陽）。相傳伏羲教民結網，漁獵畜牧，製作八卦等，亦傳說伏羲創文字、古琴。傳說伏羲坐於方壇之上，聽八風之氣，乃做八卦。八卦衍生《易經》，開華夏文明。

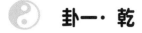 **卦一・乾**

不要輕易亮出自己的「底牌」

九三：君子終乾乾，夕惕若厲，無咎。

「乾乾（**乾乾**）」即健健，努力不懈的意思。「惕」是警惕，「若」與然同。「厲」是嚴謹。「咎」是與群背離，必然造成過錯，發生災難的意思。「九」是陽爻，「三」是奇數的陽位，陽爻陽位，因而陽剛得正。但已離開「二」的中位，上升到下卦最高位置的「三」，過分剛正，反而有危險。這一卦相意思是指：有德行的君子，本性剛健正直，如果終日奮發努力不懈，夜晚仍然戒慎恐懼，嚴謹惕勵，雖然處於危險的地位，也不會發生過失與災難。

這一「爻辭」，完全是以人事說明卦象。當具備智慧與德行的君子，已經顯現，受到注目，就處於危險的地位。這時，君子就必須時刻奮發，努力不懈，日夜警惕，不休不止的致力於德業的完成，謹慎小心，才能避免過失與災難，如果驕傲自大，就會招致危險。一說，這是象徵文王返國後惕勵奮發的時期。

在與人交往的時候，要「夕惕若厲」，也就是要早晚都慎重，大事小事都慎重，這樣才沒有過錯。這啟示我們，在生活中，不要輕易亮出自己的「底牌」。

《易經》乾卦中的「潛龍在淵」，就是指君子待時而動，要善於保存自己，不可輕舉妄動。

有的人依恃著自己的才能、學識、權力和金錢等等，便目空一切，忘記了「潛龍在淵」，忘記了要善於保存自己，於是就變得狂妄自大。

鋒芒不可太露

中國有句俗語，叫做「出頭的椽子先爛」，說的就是為人不可太露鋒芒的道理，《莊子》中的「直木先伐，甘井先竭」說的也是這個道理，挺拔的樹木最容易被伐木者伐去，甘甜的井水最容易被喝光。所以，在人們的生活交往中，才華橫溢、鋒芒太露的人也最容易受到傷害。聰明的人在這種情況下就要學會保護自己。

有些人認為，鋒芒是刺激大家的最有效方法，也許你很欣賞這種說法，但仔細看看周圍的同事，若是處世已久，頗有經驗的人，他們往往與你完全相反。和光同塵毫無稜角，言語發此，行動亦然，個個深藏不露。好像他們都是庸才，其實他們的才，頗有位於你上者，好像個個都很訥言，其實其中頗有善辯者。但是他們卻不肯在言語上露鋒芒，在行動上露鋒芒，這是什麼道理呢？

因為他們有所顧忌：言語鋒芒，便要得罪旁人，被得罪了的旁人便成為你的阻力，成為你的破壞者；行動鋒芒，便要惹旁人的妒忌，旁人妒忌也會成為你的阻力，便也成為你的破壞者。你的四周，都是你的阻力或你的破壞者，在這種情形下，你連立足點都沒有了，哪裡還能實現你揚名立身的目的？

對此，宋朝的賈玄不愧為是一位為人應事的高手：

一次，宋太宗召賈玄陪同下圍棋，賈玄心中感到很為難，贏也不是，輸也不是。開棋時，太宗讓賈玄3子，結局時，賈玄輸了19子。

宋太宗知賈玄有意讓自己，就有點不高興，說：「再下一局，你再輸了，就該杖罰了。」

這一局，賈玄用盡了全身的功夫，下了個不輸不贏。其實，圍棋要做到不輸不贏是很難的，甚至比贏棋還難。賈玄未輸，自然不能杖責。

宋太宗看賈玄仍沒有用足真本事，就說：「你這一局，仍有假，再下一局，你勝的話，就賞你官做，要是輸了，就把你扔到水裡。」

待到下完這一局，又是不輸不贏，太宗說：「我讓你先走一子，可是仍下成平局，就是你輸了！」說完，下令把賈玄扔到水裡。

賈玄被人抬起將要被扔到水裡時，他大叫：「我手中還有一枚棋子啊！」說完，他伸開手讓太宗看，這樣賈玄就贏了這一局。

宋太宗很為賈玄的機智而開心，哈哈大笑，真的給賈玄封升了一個官職。

在賈玄的心中，深悟伴君如伴虎的道理，下棋贏也不是，輸也不是，這類官場應酬，實在難以對付，非得想出個妙法。

相反，鋒芒直露，盡顯其耀者，因不知收斂，其命運的結果就與上述迥然不同了。下面朱元璋誅殺沈萬三，便是一個鮮明的案例。

沈萬三是金陵的巨富。朱元璋攻下金陵後，打算擴大它的外城。當時正值戰亂，國庫空虛，難以完成這項工程。他便找到了家財萬貫的沈萬三。

沈萬三願意承擔工程的一半，他們同時開工，結果沈萬三比朱元璋早三天完工。

朱元璋斟酒慰勞他說：「古代白衣天子，號曰素封（無官無爵而有資財的人），你就是啊。」其實朱元璋心裡並不高興，不過沈萬三絲毫沒有覺察。

不久，沈萬三因其田靠近湖邊，就修了一道石岸用來保護自己的田地不受水淹。太祖討厭他太富，就單獨對他的田地抽稅，每畝九斗十三升。而後想殺他，一時沒有理由。恰好逢沈萬三用茅山石鋪蘇州街的街心，朱元璋藉此故做文章，說他謀反而殺了他，又查抄了他的家產，沒收入官。其結果實在慘矣！

沈萬三死得好冤枉，沒有犯法，為皇帝出了力，反而被殺，是何原因呢？

切實而言，鑑於當時社會的弊病。

沈萬三不懂官場權謀，缺乏官場應酬的基本常識。一個商人，無論多麼富有，生死都操在有權勢的人手中，怎麼可以與皇帝比富鬥富呢？怎麼可以比皇帝早三天完工呢？他的正確做法應該是把金錢獻出來，讓朱元璋自己修，這樣必能討好朱元璋，也許還能得個一官半職。

就今天而言，隨著社會的進步，在為人做事方面，我們大可不必那樣謹小慎微，但掌握鋒芒畢露的「度」還是必須的。由於人際交往的複雜性，鋒芒太露，易遭嫉妒和挫傷。對此，懂得不可太露鋒芒的方圓之道仍是很重要的。

要居安思危

人生有順境也有逆境，有人順境時趾高氣揚，不可一世；逆境時則垂頭喪氣，自暴自棄。智者對此則有獨特的理解，因為他們認為順境和逆境並不是截然相反的，順境往往來自於逆境時的奮發，逆境則往往來自於順境時的狂傲。所以他們提出，在順境時不要太過得意，而要戰戰兢兢，如履薄冰；逆境時不要太過灰心，而須腳踏實地，埋頭苦幹。只有這樣，才能使人的一生經常處於順境之中。

相傳孔子年輕時，曾經受教於老子。當時老子對他講：「良賈深藏若虛，君子盛德，容貌若愚。」意思是說善於做生意的商人，總是隱藏其寶貨，不令人輕易見到，而君子之人，品德高尚，但容貌卻顯得愚笨。老子是告誡人們：過分炫耀自己的能力，將欲望或精力不加節制地濫用是毫無益處的。

人的一生不應對什麼事情都斤斤計較，日常中遇到的平凡小事，該吃虧時要甘願吃虧，該聰明時就要聰明，而在關鍵時刻，才要表現出大智大謀。

宋代宰相韓琦以品性端莊著稱，遵循著居安思危的處世準則，從來不曾因為有膽量而被人稱許過。可是在下面兩件事上的神通廣大，實在是沒有第二個人可匹敵，這才是「真人不露相」。

宋英宗剛剛駕崩之時，朝臣急忙召太子進宮，太子還沒到，英宗的手又

動了一下，宰相曾公嚇了一跳，急忙告訴宰相韓琦，想停下來不再去召太子進宮，韓琦拒絕道：「先帝要是活過來，就是一位太上皇。」說罷催促人們召太子入宮，從而避免了權力之爭。

擔任入內都知職務的任守忠，是個反覆無常的奸邪之人，他秘密探聽東西宮的情況，在皇帝和太后之間進行離間。韓琦有一天出了一道空頭敕書，參政歐陽修已經簽了字，參政趙概感到很為難，不知怎麼辦才好，歐陽修說：「只要寫出來，韓公一定有自己的說法。」

韓琦坐在政事堂，用未經中書省而直接下達的文書把任守忠傳來，讓他站在庭中，指責他說：「你挑撥離間，欺上壓下，其罪過應當判死刑，現在貶官為蘄州團練副使，由蘄（音蘄ㄑㄧˊ）州安置。」韓琦拿出空頭敕書填寫上，當天就派使臣把任守忠押走了。

要是換作另外的愛耍弄權術之人，任守忠會輕易就範嗎？顯然不會，因為他也相信一貫誠實的韓琦的說法，不會懷疑其中有詐。這樣，韓琦輕易除去危害家國的蛀蟲，而仍然不失忠厚。所以大智若愚實在是一種人生處世的最高境界。

《荀子·仲尼》中說：所以聰明的人辦事，盈滿的時候想到不足的時候，安全的時候想到危險的時候。十分小心地預測將來，時刻怕惹來禍患，所以他們做什麼事都不會失敗。

孫叔敖無疑是得居安思危之道的又一人。據《韓詩外傳》載：

孫叔敖碰到狐丘丈人，狐丘丈人對他說：「我聽說，有三種有利的事，也一定有三種有害的事，你知道嗎？」孫叔敖一下子變了臉色，說：「我不聰明，怎麼能知道呢？請問什麼叫三利，什麼又叫三害？」

狐丘丈人說：「爵位高的人，別人一定會妒忌他；官做得大的人，君子一定會提防他；俸祿多的人，別人一定會怨恨他，指的就是這個。」

孫叔敖說：「不是這樣的，我的爵位越高，我的志向就越低；我的官越大，我的心氣也就越小；我的俸祿越多，我施捨的人也就越多。這樣做我就可

以躲避災禍。」狐丘丈人說：「你說得太好了！」

凡事預留退路

在人際交往中，我們常常可以發現，有的人能夠在交際圈內進退自如，而有的人卻常常被動，舉步維艱。其原因可能是多方面的。

《紅樓夢》中的平兒，雖是鳳姐的心腹和左右手，但在待人處事方面，始終注意為自己留餘地、留退路，絕沒有犯鳳姐所說的「心裡頭只有我，一概沒有別人」的錯誤。更不像鳳姐那樣把事做絕。平兒對下人絕不依權仗勢，趁火打劫，而是經常私下進行安撫，加以保護。一方面緩和化解眾人與鳳姐的矛盾，另一方面順勢做了好人，為自己留下餘地和退路。鳳姐死後，大觀園一片敗落，平兒卻多次獲得眾人幫助度過難關，終得回報。

歷史的經驗和文學名著中人物的結局都告訴人們一個道理：在待人處世中，萬不可把事做絕，要時時處處為自己留下可以迴旋的餘地。就像行車走馬一樣，你一下走到山窮水盡的地方，調頭就不容易；你留有一些餘地，調頭就容易多了。常言道：「過頭飯不可吃，過頭話不可講」，很有道理。另外，在大多數情況下要特別注意：才可露盡，力不可使盡。在做任何事的時候，都要多用點「太極推手」的功夫，永遠保留一些應變的能力。具體如何留餘地，這裡提出兩大技巧：

在待人方面，承諾別人時，注意使用「模糊語言」，以便自己贏得主動；在回絕別人時，不妨先拖延一下，最好不要當面拒絕，答應考慮一下，給自己留點迴旋的餘地，以便使自己「進退有據」；在批評別人時，特別是有多人在場時，最好「點到為止」，以維護對方的自尊；在與人爭論時，切忌使用「過頭話」把話說絕，給對方留個面子。

在處事方面，對一些不太好把握的事，千萬不要急於表態，可以東拉西扯，多說點無關痛癢的話；對於不便回答的問題，那就先放一旁，免得考慮不周而說錯了話使自己受牽連；對那些表面看來無關大局的事，也要含蓄地處

理，巧妙地避開疑難之處，免得惹麻煩。另外，對於那些難以回答而又不好迴避的問題，不妨含糊其辭，來一番模稜兩可的回答，如「可能是這樣」、「我也不太瞭解」等等，以給自己留有餘地。

卦二・坤

學會寬容，以仁義之心待人

象曰：地勢坤，君子以厚德載物。

這是《象傳》解說「卦辭」的「大象」部分。因為地只有一個，所以將上下卦一併解釋。

坤卦裡的意思是說，「坤」象徵大地的形勢；君子應當效法大地，以寬厚的德行，負載萬物。這對我們的為人處世具有非常重要的指導意義，也就是要求我們要重視「仁與義」。

世界上有許多的悲劇，許多的恐怖，都是因為人與人之間的不能容忍所造成的。然而，忍讓和寬容說起來容易，做起來卻很難。當我們受到無辜的傷害時，總是會產生報復心理。但是，報復卻並不能給我們帶來快樂，這一點從印度大文學家泰戈爾的《畫家的報復》一文中可以得到答案。

一位畫家在集市上賣畫，不遠處，前呼後擁地走來了一位大臣的孩子。這位大臣在年輕的時候曾經把畫家的父親欺壓得心碎而死。這孩子在畫家的作品前流連忘返，並且選中了一幅，畫家卻匆匆地用一塊布把它遮蓋住，並聲稱這幅畫不賣。

從此以後，這孩子因為心病而變得憔悴，最後，他父親出面了，表示願

意付出一筆高價購買孩子看上的那幅畫。可是，畫家寧願把這幅畫掛在自己畫室的牆上，也不願意出售。他陰沉著臉坐在畫前，自言自語地說：「這就是我的報復。」

每天早晨，畫家都要畫一幅他信奉的神像，這是他表示信仰的唯一方式。可是現在，他覺得這些神像與他以前畫的神像日漸相異。

這使他苦惱不已，他不停地找原因。直到有一天，他驚恐地丟下手中的畫，跳了起來：他剛畫好的神像的眼睛，竟然是那大臣的眼睛，而嘴唇也是那麼的酷似！

他把畫撕碎，並且高喊著：「我的報復已經回報到我的頭上來了！」

這個故事告訴我們，一個人若是存心報復，自己所受的傷害會比對方更大。一個心中充滿怨恨的人是永遠都無法快樂的。

其實，在日常生活中，人與人之間的矛盾沒有大到「不共戴天」的地步，只是一些細枝末節的不同罷了。我們每一個人都既是魔鬼又是天使，優點與缺點共存，美麗與醜陋俱在。與人相處時，要盡量看到對方的優點，至於一些不同之處，一些不必要的摩擦，忍一忍也就過去了。

古時候有個叫陳囂的人，與一個叫紀伯的人是鄰居。有一天夜裡，紀伯偷偷地把陳囂家的籬笆拔起來，往後挪了挪。這事被陳囂發現後，並沒有大吵大鬧，而是等紀伯走後，又把籬笆往後挪了一丈。天亮後，紀伯發現自家的地又寬出了許多，知道是陳囂在讓著他。他心中很是慚愧，主動找上陳家，承認了錯誤，把多侵佔的地統統還給了陳家。

法國著名作家雨果說：「世界上最寬闊的是海洋，比海洋寬闊的是天空，比天空寬闊的是胸懷。」以肚量襟懷比喻人的寬容，歌頌人的氣度，中外盡然。

宋真宗時，有個以度量大聞名的宰相王旦。王旦十分愛清潔，有次家人烹調的羹湯中有不乾淨的東西，王旦沒有指責，而是只吃飯，不喝湯。家人好奇地問他為什麼不喝湯，他說，今天只想吃飯，不想喝湯。還有一次飯裡有

不乾淨的東西，王旦也只是放下筷子說，今天不想吃飯，叫家人另外準備稀飯。

如果說忍耐多少摻雜了些無可奈何的作料，那麼寬容則是發自內心的襟懷坦白。人的成熟表現在性情上的溫厚平和，歲月的烘烤不知不覺地蒸發了心靈中多餘的水分，使虛涵的胸懷不至於動輒濫觴，而外面投來的石子也難以激起太大的水花和波紋。

寬容別人也就是寬容自己，不苛求別人也就是不苛求自己。在這個過於擁擠的地球上，在情感的潤滑劑日見漸少的情況下，人與人之間的正常聯絡需要透過寬容的方便之門。

人難免會犯些小錯誤，或因個人能力有限，或因一時粗心，或因現實錯綜複雜產生誤會，這些事情在我們的交往中很常見。這時我們不要抓住別人的「小辮子」不放，或者找機會讓對方下不了臺，甚至恨不得讓那人萬劫不復。交際中難得的是諒解和寬容，能夠原諒別人的過失，理解別人的痛處、難處，寬容幾分、忍讓幾次，那麼心胸再狹窄的人也會對你「開闊」的。

宋代的王安石對蘇東坡的態度，可以說也是有那麼一點「惡」行的。王安石當宰相「變法」的那段時間，因為蘇東坡與他政見不同，便藉故將蘇東坡降職減薪，貶官至黃州，搞得蘇好不淒慘。然而，蘇東坡胸懷大度，根本沒把這事放在心上，更不念舊惡。王安石從宰相的位子上下臺後，蘇東坡不斷寫信給隱居金陵的王安石，或共敘友情、互相勉勵，或討論學問，十分投機，兩人的關係反倒好了起來。蘇東坡由黃州調往汝州時，還特意到南京看望王安石，受到了熱情接待，兩人結伴同遊，促膝談心。臨別時，王安石囑咐蘇東坡：將來告退時，要來金陵買一處田宅，好與他永做睦鄰。蘇東坡也滿懷深情地感慨說：「勸我試求三畝宅，從公已覺十年遲。」兩人一掃往日嫌隙，成了知心朋友。

「生氣是用別人的過錯來懲罰自己」。總是「念念不忘」別人的「壞處」，實際上最受其害的是自己的心靈。這樣的人，輕則自我折磨，重則失去

理智，瘋狂報復，但最終結果往往都是搞得自己痛苦不堪，這又何必呢？樂於忘記前嫌是交際成功者的一個特徵，同時也是一種心理平衡：既往不咎的人，才可甩掉沉重的包袱，坦蕩的行事，快樂的生活。

又如華盛頓忍讓大度，贏得忠實的追隨者也是極好的例子：

1754年，華盛頓還是一名血氣方剛的上校軍官。這一年，維吉尼亞州的議員選舉戰正打得硝煙瀰漫，華盛頓也很狂熱地投入了這場選舉，為他所支持的候選人助威。有個名叫威廉·佩恩的人，是華盛頓的堅決反對者，他到處發表演說，批評華盛頓所支持的候選人。為此，華盛頓極為生氣。

有一天，兩人在一間小餐館裡發生了激烈的爭執。威廉·佩恩覺得自己受了侮辱，不由火冒三丈，搶步上前，將華盛頓打倒在地。華盛頓忍痛站了起來，卻沒有反擊，命令部下跟他返回營地，一場流血衝突就這樣煙消雲散。

第二天，華盛頓寫了一張便條，派人送給威廉·佩恩，約他到一家酒館見面，說是要解決昨天兩人結下的隔閡。威廉·佩恩看過便條後心想，華盛頓肯定是約他進行決鬥。於是他在家裡找出手槍，做好準備以後，便去酒館赴約。他來到後一看華盛頓就傻眼了，華盛頓沒有帶一兵一卒，也沒有佩帶手槍，而是西裝革履，一副紳士模樣的打扮。

見威廉·佩恩進來，華盛頓微笑著站了起來，握住對方的手，很真誠地說：「人不是上帝，不可能不犯錯誤。昨天的事情是我不對，不該說那些話。不過，你的行動已讓我遭受了懲罰。如果你認為可以的話，我們把昨天的不愉快通通忘掉，彼此握手，我相信你是不會反對的。」

威廉·佩恩被深深感動了，緊緊握住華盛頓的手，熱淚盈眶地說：「華盛頓先生，你是一個高尚的人，如果你將來成了偉人，我將會成為你永久的追隨者和崇拜者。」

就這樣，這兩個完全有可能成為仇敵的人卻做了永遠的朋友。後來，華盛頓果然成為美國人民世代敬仰的偉人。威廉·佩恩也沒有食言，他始終是華盛頓忠實的追隨者和狂熱的崇拜者。

華盛頓杯酒言和，真實質就是「以仁義待人」，表面上是退卻了，但他的人格卻向前邁進了一大步，凝聚力也必然增強了許多。

《易傳》所說：「立天之道曰陰與陽，立地之道曰柔與剛，立人之道曰仁與義。」透過仁與義的引導，從而達成義與利的和諧，人類的安身立命之契機才能得以實現。

「地勢坤，君子以厚德載物。」這就明確地告訴我們，要想成為一個真正的成功者，必須擺脫「投機」的心理，注重自己的品格塑造。

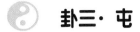

卦三·屯

相信美好的時刻即將來臨

初九：磐桓，利居貞，利建侯。

象曰：雖磐桓，志行正也。以貴下賤，大得民也。

「磐」是大石，「桓」是樹名，「磐桓」可以解釋為：大石壓住草木，阻礙生長，比喻前進不得，躊躇的意思。

「初九」陽爻，但在最下方開始的位置；因而，雖然剛健，卻處於困頓的苦難狀態。不過，下卦「震」，有動的作用；「初九」又與上卦的「六四」，陰陽相應，當然會奮發前進。然而，「六四」在上卦「坎」亦即陷、險的最下方，是危險的陷阱，以致「磐桓」，不得不躊躇。雖然如此，但「初九」陽爻陽位得正，態度堅貞，仍然有利。

「初九」是屯卦的開始，意義重大。陽爻位於陰爻的下方，以人事比擬，正是有才能，又正當有利於建立公侯基業的草創時期，前途大有可為。

所以《象傳》說：雖然躊躇，但志向、行為純正，只要不高高在上，能夠與基層群眾親近，就可以大得民心，獲得擁戴。

這一爻，說明草創苦難的初期，雖然使人躊躇，但也正是建功立業大有作為的時期；正當即有利。雖然是徘徊不前，但只要能剛正不阿，仍然可建功

立業。

古人認為，獨陰不生，孤陽不成，陰陽合和，始生萬物。時值初生和草創，雖然艱難困苦，道路曲折，但如果能夠審時守正，不斷開拓，終能「元亨、利貞」。現實生活也是如此，儘管生活中會有重重困難，但只要我們能審時守正，以積極的心態面對生活，就終能「元亨、利貞」，美好的日子就一定會到來。

克羅埃西亞的賽拉克可說是世界上最倒楣的人了，關於他的事蹟可謂層出不窮。

他一生中經歷過七次大難、四次失敗婚姻，可謂「世界上最不幸的人」。

賽拉克所經歷的人生第一次災難是1962年。當時他坐火車從塞拉耶佛到杜布羅夫尼克去，火車行駛在半路上時發生意外，快速行進的火車出了軌，落入一條冰凍的河流。17名乘客溺水而死，賽拉克的一隻胳臂碰斷了，身體部分擦傷，幾近失溫，但他仍艱難地爬到了河岸上。

一年以後，賽拉克準備乘坐一架DC-8型飛機從札格拉布到里耶卡去，這次又遇上了意外事故。飛機的艙門被強風吹開，機上大部分乘客被強大的氣流吸了出去，但是賽拉克因事未能登上這架飛機，再次躲過了一劫。

1966年，賽拉克在斯普利特所乘坐的一輛巴士翻入一條河裡，致使4人喪生。西拉克爬到車外，游到安全的地方。除了身上部分地方有擦傷、挫傷之外，他根本沒有什麼大礙。

賽拉克所遭受的第四次大災發生於1970年。當時他正開車沿著一條高速公路行駛，不知怎麼回事，他的車子突然起火了。沒有多想，他便趕忙鑽出車外，迅速離開了出事的汽車，幾秒鐘後，汽車的油箱就爆炸了。

經歷過以上四次大難而不死後，朋友們開始稱呼他為「幸運先生」，他表示：「對這個問題可以有兩種不同的看法，我要嘛是世界上最倒楣的人，要嘛是世界上最幸運的人，我喜歡相信後一種觀點。」

三年後，賽拉克在一次事故中丟去一輛「沃特伯格」汽車。有一天，汽車的燃油泵浦出了點毛病，他正低頭檢查時，燃油泵浦噴出的汽油澆在了燒得正熱的發動機上，火苗透過發動機的氣孔立即竄了起來，他躲閃不及，頭髮被燒掉了大部分。

　　1995年，第六次變故來臨了。他在札格拉布被一輛巴士給撞倒在地上，不過還好，他只是休克了一會兒，受了點輕傷。第二年，他自己開車在山區行駛，車到一處山角轉彎時，一輛聯合國工作人員乘坐的汽車迎面開了過來。情急之下，他把自己開的斯科達汽車往山崖邊上的交通護欄上開去，車子越過護欄開始向下墜去，賽拉克在最後一刻跳出了駕馭座位，落在懸崖的一棵樹上，他的車在他身下300英尺深的山谷裡爆炸了。

　　據賽拉克自己說，他先後結過四次婚，但每次都是以失敗而告終。

　　可是2003年發生的一件事情讓他成了「世界上最幸運的人」。40年來從未買過幸運彩票的他買了有史以來的第一張樂透彩票，結果他竟中了頭獎！這使得他一下得到60萬英鎊的巨額獎金。贏得60萬英鎊大獎後，賽拉克表示，「我想，我的婚姻和我經歷的大災大難一樣，對我來說也都是災難。」

　　這位從「最不幸運的人」變為「世界上最幸運的人」的賽拉克今年已經74歲，在確認自己贏得大獎的消息後他高興地說：「現在我準備好好地享受生活了，我感到自己好像獲得了新生。我知道這麼多年來上帝一直在關注著我。」賽拉克準備拿這筆錢買一棟房子、一輛汽車、一艘快艇，然後再和比自己小20歲的女友結婚成家。

　　如果他沒有得到最後的幸運，他是不是就該感到絕望呢？一個74歲高齡的老人，在生命即將燃盡的時候，還能對人生有什麼期待呢？然而奇蹟的發生向我們揭示了：人生其實是對信念的一種考驗，而災難絕不會永存。

　　賓夕法尼亞州匹茲堡有一位婦人，她已經34歲了，一直過著平靜、舒適的中產階層的家庭生活。但是，她卻突然連遭四重厄運的打擊：丈夫在一次事故中喪生，留下兩個小孩；沒過多久，一個女兒被烤麵包的油脂燙傷了臉，

醫生告訴她孩子臉上的傷疤終生難消，母親為此傷透了心；她在一家小商店找了份工作，可是沒過多久，這家商店就關門倒閉了；丈夫給她留下一份小額保險，但是她耽誤了最後一次保費的續交期，因此保險公司拒絕支付保費。

碰到一連串不幸事件後，這個女人近於絕望。她左思右想，為了自救，她決定再做一次努力，盡力拿到保險補償。在此之前，她一直與保險公司的底層員工打交道。當她想面見經理時，一位多管閒事的接待員告訴她經理出去了。她站在辦公室門口無所適從，就在這時，接待員離開了辦公桌。機遇來了，她毫不猶豫地走進裡面的辦公室，結果看見經理獨自一人在那裡。經理很有禮貌地問候了她。她受到了鼓勵，沉著鎮靜地講述了索賠時碰到的難題。經理派人取來她的檔案，經過再三思索，決定應當以德為先，給予賠償，雖然從法律上來說公司沒有承擔賠償的義務。工作人員按照經理的決定為她辦了賠償手續。

但是，由此引發的好運接二連三地發生了。經理尚未結婚，對這位年輕寡婦一見傾心。他為寡婦推薦了一位醫生，醫生為她的女兒治好了病，臉上的傷疤被清除乾淨；經理透過在一家大百貨公司工作的朋友替寡婦安排了一份工作，這份工作比之前那份工作好多了；不久，經理向她求婚。幾個月後，他們結為夫妻，而且婚姻生活相當美滿。

看來，厄運真的不會長久延續下去。有位名人說過「沒有永久的幸運，也沒有永久的不幸」，這個例子足以印證這句名言。厄運雖然令人憂愁，令人不快，甚至給人沉重的打擊，但厄運的一個「致命弱點」，就是它不會永久存在。

儘管很多人在生活中沒有遇到過大的挫折和創傷，但內心卻總是被煩惱緊緊纏裹著。這些煩惱說起來都是那麼的微不足道，比如煩另一半沒有把衣服洗乾淨，煩孩子考試沒有考第一名，煩上司今天讚揚的是張三而不是自己，煩自己買的彩券總是中不了獎……人生短暫，我們用無比寶貴的時間去

憂愁一些本不該在意的小事，值得嗎？我們應該把自己的精力投入到那些應該做的事情上。

英國歷史上有一位首相勞合·喬治，有一天他和朋友一起散步，每走過一道門，他都小心翼翼地把它關好。朋友說：「你用不著關這些門。」他說：「我這一輩子都在關閉我身後的門。當我關門時，過去的事也被關在後面了。然後重新開始，向前邁進。」

煩惱也是一樣，只要我們把它們擋在時間的大門之外，那麼，它們就永遠不會進入我們的心靈來騷擾我們了。無論多麼糟糕的事情，一天之後，便會成為過去。所以，何必太在意呢？煩惱很多時候是自找的，就穿鞋、走路這樣的小事而言，很多人也要在上面花腦筋。什麼事都要顧忌，這就給心靈戴上了沉重的枷鎖，輕鬆不起來。

許多人在生活的過程中，習慣給自己增加壓力，他們總是把問題看得很嚴重，即使做錯了一件不足掛齒的小事，也要反覆問自己：「我以後怎麼見人？別人會怎麼看我？」其實，除了你自己之外，有誰在乎呢？快樂或失意，一會兒便成往事。對什麼事情都聯想到一生一世的人，遇到一點小麻煩也要自己嚇唬自己：「我這輩子怎麼辦？」其實，煩惱對我們來說，向來是飄忽的，想到它時它便存在，忽略它時，它便杳無蹤影，而忽略煩惱的關鍵是：你必須自己為自己解套。拋棄對過去的煩惱和對未來的憂慮，能幫助你享受現在每一天的快樂。

煩惱的時候，你要用希望來代替失望，用勇敢來代替沮喪，用樂觀來代替悲觀，用寧靜來代替煩躁，用愉快來代替煩悶。那樣的話，煩惱在你的心靈中就無從生存了。很多人總是會情不自禁地羨慕別人的生活方式，認為那就是最快樂的享受。其實，不切實際地改變自己，不僅得不到快樂，反而會喪失快樂，會增添許多大大小小的麻煩和苦惱。

人生路上，每個人都是在不斷地累積著，除了名譽、地位、財富、親情、人際、健康、知識之外，人們也在不停地積累煩惱、鬱悶、挫折、沮喪、壓力

等等，這其中，有的是應該永遠保存的，有的是早該丟棄而未丟棄的。對於煩惱來說，它總是和快樂、思念、回憶、痛悔、焦慮糾纏在一起，讓人很難放下，可是不把煩惱放下，它就會使我們的心情變得極為惡劣，智力陡然下降，判斷連續失誤，於是事情就進入了一個更糟糕的惡性循環。

一天，奧斯卡在奧克拉荷馬城的火車站，等候乘車往東邊去。他在氣溫高達43℃的西部沙漠地區已經待了好幾個月。他是麻省理工學院的畢業生，他用舊式探礦杖、電流計、磁力計、示波器、電子管和其他儀器結合，製造了用以勘探石油的新式儀器，數月來他正在為一個東方的公司勘探石油。現在奧斯卡得知：他所在的公司因無力償付債務而破產了，奧斯卡踏上了歸途。他失業了，前景相當黯淡，於是他的心中充滿煩惱。

由於他必須在火車站等待幾個小時，他就決定在那兒架起他的探礦儀器來消磨時間。儀器上的讀數表明車站地下藏有石油。但奧斯卡不相信這一切，他在憤怒中踢毀了那些儀器：「這裡不可能有那麼多石油！這裡不可能有那麼多石油！」他心煩意亂地反覆叫著。可是不久之後，人們就發現奧克拉荷馬城地下埋有石油，毫不誇張地說，這座城就浮在石油上。

相信奧斯卡聽到這個消息的時候，一定會為自己當初不明智的舉動而懊悔、痛惜不已。可見舊煩惱不去，反衍生新煩惱，豈不是加倍地煩惱？

所以放棄煩惱，輕鬆前行，相信美好的時刻即將來臨，這樣的心態才是擁有快樂人生的前提。

紐約街頭有位賣花的老太太，名叫索菲亞，她穿著破舊，身體也很虛弱，但總是滿面春風。路人被她的笑容所打動，常常爭相買她手中的花，有人問她說：「你看起來很高興！」她回答說：「為什麼不呢？一切都這麼美好。耶穌在星期五被釘在十字架上的時候，那是全世界最糟糕的一天，可三天後就是復活節。所以，當我遇到不幸時，就會等待三天，然後一切就恢復正常了。」

一個賣花的貧困老人，竟把深奧的人生哲理洞悉得如此透徹。一個人總

是盯著事物的負面，就是將陽光關在心靈的窗外。即使是那些苦事、累事、煩心事，難道就沒有美好的一面？凡事只須換一個角度，我們的生活就會永遠充滿陽光。世界上沒有真正的不幸和煩惱，只有真正的幸福和愉悅。幸福和愉悅的人，用歌聲裹著淚水；不幸和煩惱的人，用淚水浸泡著歌聲。

所以，那些接二連三地遇到倒楣事件，哀嘆自己「倒楣透頂」的人，一定要相信——遲早有一天我會轉運。永遠相信和理解生活中美好的東西，永遠保持充沛的活力和樂觀的情緒，那麼，快樂就會永遠圍繞著你。只要心中擁有朝陽，就能有滋有味地、快樂地生活。

卦四・蒙

求知是人一輩子的事

蒙，亨。匪我求童蒙，童蒙求我。初筮告，再三瀆，瀆則不告。利貞。

屯卦的卦形，倒轉過來就成為蒙卦。這種相互對稱的卦形，稱作「相綜」、「綜卦」、「復象」或「反卦」，有彼此相反相成的性質，須相互參照。

這一卦，下卦「坎」，象徵水、險；上卦「艮」，是山的形象，有止的作用。所以，蒙卦的卦形，是山下有險，昏蒙的場所。又，下卦是險，上卦是止，意味著內心恐懼，對外抗拒；象徵幼稚愚昧，所以命名為「蒙」。

這一卦，以下卦的「九二」為主體。這一爻，剛爻得中，又與「六五」陰陽相應，具備啟蒙的力量；因而「亨」，可以暢行無阻。

「匪」同非，「我」指「九二」，「童蒙」為幼稚蒙昧的人，指「六五」。以下說的是占筮，但也可以看作教育的原則：並非我去求蒙昧的幼童，而是蒙昧的幼童來求我教導。《禮記・曲禮》中也說：「禮聞來學，不聞往教。」就像問卜一般，應當誠心誠意去求教，第一次告訴他，如果兩次、三次來麻煩，就成為「瀆」，亦即冒犯，就不再告訴他。

啟蒙的工作，原則上必須動機純正，堅持到底；所以「貞」才有利。

《蒙》卦向我們闡述了古老而樸素的教育和學習的思想。

蒙昧之時，應當因循「啟蒙」之道，培養純正無邪的品質，既嚴厲，又適度；既專一，又包容。只有這樣，才能達到「果行育德」的目的。在變化越來越快的21世紀，每個人既有的知識和技能在一定的時間範圍內才能起作用，因此要「不斷充電」，而花在學習上的投資則是明智的。

1. 人生需要不斷學習

對人生的成功者來說，沒有人強迫他去學，而他卻不能不去學。因為讀書就是他的一種生活。相反，那些人生的失敗者，沒有人不讓他學，而他卻懶得去學，因為讀書被認為是一種累贅。可見，成與敗的分水嶺，往往表現在人們對知識的態度。

畢業於北大生物系的冠生園（集團）有限公司總工程師居乃琥，把自己的成功全都歸於終年不輟的學習上。

他這樣說：「北大不僅十分注重向學生傳授知識，而且更注重向學生傳授獲得新知識的本領和方法。各任課老師在講授本門課程的同時，還非常重視培養學生養成自學的習慣和方法。自學首先在外語學習方面幫了我大忙。

「我進北大時，學校規定俄語是第一外語，共學了三年。我從二年級起，利用初中學到的英語知識，開始自學英語。後來通過了英語第二外語的考試，獲得了選修日語的機會。同時，我又自修起德語。此後，我通過了教育部研究生第一外語英語的入學考試。研究生階段英語可以免修。我選修了法語。這幾種外語對我順利完成大學、研究生階段的學習任務幫助極大。

「特別是我自學獲得的英語知識，在我畢業後的科研、清理敵偽檔案、編寫《新英漢詞典》、與外國公司洽談、通過教育部英語EPT考試、出國從事合作研究、參加國際會議、講學、考察等項工作中，都發揮了重要作用。然而，飲水思源，我自學英語能夠成功，全靠母校老師培養我養成的自學習慣，特別是俄語老師教導我學習外語的方法。

「畢業以後，在北大學到的自學的習慣和方法，又幫助我不斷學習新的

科學知識，使我能夠跟上日新月異、迅速發展的時代。回顧我30多年來的成長過程，我非常感謝母校老師給我打下了紮實的科學文化基礎，幫我養成了堅持不懈的自學習慣，教我學會了循序漸進的自學方法，使我終生得益，畢生難忘。雖歲月彌久，但感觸愈深。」

無獨有偶，世界首富、美國微軟公司董事局主席比爾·蓋茲在《未來之路》一書中談到：在未來的歲月裡，「資訊高速公路最大的益處將來自於它在教育——正規教育和非正規教育中的技術應用。」「教育的最終目標會改變，不是為了一張文憑，而是為了一生都能受到教育。從來沒有過這麼多的機會讓人去完成從前根本無法做到的事情，這的確是一個從未有過的最佳年代。」

這又一次表明了終身學習的重要意義。

在這個知識大爆炸、資訊大爆炸的時代，知識更新的速度在不斷加快。有資料分析說，每隔15年，一個人掌握的知識至少有80%會過時。因此，就像我們的身體需要不斷地新陳代謝一樣。我們的知識也要不斷地「充電」，無論何時何地，我們都要將求知學習進行到底。

由於每個人既得的知識和技能很快就會變得陳舊過時，因此，為了趕上時代發展的步伐，抓緊學習、不斷更新知識和技能成為必要，同時，我們每個人身上都還具有巨大的潛力等待我們去開發、去利用。專家認為，我們人腦的資訊儲存量大約相當於5億冊圖書的資訊。一個人整個一生都只運用了其總體智慧的4%，而20世紀最偉大的理論物理學家愛因斯坦也只開發了其智慧的15%。

為此，美國心理學家盧果感嘆道：「我們最大的悲劇不是恐怖的地震、連年的戰爭，而是千千萬萬的人們活著然後死亡，卻從未意識到存在於他們頭腦中未開發的巨大潛能。」這一切，又為我們抓緊學習，給自己充電提供了巨大的條件。

其實，只要是個有心人，平時學習的機會還是很多的。在這個高度資訊

化的時代，只要我們善於運用我們的眼、耳、口等感覺器官，積極地用腦思考，我們積累的知識終會越來越多。

下面幾點也許可以幫助你養成隨時學習的習慣：

（1）每天擠出1～2小時，專攻一門功課；

（2）堅持每天閱報、看電視新聞；

（3）有問題多向別人討教，直到弄明白為止（但並非不經過自己思考）；

（4）養成多問「為什麼」的習慣，並多獨立思考解決，實在不行再請教別人，但並不是老鑽「牛角尖」；

（5）多做讀書筆記或讀書卡片，或剪貼報刊資料；

（6）多寫寫稿子並試著向報社或雜誌社投稿；

（7）每天睡覺前，想想今天都學了些什麼；

（8）多到書攤或圖書館走動，找一些有價值的書補充「營養」；力所能及地參加一些培訓或學習。

我們主張要不斷地給自己「充電」，這種「充電」的內容不僅包括理論上的知識和一些純工作性質的技能，而且還包括社會交往等社會知識和技能，只有做到了這兩者的兼顧、統一，才能算是真正給自己「充了一次電」，才能在事業上利用學到的知識和技能獲取成功。

2. 讀書，是你事業的必由之路

當我們研究成功人士走過的軌跡時，常常發現：他們的成功可以追溯到他們拿起書籍的那一天。同時，他們在事業成功之後，一直以讀書為一種最佳的休閒活動。

在我們接觸過的事業成功人士之中，大多數都酷愛讀書——自小學開始，經由中學、大學，以至於成年之後。

區別成功人士和普通人最簡單的方法，就是一個人是否喜歡讀書。成功

人士的閱讀興趣始於小學（不限於學校指定的功課），直至中學、大學，以至今後。

大約有3/4的成功人士在小學和中學時讀過的書，是其他人無論如何也趕不上的。有60%左右的成功人士在大學之時看的書超出同班的人很多。

時至今日，這些成功人士的年平均閱讀量也在20本書上下，小說與文學傳記各佔一半，高出普通人很多。

也許你對教育工作者在過去的12個月平均閱讀25本書不會感到任何驚訝，還認為是理所當然的；可是，如果是在同一時期，成功人士也閱讀了15本或20本書，你又有何感想呢？

對於那些成功人士，一年要閱讀的書平均起來每人大概要有20本左右，或每3週至少看1本書，他們閱讀的內容包括了10本小說類的書、10本傳記文學類的書，這說明有半數以上的成功人士都有很大的閱讀量。

事實上，有19%的成功人士說他們一年至少閱讀26本書，這些書中小說類與傳記文學類各佔一半。

雖然有很多成功人士都把不同的愛好及家庭的活動作為他們最喜愛的休閒娛樂，但是至今為止閱讀仍是最流行的一種消遣方式，這並沒有什麼可讓人驚訝的，因為成功與閱讀之間具有互補的作用。那麼成功人士究竟是如何進行他們自己的讀書計畫呢？

書雖然是一種沒有聲音的東西，但是它對人類的影響卻是非常深遠的，如果你定期閱讀了各種成功人士的傳記或自傳，經過和書中的成功人士對比之後，你就會從他們的成功之中預見出自己的成功。

俄國著名的學者赫爾岑說過：「書是和人類一起成長起來的，一切震撼智慧的學說，一切打動心靈的熱情都在書裡結晶形成；書本中記述了人類生活的宏大規模的自由，記述了叫做世界史的宏偉自傳。」

你的生命是一個過程，你的人生也是一個過程，你的讀書生涯更是一個過程。既然是過程，若比喻為一段旅程，那麼便會有起點和終點；若說成一

件事，那麼便會有開始、發展和結束。無論你所處時代如何，背景如何，環境如何，這個過程都貫穿始終，無一例外。

書籍是一種工具，它能在黑暗的日子裡鼓勵你，使你大膽地走入一個別開生面的境界，並且使你具備適應這種境界的能力。金聖嘆說過，天下才子必讀書。

讀書，是你事業的必由之路，是你走向成功的鑰匙，是你飯後茶餘最佳的精神寄託。

3. 善於學習才能成大事

積累知識能力的提高對你的成功之路有莫大的影響，沒有見過見識短淺的人能成大事的。在這個「知識經濟」時代，我們必須注重自己的學習能力，必須能夠勤於學習，善於學習，並且終身學習，才能在競爭激烈的社會中立於不敗之地。

讓我們來看看成大事者是怎樣學習的，並從中得到了什麼。

成大事者，往往有淵博的學識，獨特的見解，優雅的談吐……而這些莫不是從學習而來的，因此我們說，成大事，需要從學習開始。下面讓我們看看曾國藩是怎樣學習的。

曾國藩出生在一個耕讀之家，他的父親竹亭老人曾經長期苦學，但卻為科舉考試所困，43歲時才補為縣學生員。曾國藩的祖父星岡公沒有讀過多少書，但壯年悔過，因此對竹亭公督責最嚴，往往在大庭廣眾之下，就大聲地呵斥兒子。至於竹亭老人，他的才能既然得不到施展，就發憤教育兒子們。曾國藩曾經在信中提到過這樣的事：

「先父……平生苦學，教授學生有四十多年。國藩愚笨，從八歲起跟父親在家中私塾學習，早晚講授，十分精心，不懂就再講一遍，還不行再講一遍。有時帶我在路上，有時把我從床上喚起，反覆問我平常不懂之處，一定要我搞通為止。他對待其他的學童也是這樣，後來他教我的弟弟們也是這

樣。他曾經說：『我本來就很愚鈍，教育你們當中愚笨的，也不覺得麻煩、艱難。』」

就是在這樣的環境中，曾國藩受到了良好的家庭教育：9歲時已經讀完了五經；15歲時，受教讀《周禮》、《禮儀》，直到能夠背誦；還讀了《史記》和《文選》，這些恐怕就是曾國藩一生的學問基礎。曾國藩在14歲時因一首詩而得了一門親事。他之所以少年能早早顯達，推究其根源，實在是靠家學的傳授。

對曾國藩來說，美服可以沒有，佳餚可以沒有，華宅乃至女人也可以沒有，但是不能沒有書，不能不讀書，讀書成了他生命中的最重要部分。

曾國藩從小就特別喜愛讀書，1836年的那次會試落第後，他自知功力欠深，便立即收拾行裝，悵然而歸，搭乘運河的糧船南歸。雖然會試落榜，但卻使這個生長在深山的「寒門」士子大開眼界，他決定利用這次回家的機會，做一次江南遊，實現「行萬里路，讀萬卷書」的宏願。

這時曾國藩身邊所剩的盤纏已經無幾。路過睢寧時，遇到了睢寧知縣易作梅。易作梅也是湖南人，與曾國藩家是世交，也認得曾國藩。他鄉遇故人，易知縣自然要留這位老鄉在他所任的縣上玩上幾天。在交談中得知這位湘鄉舉人會試未中，但從其家教以及曾國藩的言談舉止中，便知這位老鄉是個非凡之人，前程自然無量。他見曾國藩留京一年多，所帶銀兩肯定所剩無幾，有心幫助曾國藩。於是當曾國藩開口向易作梅知縣借錢作路費時，易作梅立刻借給了他一百兩銀子，臨別時還送給他幾兩散銀。

經過金陵時，曾國藩見金陵書肆十分發達，留連忘返，十分喜愛這處地方。在書肆中曾國藩看見一部精刻的《二十三史》，更是愛不釋手，自己太需要這麼一部史書了。一問價格，使曾國藩大吃一驚，恰好與他身邊所有的錢相當。他下定決心，一定要把這部史書買下來，而那書商似乎猜透了這位年輕人的心理，一點價都不肯讓，開價一百兩銀子一文也不能少。曾國藩心中暗自盤算：好在金陵到湘鄉全是水路，船票既已交錢定好，沿途就不再遊玩

了，省吃少用，所費也很有限。自己隨身所帶的冬季衣物在這初夏季節也用不著，不如拿去當了換點盤纏。

於是曾國藩把一時不穿的衣物，全部送進了當鋪，毅然把那部心愛的《二十三史》買了回來。此時，他如獲至寶，心理上得到了極大的滿足。他平生第一次花這麼多錢購置財物，這就是書籍。此一舉動，足見曾國藩青年時代志趣的高雅。在曾國藩的一生中，他不愛錢，不聚財，但卻愛書，愛聚書。

家中的老父得知他用上百兩銀子換回一大堆書的消息後，不怒反喜：「爾借錢買書，吾不惜為汝彌縫（還債），但能悉心讀之，斯不負耳。」父親的話對曾國藩起了很大作用，從此他閉門不出，發憤讀書，並立下誓言：「嗣後每日點十頁，間斷不孝。」

曾國藩發憤攻讀一年，這部《二十三史》全部閱讀完畢，此後便形成了每天點史書十頁的習慣，一生從未間斷，最終將一部《二十三史》爛熟於胸。

曾國藩不僅書讀得多，而且讀得極深，他是這樣看待「專」字的：「凡事皆貴專。求師不專，則受益不久；求友不專，則博愛而不親；心有所專宗，而博覽他途，以擴其識，亦無不可。無所專宗，則見異思遷，此眩彼奪，則大不可。一句不通，不看下句；今日不通，明日再讀；今年不精，明年再讀。」

治學貴專，不專則廣覽而不精，博闊而不深，只能得其皮毛而失其本質，知其形而忽其實，懂其表而不識其內涵。專一是治學的尺規，越專則標度越深。比如數學，僅僅知道公式，而不加以運用，那麼只要題目稍加變化，便會丈二金剛摸不著頭腦，束手無策。

他還善做日記。曾國藩說：「大抵有一種學問，即有一種分類之法；有一人嗜之者，即有一人摘抄之法。」做日記的筆、紙要準備好，讀書不動筆，等於白讀；讀書不做記，讀也白讀。

曾國藩讀書還講究一個「恆」字，讀書是他堅持了一輩子的事情，日日讀書，日日寫作，真正是活到老學到老，勤奮不息。

在翰林院，曾國藩已經是一個做了高官的人，許多人到了他這樣的地

位，便覺得功成名就，因此放下書本。可是他卻把自己的書房命名為「求闕齋」，而且還非常認真地定下了一份詳細的讀書計畫。

「讀書讀熟十頁，看應看書十頁，習字一百，數息百八，記《過隙影》（即日記），記《茶餘偶談》一則右每日課。逢三日寫回信，逢八日作詩、古文一藝--右月課。熟讀書：《易經》、《詩經》、《史記》、《明史》、《屈子》、《莊子》、杜詩、韓文、應看書：不具載。」（以上見道光二十四年三月初十日，曾國藩《家書》卷二）

另外，他還為自己制定了十二條讀書規矩：

(1) 主敬：整齊嚴肅，清明在躬，如日之升；

(2) 靜坐：每日不拘何時，靜坐四刻，正位凝命，如鼎之鎮；

(3) 早起：黎明即起，醒後勿沾戀；

(4) 讀書不二：一書未完，不看他書。

(5) 讀史：念三史（指《史記》、《漢書》、《後漢書》）每日圈點十頁，間斷不孝；

(6) 謹言：刻刻留心，第一工夫；

(7) 養氣：氣藏丹田，無不可對人言之事；

(8) 保身：節勞、節欲、節飲食；

(9) 日知其所無：每日讀書，記錄心得語。有求深意是徇人；

(10) 月無忘其所能：每月作詩文數首，以驗積理之多寡，養氣之盛否，不可一味耽著，最易溺心喪志；

(11) 作字：飯後寫字半時，凡筆墨應酬，當作自己課程，凡事不留待明日，愈積愈難清；

(12) 夜不出門：曠功疲神，切戒切戒。

1871年，曾國藩的身體每況愈下。但就是在這一刻，他仍不忘寫箴言以警示和鞭策自己。這幾句話語是：「禽裡還人，靜由敬出；死中求活，淡極樂生。」他認為「暮年疾病、事變，人人不免」，而讀書則貴在堅持，並能在讀

書中體會出樂趣。因此，在2月17日，他自己感到病甚不支，多睡則略癒。夜間偶探得右腎浮腫，大如雞卵，這確是一個危險的信號，但他卻不為所動，依然如往日一般照讀不誤。疾病纏身，這已是難以擺脫的困擾，「前以目疾，用心則愈蒙；近以清氣，用心則愈疼，遂全不敢用心，竟成一廢人矣」。但藥療不如讀書，他離開了書就是一個廢人了。

1872年3月2日，曾國藩的老病之軀已如風中殘燭了。這一天，他「病肝風，右足麻木，良久乃愈」。3月5日，前河道總督蘇廷魁過金陵，曾國藩出城迎候，出發之前閱《二程全書》，迎接途中，「輿中背誦《四書》，忽手指戈什哈（滿語護衛之意），欲有所言，口噤不能出聲」。身體已經虛弱至此，但他卻還在每日苦讀《二程全書》。同時，他卻接連在日記中發出感嘆：「近年或作詩文，亦覺心中恍惚，不能自主。故眩暈、目疾、肝風等症皆心肝血虛之所致也。不能溘先朝露，速歸於盡；又不能振作精神，稍治應盡之職。苟活人間，慚悚何極！」他自知油盡燈枯，將不久於人世，便抓住生命最後時光做自己最喜愛的事——讀書。就是這樣，他至生命最後一刻依然學習不止，在理學的探究與修養的提高上，可以說他為自己畫上的是一個圓滿的句號。

曾國藩一生的成就源於其苦讀，正是他一生的學習不倦，方成就了其多方面的輝煌。

卦五·需

堅持是抓住機遇最大的本錢

初九：需於郊。利用恆，無咎。

象曰：需於郊，不犯難行也。利用恆，無咎；未失常也。

「需」是等待，因為前面有「坎」的險。「初九」在開始的最下方，離上卦的險最遠；所以是在「郊外」等待。

又，「初九」是陽爻，剛毅有恆，能夠堅持常軌；所以，不會有過失或災難。

這一爻，說明在必須等待時，應保持距離，以策安全；而且要有恆心，意志不可動搖。

《需》卦告訴我們，事物的發展都有一個過程，蒙昧初開，事業草創時期，動盪不安，危機四伏，形勢不明，因此應當恆心忍耐，純正信念。寧可「需於郊」（在郊外等待，不犯難行），「需於沙」（在沙灘等待）。即使不得已而處於「泥」、「血」、「穴」之險境，也堅心持守「需待」之道，敬謹審慎，冷靜等待，清醒地認識和瞭解形勢。最後達到「貞吉」，「利涉大川」、「終吉」的有利結局。

在現實生活中，人可以分成三類：沒有耐心的人、消極等待的人，和積

極進取，堅韌不拔的人。

沒有耐心的人做任何事情都希望立刻見到效果。當他在餐廳吃飯時，他要求食物立刻送到，哪怕一點點延誤都能令他大動肝火。

但是，美國伊利諾州丹維爾地方的百貨業鉅子約翰·甘布士卻是一個敢於冒險、堅持的人。甘布士的經驗極其簡單，就是「要敢於堅持，不放棄任何一個可能的機遇。」

有不少聰明人對此是不屑一顧的，其理由是：第一，希望微小的機遇，實現的可能性不大；第二，如果去追求只有萬分之一的機遇，倒不如買一張獎券碰碰運氣；第三，根據以上兩點，只有傻瓜才會相信萬分之一的機遇。

約翰·甘布士的看法卻不同。

有一次，甘布士要乘火車去紐約，但事先沒有訂妥車票。這時，恰值聖誕前夕，到紐約去度假的人很多，因此，火車票很難買到。

甘布士夫人打電話去火車站詢問：是否還可以買到當次的車票？車站的答覆是：全部車票都已售光。不過，假如不怕麻煩的話，可以帶著行李到車站碰碰運氣，看是否有人臨時退票。

車站反覆強調了一句，這種機遇或許只有萬分之一。

甘布士欣然提了行李，趕到車站去，就如同已經買到了車票一樣。

夫人關懷備至地問道：「約翰，要是你到了車站買不到車票怎麼辦呢？」

他不以為然地答道：「那沒有關係，我就好比拿著行李去火車站散步。」

甘布士到了車站等了許久，退票的人仍然沒有出現，乘客們都川流不息地向月臺湧去了。

但甘布士沒有像別人那樣急於回走，而是堅持耐心地等待著。

大約距開車時間還有5分鐘的時候，一個女人匆忙地趕來退票，因為她的女兒病得很嚴重，她被迫改坐之後的車次。

甘布士買下那張車票，搭上了去紐約的火車。

到了紐約，他在飯店裡洗過澡，躺在床上打了一個長途電話給他太太。

在電話裡，他輕鬆地說：

「親愛的，我抓住那只有萬分之一的機遇了，因為我相信一個敢於堅持，不怕吃虧的笨蛋才是真正的聰明人。」

有一次，丹維爾經濟蕭條，不少工廠和商店紛紛倒閉，被迫低價拋售自己堆積如山的存貨，價錢低到1美元可以買到100雙襪子。

那時，約翰·甘布士還是一家織造廠的小技師。他馬上把自己積蓄的錢用於收購低價貨物，人們見到他這股傻勁，都公然嘲笑他是個蠢蛋！

約翰·甘布士對別人的嘲笑漠然置之，依舊堅持收購各工廠和拋售的貨物，並租了一個很大的貨倉來貯貨。

他妻子勸說他，不要把這些別人廉價拋售的東西購入，因為他們歷年積蓄下來的錢數量有限，而且是準備用作子女教養費的。如果此舉血本無歸，那麼，後果將不堪設想。

對於妻子憂心忡忡的勸告，甘布士笑過後又安慰她道：

「3個月以後，我們就可以靠這些廉價貨物發大財。」

甘布士的話似乎根本無法兌現。

過了10多天後，那些工廠賤價拋售也找不到買主了，便把所有存貨用車運走燒掉，以此穩定市場上的物價。

太太看到別人已經在焚燒貨物，不由得焦急萬分，抱怨起甘布士。對於妻子的抱怨，甘布士一言不發。

終於，美國政府採取了緊急行動，穩定了丹維爾地方的物價，並且大力支持那裡的廠商復業。

這時，丹維爾地方因焚燒的貨物過多，存貨欠缺，物價一天天飛漲。約翰·甘布士馬上把自己庫存的大量貨物拋售出去，首先使自己賺了一大筆錢，其次使市場物價得以穩定，不致暴漲不斷。

在他決定拋售貨物時，他妻子又勸告他暫時別急著把貨物出售，因為物價還在一天一天飛漲。

他平靜地說：

「是拋售的時候了，再拖延一段時間，就會後悔莫及。」

果然，甘布士的存貨剛剛售完，物價便跌了下來。他的妻子對他的遠見欽佩不已。

後來，甘布士用這筆賺來的錢，開設了5家百貨商店，業務也十分發達。如今，甘布士已是全美舉足輕重的商業鉅子了，他在一封給青年人的公開信中誠懇地說道：

「親愛的朋友，我認為你們應該學會堅持，重視那萬分之一的機遇，因為它將給你帶來意想不到的成功。有人說，這樣的堅持是傻子行徑，比買獎券中獎的希望還渺茫。這種觀點是有失偏頗的，因為開獎券是由別人主持，絲毫不由你主觀努力；但這種萬分之一的機遇，卻完全是靠你自己的主觀努力去完成。」

不過，你要清楚，若想學會堅持，必須具備以下條件：

1.目光長遠。鼠目寸光是不行的，不能看見樹葉，就忽略了整片森林。

2.必須鍥而不捨。沒有持之以恆的毅力和百折不撓的信心是無濟於事的。

假如這些條件你都具備了，那麼，有一天你將成為百萬富翁，只要你去付諸行動。若要在商業活動中有所作為，僅靠一味的盲目蠻幹是收效甚微的。看準時機並把握它，將它變成現實的財富，才是成功企業家的明智選擇。

其實任何機遇的出現都必然與風險、挫折相伴。此時，是不畏艱險繼續前進，還是畏難不前主動放棄？

渴望成功的人不會放棄，因為放棄就等於失敗；而唯有堅持，才是挖掘機遇資本最大的本錢。

卦六‧訟

謹防「暗箭」與「小人」，躲開惹不起的人

九二：不克訟，歸而逋，其邑人三百戶，無眚。

象曰：不克訟，歸逋竄也。自下訟上，患至掇也。

「逋（逋ㄅㄨ）」是逃亡。「眚（眚ㄕㄥˇ）」是眼睛生翳，散光，看物產生虛幻的光暈；太陽的光暈，稱作日眚，也有災禍的意思。

「九二」陽剛，在下卦險的中央，本來就喜歡爭訟。又與「九五」同是陽爻，不能相應，當然發生爭訟。但「九五」陽爻陽位，又在上卦中央的尊位，至剛、至中、至正；而「九二」雖然陽剛，卻在陰位，不正位置又低，爭訟必然失敗，只好逃亡隱藏。逃亡到只有三百戶村民、不顯眼的小村中，謹守本分，就不會有災禍；否則，逃亡到顯著的大城鎮，必定會被敵人追討，難以逃脫。

「竄」是匿藏，「掇」是自取的意思。《象傳》說：爭訟無法獲勝，逃亡是為了躲藏。但下卦坎是穴，「九二」躲藏在中央的穴中，自我約束，就可以避免災害。地位在下的「九二」，要與高高在上的「九五」爭訟，這是自己惹的禍。

這一爻，強調不可逞強爭訟，應當退讓深自反省。

這一卦的意思是：「打官司失利，走為上策，趕快逃跑。跑到只有三百戶人家的小城市中，可以避開災禍。」「象辭」說：「不克訟，歸逋竄也」，因為自己處於下位，與上面有權有勢的人打官司，必然要失敗並且有災禍降臨，但逃走避開，災禍就沒有了。

這一卦辭啟示我們：在生活中，盡量不要和別人敵對，要盡可能地躲開惹不起的人。

有很多典故，被後人傳多了，就形成了一種社會認同。比如「以小人之心度君子之腹」，此話只要有人一出口，旁人一聽，便知道又有某小人對某君子玩弄心計了。那麼，可曾聽說也有「以君子之腹度小人之心」者？

這個問題不用回答，只要提出，想必人們就會有很多感慨。因為誰都可以不說，但誰心裡都明白這樣一個事實：君子與小人鬥，凶多吉少。多的不說，僅說當年乾隆皇帝身邊有一個見利忘義的小人，叫和珅——滿朝文武，就出這麼個小人就足夠了——他只以一個人的力量，居然能讓所有的官員無一不活得如驚弓之鳥，誠惶誠恐，就連像紀曉嵐那樣號稱鐵嘴銅牙、足智多謀的君子，也常常遭到和珅的算計。「兩人相爭，小人勝」——這可真是為人君正者的悲哀。

歷史如此，現實也是如此；官場如此，社會也是如此。每個人身邊都充滿了形形色色的人。因為小人總是能在君子身上佔得太多的便宜，所以持小人之心者，有時要比持君子之腹者多。

物以類聚，人以群分——這是人的信念；但人總是要彼此接觸，互相交往的。那麼為什麼為君子之道者屢屢會成為那些小人的「手下敗將」呢？對這個問題的回答，只須參考本文開頭提出的一句疑似很「顛覆」的話：以君子之腹度小人之心即明。

以君子之腹度小人之心——這是為君子之道者一生的主要敗招之一。因為他們無原則的寬容與忍讓，恰恰會成為身邊小人視為可欺的軟肋，使他們把玩起「以小人之心度君子之腹」時更加得心應手。如此之下，君子們豈有

不敗之理？

以現在的職場為例，人們經常能遇到這種現象，很多才華橫溢的人往往不是事業的成功者，而不少能力上的平庸之輩，卻在事業上處處如魚得水、左右逢源。「君子之腹」裡沒有「算計他人」這一科目，因此君子們搞不懂，為什麼自己的發明創造、嘔心瀝血創造的方案或金點子，怎麼會變成別人的成果，而自己倒成了一個可憐無恥的「剽竊者」、「寄生蟲」？「君子之腹」裡也沒有「搬弄是非」這一科目，因此君子們弄不清，為什麼自己堂堂正正、善解人意，可是老闆卻說，你經常在眾人背後議論公司的高層、傳播謠言？更可悲的是，君子經過了千難萬險、重重考驗，終於在事業上有所斬獲的時候，突然卻被上司以不值信任為由而打入冷宮……這些「不由你不信，不服也得服」的現實，確實令那些不太得志的「鴻鵠」們無可奈何。無疑，君子因為以己之腹度小人之心，因而成了小人冷槍暗箭的犧牲品。

恨也罷、怒也罷，嘆也罷、倒楣也罷，君子們都該認了，忍了。餘下，君子們只有記取教訓，不但不再以「君子之腹度小人之心」，而且要在自己的防線上多加一層網才是。為君之道並不是真正的成功之道，只有在為君之道的前提下，能有徹底治癒「小人製造」的麻煩的良方解藥，才是真正的成功之道。

尤其是對小人，應付的策略是敬而遠之，井水不犯河水。你可以把他當作喜鵲，也可以當作烏鴉。在他們面前，充愣裝傻則是最好的應對策略。古人說得好：害人之心不可有，防人之心不可無；明槍易躲，暗箭難防；知己知彼，百戰不殆。為人處事，在坦誠的基礎上，應該多思忖，多警覺，眼觀六路，耳聽八方。只有這樣，才能在芸芸眾生中辨認出誰是小人，誰是君子；誰該近之，誰該遠之。如果在這方面你做得很差，即使你自認為是一個堂堂正正的君子，你的人格形象也會遭到小人的刻意扭曲，你將成為很失敗、很落魄的「孤獨君」。

常言道：「害人之心不可有，防人之心不可無！」的確，害人之心不可

有，然而，在辦公室這個小社會圈子裡，只是不害人還不夠，你還得有防人之心。為了不和上司發生衝突，並且使他明白你是受到了讒言的陷害，你可以這樣去做：

*1.*怎樣與聽信讒言的上司相處

讒言，也就是我們今天所說的「小報告」。讒言本身並不可怕，最可怕的是你的上司是一個愛聽信讒言的人。如果上司不分是非曲直，偏聽偏信，讒言就成了一件致命的武器。

古往今來，由於上司聽信讒言而導致下屬悲慘下場的事例屢見不鮮。愛國主義詩人屈原、民族英雄岳飛，不就是因為其君主聽信讒言而遭受迫害的嗎？

如果你遇到那種思想簡單、遇事不加分析、不做調查就聽信讒言的上級，碰巧又有小人向他進讒陷害你，你該如何呢？

（1）運用技巧揭穿讒言的假面目，為自己洗刷清白。有人向上司進讒誣陷你，偏偏上司又聽信了讒言，這種情況對你極為不利。不過，你不要害怕，應拿出勇氣來，以積極的態度與其抗爭，採取技巧揭穿讒言的假面目，還自己一個清白。

（2）面對上級對自己莫名其妙的突然的冷淡疏遠，或在會議上不點名、暗示性地批評你，甚至故意製造工作中的矛盾為難你、制裁你，應當有勇氣主動找上司談心，問清緣由，說明真實情況。

凡事只要搬到檯面上，公開地、坦率地說清楚，往往會收到較好的效果。迴避的態度、忍氣吞聲的做法，只會使真相籠罩在一層迷霧中，加深上級對你的誤解，加大雙方的隔閡。所以應當敢於正視面臨的困境，努力想辦法擺脫被動局面。

（3）變被動為主動。如果確切無疑地知道了誰在背後進讒陷害你，你可以在上司沒找你之前先找他，把一切實情坦然相告，這樣就可以變被動為主動。另外，為了制止進讒者繼續造謠生事，應當凜然正色地找到這位當事

人，以暗示的口氣給予其必要的警告。但不要完全說明，因為他是不會承認的。這類人往往心虛，你一找他，他就明白了。他們都慣於背後搞鬼，所以也不願公開發生矛盾，不願發生使雙方都難堪的正面衝突。如果對方是個非常潑悍無禮的小人，則要避免與其正面打交道，而是靈活地把話說給其親朋好友，讓他們轉告給他，從而間接地制止他的惡劣行徑。

2.怎樣與愛挑剔的上司相處

碰到愛挑剔的上司是最令人頭痛的事了。由於他的存在，你常常會處於不自信的狀態之中，因為他老是打擊你的情緒。比如，明明你是完全按照他的吩咐去處理一件事的，過後他又指責你辦事不妥；公函內容和打字格式是他告訴你的，等你拿給他簽字時他又說這封信應該重打；你從事的是專業性很強的工作，可對你專業一知半解的上司偏偏對你的能力「不放心」……如此這般的例子還能舉出很多。在挑剔的上司手下工作常常令人提心吊膽，動輒得咎，怎麼做都讓他看不慣。

不管怎麼說，碰到愛挑剔的上司，對下屬而言，總是不利的。那麼，該怎麼辦呢？以下幾點方法不妨一試：

（1）弄清上司的意圖。當上司交給你一項任務之時，你應該問清楚他的要求、工作性質、最後完成的期限等等，避免彼此發生誤解，並盡量符合他的要求。

小王的老闆是個非常挑剔的傢伙，但他對小王卻不像對其他人那樣百般挑剔。原因就在於每當老闆給小王交代任務時，小王就拖住老闆不放，問個不停，一直到把什麼事情都問個清清楚楚才甘休。結果老闆當然沒什麼可挑剔的了。

（2）設法獲取上司的信任。假如上司處處刁難你，可能是擔心你將來會取代他的位置。這時，你應該盡自己最大的努力使他安心，讓他明白你是一個忠心的下屬，你可以主動提出定時向他報告的建議，讓上司完全瞭解你的工作情況。一旦獲得他的信任後，他便不會對你過分地要求完美的工作效

果。

（3）正視問題。不要迴避問題，尊重自己的人格，不卑不亢。正視問題，嘗試與你的上司相處，針對事情而不是針對個人。例如：上司無理取鬧的時候，你應該據理力爭，抱著「錯了我承認，不是我的錯而要我承認，恕難照辦」的態度，論理而不是吵架，讓他感覺到你的思想和人格。別人當然不會小看一個言行一致、處事有原則的人，即使老闆也不例外。

（4）別太計較。不要對上司的挑剔或刁難太計較，能過去就過去。應該把自己的工作放在最重要的位置。如果眼前的這份工作能滿足你的要求，比如豐厚的薪水、良好的工作環境等，那麼你就不要放棄這份工作。如果你非常熱愛自己的工作，想做出一番成績，那就盡量不要放棄目前的工作，求同存異，不要把老闆的人品與鍾愛的事業同日而語。

3.怎樣與頑劣貪婪的上司相處

頑劣貪婪的上級私欲太重，就像一個永遠也填不滿的無底洞，他的貪欲沒有止境。這些人，慷國家之慨，中飽私囊，是社會的一大蛀蟲。

遇到這樣的上級，該如何對待呢？

（1）按原則辦事。堅持原則，照章辦事，是工作人員應該遵守的紀律。不要因為他曾經栽培、提攜過你，為感恩戴德，就放棄原則，與其同流合污。

如貪婪的上司想以巧立名目、偷樑換柱的方式滿足私欲，你可用「不好報帳」、「財務檢查不好過關」、「審計太嚴格」等藉口予以回絕，使他感到你「不好對付」、「不給面子」、「太死板僵化」、「難以打開缺口」。屢次碰壁後，他可能有所收斂。當然，這樣做要頂著極大的壓力，冒著遭受打擊排斥的風險。但如果應允了，就會越陷越深，其後果是不堪設想的。所以，要有勇氣頂住壓力，堅持原則，堅信「多行不義必自斃」這個亙古不變的真理。

（2）多留個心眼兒。如果迫於上司的壓力，不得不按照他的意思去辦，但自己要多留個心眼兒，把一些可疑之處悄悄用本子記下來，待其事態敗露，立即交出作為證據。如果掌握了上司貪贓枉法的確鑿證據，可採取匿名

的方式，向有關部門打電話或寫信舉報。這樣不但可以為民除害，同時也減輕了自己所受到的威脅和壓力。

4.怎樣與自私的上司相處

自私的上司常常考慮的只是他個人的利益，他從不站在集體的立場上考慮問題，更不會替下屬著想。為了滿足他個人的利益，他可以置集體或下屬於不顧，甚至不惜犧牲集體或下屬的利益。

在與自私的上司相處時應該注意：

（1）潔身自好。不能為虎作倀，這種自私的人什麼事都做得出。他可能把得到的私利分你一半，但在引起眾怒時，也會把你拋出去當替罪羊。上司的任職畢竟沒有你的名聲重要，故不可與之同流合污。

（2）用沉默表示抗議。如果他的所作所為實在過分，可用沉默表示無言的抗議。聰明的上司會領會下屬沉默的含意。

（3）有原則地代上級受過。但對於有些情況來說，下屬絕不要輕易代上司受過，如十分重要的惡性事故，造成重大經濟損失或政治影響的事故，以及一些已經觸犯到法律的事情。在這些情況下，如果你仍然為顧全上司的面子而做掩飾，甚至把責任攬到自己頭上，其後果是不堪設想的，這會害了你自己。為這樣的上司犧牲太不值得了。

5.怎樣與陰險的上司相處

這樣的人做了你的上司，可真是你人生的不幸。稍有不慎，你就可能成為他的報復對象。與這樣的上司相處，只有兢兢業業，一切唯上司馬首是瞻，賣盡你的力，隱藏你的智。賣力易得其歡心，隱智易使其輕你，輕你自不會防你，輕你自不會忌你。如此一來，或許倒可以相安無事。像這種地方原就不是好的久居之所，如果希望有所作為的話，勸你還是儘快做遠走高飛的謀算。

6.怎樣與傲慢的上司相處

一些人之所以顯得傲慢，不可一世，是因為他具有別人無法攀比的優越條件，或者是高人一籌的才智。傲慢的人最容易刺傷別人的自尊心，讓人十

分反感。

　　如果你的上司是這種人物，與其取寵獻媚，自污人格，不如謹守崗位，韜光養晦。一旦有機會，你就該表現出你獨特的本領，只要你是個人才，不愁他不對你另眼相看。

卦七‧師

不違背生活常理，凡事要量力而行

六四：師左次，無咎。

象曰：左次無咎，未失常也。

「左次」是到左方的意思。兵法的原則，佈陣要使低地在左前方，才能攻擊便利，而且有速度；高地要在右後方，可以當作防禦的據點。「左次」就是到達高地的左方，使高地在右後方佈陣。

「六四」陰柔，又不在中位，本來無戰勝的可能。可是，陰爻陰位得正，又在下卦「坎」的險阻的前方，象徵知道量力，於安全地帶佈陣，據守高地，而不輕舉妄動；所以說無咎。

《象傳》說：這是由於不違背常規。這一爻，強調應以安全為首要，不可違背常規。意思是說，要懂得生活的道理，無論做什麼事情都要量力而行，不要違背生活常理，否則，就會給自己招來危險。

不要放縱無度

只要是人，就都會有七情六欲。但是，人之所以把自己稱為「高等動物」，正是因為人有思想、有理智、有克制力、有取捨能力並支配自己的七情

六欲。

　　不會用理智支配自己七情六欲的人不能說不是高級動物，但卻是不正常的高等動物。比如精神病患者。還有一種情況，那就是靈魂出現鏽斑，道德出現污濁，精神出現頹廢，思想出現墮落的意志品質低劣者，經不起身外之物的誘惑或刺激而使理智失去控制。人的理智一旦失去控制，他的七情六欲就會無邊無岸，這就是人們常說並為之而不齒的——無度放縱。

　　凡事要講究一個字，那叫「度」。比方說，一個人總要吃飯，但不能一天24小時都吃飯；一個男子要老婆，但不能看上一個女人就想要。喝酒要有度，說話要有度，生活要有度，工作要有度，即使是事業追求，也要憑自己的興趣和能力釀出一個度，根據自己制定的度去循序漸進地進取。這樣，你就能恰到好處地把握好自己的欲望，做個成功的人。

　　反過來，一個人一旦放縱到無度的地步，便會失去一個正常人所應有的本來面目。他會因放縱而猙獰，散發獸性，給自己也給他人心裡留下一串串可懼的陰影和傷痕。放縱導致失敗者大抵可分為如下三種：

　　一是政治上的無度放縱。對現實社會制度不滿，自以為看破紅塵，要嘛兩耳不聞窗外事，無論國內國外發生什麼重大政治事件，裝聾作啞，事不關己高高掛起；要嘛這也看不慣那也看不慣，對上上下下所有的人牢騷滿腹；起綽號謾罵，沒有進取心不說，還要對思想上力求進步者施以說風涼話，甚至聚眾圍攻，打擊報復。政治上放縱的人根本不知道什麼叫政治生命，所以，他也就放棄了自己的政治生命。

　　二是工作上的無度放縱。說起工作上的放縱，可能會使很多人都會感到臉紅。因為在現實社會中，以明哲保身、但求無過的心態來對待工作的人為數太多了，這是不是放縱？答案是肯定的。因為誰都知道沒有事業心和責任感的人必定提高不了工作效率，明知工作效率低而不去提高工作效率，只關心自己的小利益，這難道不是工作上的放縱？再有，像那些只會佔公司的便宜而不思做奉獻者；那種只計較索取和報酬而不盡自己應盡的義務者；那種

把個人利益凌駕於集體利益之上者；那種把自己的工作任務當成負擔者，不也是工作上的放縱嗎？請記住，工作上的放縱者往往不知道自己身處何處，正是由於此，他才不知什麼叫工作，什麼叫工作責任感和義務感，什麼叫奉獻。那麼，他的腦袋就是空的，或者是爛的。

三是生活上的無度放縱。生活上的放縱主要表現在對生活的態度上。平常對生活放任自流的人顯然是不會嚴格要求自己的。於是，很容易養成唯我獨尊的習慣。周圍任何人的勸導也聽不進去，所到之處為所欲為。只要自己想做什麼，就做什麼，什麼理智，什麼道德，什麼倫理，什麼品質，他不懂，也不想懂。他所能懂的就只有一點，那就是如何滿足自己的各種欲望，包括將道德倫理置之度外的七情六欲。這種人正是我們最為不齒的在生活上放縱的人。生活上放縱的人或許會自以為活得很瀟灑，很自在，但是，他所謂的瀟灑和自在，是建立在別人痛苦之上的，是損人利己的。所以，生活上放縱者是最容易導致自己走向失敗的。

不要跟風講排場

消費本不是件壞事。只要是人，都離不開消費。不會消費的人就是不會生活的人。不過，消費也要講究實在。高收入高消費，低收入低消費，這是消費者在消費之前要把握的基本點。

過去，中國人素以勤儉節約著稱，其根本的原因就是窮。中國人過去窮慣了，雖蠅營狗苟地生活但倒可以伸直腰桿子說自己窮得有骨氣，這固然可堪稱一種實在，有道是「貧窮自在，富貴多憂（《增廣賢文》）」嘛。即使在這種實在中多多少少含有某些無奈，但那畢竟還是人們無法超越的歷史發展階段。

如今，我們不難看到社會上風靡著這樣一種奇特的現狀——消費的惡性循環。自己錢多了藏不住，看著別人錢多了心裡彆扭，總要遠兜遠轉地把錢花了才睡得著覺吃得下飯。什麼勤儉節約、什麼艱苦樸素、什麼「新三年舊

三年縫縫補補再三年」，倒成了「不以為榮，反以為恥」的歷史笑談。撇開正常生活所需的衣食住行，單就社交領域的排場消費，中國人已足可稱霸世界。講面子的遺風不但在富人，而且在窮人當中都一脈相承地發揚光大著。在如此光大中，攀比是少不了的事。其中最好的攀比方式就是排場。沒有什麼比掏錢請客更能見效見果的了。有錢人掏錢請客，一擲千金百金擺闊氣或許還不算什麼難事，但由於面子所致，許許多多沒錢的人也不願就此甘於落後，借錢欠債在所不惜，只要哥兒們義氣尚在，管他三七二十一，要不，那面子不定往哪兒才能擱得下。再有，利用職權動用公款講排場請客吃飯者也不計其數，反正那錢是公家的而不是自己的，不花白不花，至於花多少用多少無須操那份心，只要排場到位了，管他三七二十一，要不，那面子丟盡了，還有什麼臉見人呢？

在排場請客中，中國人的浪費現象是有目共睹的。只要是請客，不管總人數是多少，也不管大家的胃口怎樣，不擺上豐盛的一桌當然有失氣派，末了，賓主們抹嘴剔牙之際，目送著服務員一盤一盤地往回端走那狼藉一片的剩食，心中好生愜意。倘若有人不忍心浪費，欲將剩食「打包」回家，別的人嘴上不說，心裡必將此人矮看三分。其實，像能將剩食「打包」回家者，說明他還有點實在的意味，而那些「上人」的實在在於何處？想必在他心靜時多少也會隱隱自責。如果連這麼點的良心都無從找見，那只有一種可能——缺乏人性。

面子、排場，誰都不會甘於人後：如此一來，窮人家就只能不時地暗暗叫苦了。想想也是，這都是「面子經濟」惹的禍呀，既知如此，為什麼不實在點，把心力多投放些於生活經濟上呢？

不要急功近利

常言道要學會做事先做人，可是我們不難發現，在對事業的追求上，有些人具有急功近利的傾向，他們往往經不起失敗的打擊。由於他們對成功的

期望很高，且不想耗費太多的力氣，總想以小搏大，希望事半功倍。結果適得其反。因為現實往往不因人的主觀意願而改變，當然容易失望、失落，乃至懊惱。也有些人因急於求成而拚命工作，不斷自我加壓，總是苛求自己，結果常常因心有餘而力不足而失敗，並誘發憂鬱症、恐慌症等心理障礙。

　　創業的道理如此，做人的道理也是如此。我們提倡做人做事要一絲不苟，只有把握今天才能擁有明天。不急功近利而持之以恆，雖然失敗是成功之母，但是從成功走向失敗的機率更高。

　　這個世界上一切的奇蹟都帶有某些偶然性，如果急功近利能造就成功，那也是偶然的產物。無論是什麼行業，也無論是個人還是一個組織、一個集體，腳踏實地仍然是走向成功的關鍵。

卦八・比

誠信是做人的準則

初六：有孚比之，無咎。有孚盈缶，終來有他，吉。
象曰：比之初六，有他吉也。

「孚」是信實，「缶（缶ㄈㄡˇ）」是盛酒的瓦器。「初六」是比卦開始的第一爻，說明人人相親相輔，應由誠信開始，才不會有過失。如果誠信像裝滿甕的酒，必然就會有人前來依附，就會得到意外的吉祥。

意思是：具有誠信而親輔，沒有什麼壞處。誠信的德行如同美酒注滿了酒缸，這樣，遠方的人紛紛前來歸附，結果是吉祥的。

這一爻，說明相親相輔，應由誠信開始。也就是說：與別人約定了的事一定要努力去兌現。

一個「信」字，從人從言，表示人言可靠，是做人的立身之本。一個守信用的人，體現了一種道德力量和意志力量。在市場經濟條件下，信用也是我們必須遵守的公共準則。當我們在合同上、借據上、發票上……簽下我們的名字時，就是在以自己的人格做出保證。若非不可抗拒之因，我們一定要踐約；若有違反，甘受法律制裁。當然，還有一種制裁，那就是有愧於良心。

在作家黃淑貞的文章《債箱》裡有一則有關信用的動人故事：一位母親

保存著一只箱子，箱子裡滿是借據。這箱子已保存30年了，借據的主人也有男有女，當初簽下姓名，如今大都杳無蹤跡。母親說：「留下這些，並不是期待這些人來還錢，而是重在信義。每一張紙都代表當事人當初的一個難關，既然有能力幫他，表示我們當時比他好過；他至今不還，可能生活還很差；若真是惡意欺騙，我們也不會因此少一塊肉。這些人不是來偷、來搶，而是拿信用來換。人一生的情債還不清，只有錢債，雖易忘，卻也易還。」

後來，一位老人拿了兩千元來還。母親便拿出泛黃的借據，給了那位老人。母親說：

「這位老人20年前來借錢，當場寫下借條，說隔兩天就還，這一隔，就是20年，他也分文不差還清了。」老人在他白髮蒼蒼之年仍記得這事，那位母親也將他親手寫下的信用原封不動的交還了。

這就是誠信的力量，我們是否能像那位老人一樣，把誠信永放心上？

與人交易時必須誠實無欺——這是獲得他人信任的最重要條件。要善於自我克制，做事必須誠懇認真，建立起良好的信譽；應該隨時設法糾正自己的缺點；行動要踏實可靠，做到言出必行。許慎在《說文解字》中說：「誠，信也。」又說：「信，誠也。」誠信的主要內容是既不自欺，亦不欺人，它包含著忠誠於自己和誠實地對待別人的雙重意義。宋代著名的理學家周敦頤就把「誠」說成是「五常之本，百行之源」。

有一次，一位滿身油膩的司機進了一家汽修廠，買了幾件常用的備件後，到櫃臺那裡去交款並開收據，在開收據時司機可憐兮兮地要求給多寫些數額，以便能餘個菸酒錢，但收款小姐就是死心眼，說什麼都不成。沒辦法，司機要求見經理。

按說此類現象在現在已司空見慣，見怪不怪了，在我們看來，在這種運作中可以給司機購買的零件多加些價，雙方都滿意，何樂而不為呢？

經理出現後，司機告了收銀小姐一狀，說你這種保守的做法怎能賺錢呢？並告知老闆，如果能給多開些金額，價格無所謂，而且今後會經常光顧。

此時如果你是經理會如何處理？眼看著財神爺走掉那是傻子幹的事，只要大筆一揮，不就多寫幾個數字嗎？手到錢來的事為啥不幹？應該說這是一般經營者找都找不到的事情。

　　經理出乎意料地拒絕了這位司機的請求，司機真的生了氣說：「東西不要了，以後不來了，你可不要後悔！」

　　經理滿臉賠笑地說：「對不起，實在抱歉，這是我們的經商原則，不能改變。」司機只好悻悻而去。

　　就這樣一樁本來很好的生意告吹了，按說這位經理應該醒悟了，可是在一個禮拜內又接連有兩樁類似的生意同樣沒做成，下面的一些職員對經理有些不滿，說：「有關單位部根本不會因為這點微小的差價來查你，司機在外的開支到本單位都是根據發票說話，誰會像你這樣呆板。」

　　經理並沒有為之所動，而是依然如故。在兩週後的一個早晨，那位和經理吵架的司機突然西裝革履地出現，倒是讓經理吃了一驚，似乎這位司機一夜暴富成了大亨，而且後面還帶了兩位秘書似的人物。經理把他們迎接到室內後司機笑著道出原委，原來這位司機也是一位經理，是一位很大的運輸公司的經理，經理說：「我曾用一個月的時間考察了附近的汽修廠，我在一個月中在你這裡碰了最硬的釘子。也曾有幾家汽修廠起初不肯妥協，但後來都在誘導下達成協定，只有你這裡始終不肯妥協。正因為你的不肯妥協，我們決定和你達成另一項協定：貴廠將成為敝公司的指定維修廠。」

　　對個人而言，誠信就是要真心實意地加強個人的道德修養，存善去惡，言行一致，表裡如一，對他人不存詐偽之心，不說假話，不做假事，開誠佈公，以誠相待。一個人只有具備既不自欺，又不欺人的優良品質，才能與他人建立和諧的人際關係。

卦九‧小畜

面對壓力更要勇於進取

小畜，亨。密雲不雨，自我西郊。

「畜」是由田與茲的簡體組成，將農作物蓄積的意思。人人相比相親，結果就有了蓄積。「畜」引申又有養與止的含意；「小」也有少、稍、不足的意思。這一卦，下卦乾，上卦巽，都陽多陰少，是「陰卦」；只有「六四」是陰爻，其他五爻都是陽爻，象徵陽大陰小，陽過盛，陰不足，亦即企圖旺盛，但力量不足。以另一角度看，以一陰蓄養五陽，力量有限，有不得不稍微停頓的現象，所以稱作「小畜」。

《小畜》卦中的「小」，有「少、稍、不足」的意思。亦即企圖旺盛，但力量不足。亦即，因蓄積力量不足，不得不暫時停頓，不能有大的作為。不過，這只是小的停頓，不足以阻止行動，不久就可以亨通，原有的理想，終究會實現，這是這一卦的另一種含意，

不過，蓄積不足，力量有限，即或有外來的因素衝擊，也力不從心，還不能隨心所欲的有所作為；所以，雖然西郊烏雲密佈，有暴風雨即將來臨的跡象，但蓄積沒有達到飽和狀態，還沒有降雨來比擬。密雲是陰，西是陰的方位，都象徵蓄積力量不足。

《小畜》卦闡釋了應對一時困頓的原則。在成長的過程中，往往因力量不足，發生不得不停滯不前的現象，但並不足以阻止行動，而是在蓄積整備，為下一步行動做準備。

　　美國商界流傳著這樣一句話：一個人如果從未破產過，那他只是個小人物，如果破產過一次，他很可能是個失敗者，如果破產過三次，那他就可以無往而不勝。

　　失敗是對事件的評判，從某種意義上說，是你自己、社會和他人對結果的一種解釋。在你試圖從失敗中汲取力量，重新駕馭自己的生活時，不僅要學會客觀地尋找失敗原因，尤其重要的是，要用積極的眼光看待過去，從中尋找成功的種子。

　　一位著名的網球運動員談及失敗時說：「不知怎麼，在我們心中輸的感覺都比贏的感覺更強烈。」任何一名運動員都明白這點，都必須抗擊這種情緒。你可能打了10個好球，失了最後一個，結果你記住的不是那10個好球，而是最後一個，當時的情形在你腦海裡反覆顯現，心中也就越記越牢。人們都把輸看得比贏更重。改變這種思維的訣竅是重新調整心中的事件，賦予它們同等重要的機會。

　　美國一位著名的報紙發行人艾麗克西曾經歷了幾年失敗。她決定創辦一份全國性雜誌，專門討論健康與環境的問題，為此她花掉了所有的積蓄，耗費了多年的心血，得到的卻是無休止的挫折，正在她處於困難境地，設法解決下一個怎麼辦的時候，一家大報社提出願意考慮她的設想，並提供大規模資助。這個消息令她欣喜萬分。但是，報社董事們研究了她兩次雜誌的樣本，多次與她會晤，經過多方考慮，還是沒有接受她。

　　艾麗克西不僅承受了這次失敗，而且感謝報社董事們，是他們幫助她進行了一次艱難的選擇，她認為：

　　「當那扇門關上時，一切都非常清爽，沒有沮喪，因為我確信這是最佳機會，既然沒有談成功，我再也不抱希望在兩三個月內實現夢想了。

「為了成功，我盡了全力，我根本不把它看作失敗，只是心中感到，辦雜誌的事就此結束了。」

她開始寫求職簡歷，結果否定了她的雜誌的那家報社任命她為專管銷售和公關部的副總裁。他們意識到：她具有罕見的熱情和洞察力。他們雖然不要她的雜誌，卻要她本人。

她並不將花在辦雜誌上的兩年視為失敗：

「我認為那兩年相當於運動員用於訓練的時間。我成了一個堅強的人，我不把事情看作障礙。

「沒有收入的時候，頭腦中保存著想像中的成功，這使我擴大了交際範圍，接觸了許多人。回想起來，我那時學到的每一點都為我今天從事這項新工作奠定了基礎。」

用最好的意願去揣度一切，這種方法確實行之有效。在任何時候都努力促使「正面結果」的產生才是面對失敗的正確態度。

重新認識事業目標

人生是個不斷探索的過程，失敗有時並不是由於你的能力、學識的不足，而是由於你錯誤地選擇了目標，而失敗正是給了你一個重新思考、從錯誤中解脫的良機。

美國著名的不動產經紀人安德魯最初是葡萄酒推銷員，這是他的第一份工作，他不知道自己還能做什麼，於是他認為自己的目標就是「賣葡萄酒」。最初他為一個賣葡萄酒的朋友工作，接著為一名葡萄酒進口商工作，最後和另外兩人合作辦起了自己的進口業務。這並非出自熱情，而是因為，正如他自己所說：「為什麼不？我過去一直在賣葡萄酒。」

生意越來越糟，可安德魯還是拚命抓住最後一根稻草，直到公司倒閉。他不改行，是因為他不知道自己還能做什麼。

事業的失敗迫使他去上一門教人們如何創業的課，他的同學有銀行家、

藝術家、汽車修理工，他逐漸認識到這些人並不認為他是個「賣葡萄酒」的，而認為他是個「有才能的人」、「多面手」，他們對他的看法使他拋棄了原來的目標。

他開始猛然清醒，仔細分析，探索其他行業，省視自己到底想做什麼。最後，他選擇了和妻子一起經營不動產業務，使他取得了推銷葡萄酒永遠不能為他帶來的成功。

許多職業專家認為，一個人一生中至少要經過兩三次變換，才能最後找到最適合自己特長的事業。確定自己合理的目標，則需要同樣長的一段時間。

生活往往藉失敗之手，迫使你進行這一次次的探索和調整。

擴大選擇範圍，掙脫羈絆

失敗將我們推到一個轉折關頭，我們的任務是做出下一步的打算。如果仍然以過去的思想來看待將來，完成這一任務將是無比困難的，探索未知世界需要的是新鮮的思想，即運用嶄新的思維方式去發現選擇的機會，擴大你的選擇範圍，獲得進行新的選擇的機會。可以採用：

（1）循環利用你的才能。許多人將工作視為一項固定的、不可轉移的東西，就像一件搬不動的沉重傢俱。其實，你過去的工作是多項技能和多種經驗的總結，可以在其他地方進行組合，重新加以利用。

20世紀福斯公司的製片人里爾失業後，確信自己的事業從此結束了，因為他認為拍電影是自己唯一能做的事業。一天，里爾偶然碰到一位老同事，這位朋友認真地為他進行了分析：「你有很多本事，首先，你這麼多年來一直在向總部的傢伙們建議出售電影計畫，你是個了不起的推銷員。而且，你總能為自己的電影寫出最佳廣告，在緊要關頭，做宣傳寫文案，你有作家的能力。除此之外，作為優秀製片人，你有出色的組織能力。」如今，里爾成了一名優秀的電影宣傳作家。

（2）變職業為娛樂。大部分人都將工作視為嚴肅的事情，因此在進行事

業選擇時，往往忽視樂趣、嗜好、消遣。實際上，工作應該是一種創造性娛樂，如果你覺得自己在業餘愛好上富有創造性，那麼，失敗其實給了你這樣一個機會：試著將你的愛好與事業結合起來。

（3）自己創業。一個人在生死關頭最能發揮自己的潛力。在事業失敗時，放棄所有顧慮，放手一搏，反而可能成為偉大事業成就的契機。

這個世界上苦難太多，我們的生活中壓力太大。誰來拯救自己？奇蹟該怎樣發生？無數的人有無數的困惑，無數的追求有無數個答案。而成功者選擇了這樣的道路：從災難中爬起，從廢墟中新生。只要點燃了自己那熊熊的生命之火，輝煌的成功大門就一定會為你打開。

1982年，香港船王董浩雲去世，作為長子的董建華理所當然地成了董氏家族的掌門人。但是，落在董建華肩上的卻不是榮譽和掌聲，而是災難與空前的壓力。

受第二次石油危機的影響，在*1982年美國和歐洲有3500萬人失業*，汽車、鋼鐵、紡織三大傳統工業陷於停頓，西方對亞、非、拉丁美洲的產品需求枯竭。整個歐洲、美洲經濟接近蕭條狀況。

全球航運業的衰敗也於*1982年*徹底表面化，巨大的災難降臨到剛剛接管東方海外集團的董建華頭上。

最讓人們扼腕嘆息的，就是叱吒風雲的船王董浩雲當時沒能預見到這一點，反而去大規模擴充船隊，從而使董建華身上的重債不堪其負，幾至折戟沉沙。

首先是船價大跌。這使董建華名下的財富大幅度「縮水」，其資產淨值在*1982年為25‧1億元港幣*，到*1984年則只剩18億港元*。雖然採取了多種挽救措施，董氏企業的負債仍高達*90多億港元*。

公司的業績同時也一落千丈，在船隻噸位嚴重過剩的狀況下，想賣船也不是容易的事，沒有人肯在這種狀況下買船，把負擔往自己身上壓。

然而，這僅僅是個開始。

1982年，儘管董建華用盡一切辦法進行補救，但財務危機的漩渦還是將董氏家族捲入了海底。這個時候，他不僅欠銀行的錢還欠股東的錢，也欠日本造船廠的錢。據說，包玉剛的大女婿蘇海文曾談到，董家所欠的錢和奧地利的國債一樣多。當時匯豐銀行是董家最大的債主，僅此一家，董建華名下的債務就高達百億港元。這意味著每年5億元的利息。最高時，有人統計，董建華欠債達28億美元，也就是說250億港元。背負這麼重的負擔，怎能不感到巨大的精神壓力！

一天，董建華把妹妹董建平叫到辦公室，告訴她說，公司遇到了一場驚人的災難，說著說著，兄妹兩人相對而泣。

試想，150多個債權人接連不斷上門的狀況何等苦楚；在東京、紐約、倫敦之間穿梭飛行，說服債權人和銀行不要凍結資產，讓他有個翻身機會，需要多大的勇氣，忍受多少的白眼和冷面孔；有時連續和債主開會，打許多小時的電話處理紛亂的事務，又該是多麼艱辛。何況那是在業績低落的情況下，東方海外還要面對美國輪船公司低價搶貨的挑戰。內憂外患一齊湧來。

讓董建華倍感悽楚的還有世態炎涼。當董建華隨著事業處於巔峰的董浩雲周遊世界時，所受的待遇是何等榮耀，然而，當他身處逆境時，無情的商場給董建華尚存的天真上了毫不容情的一課。

債臺高築，債主盈門，儘管董建華用盡渾身解數，遊說各方財團，想盡一切措施，如出租輪船、減少船舶數量甚至變賣分公司，但東方海外的財務始終沒有起色。1985年9月，傷痕滿身的董建華無奈地宣佈：東方海外在香港證券交易所停牌，待債務重整後再行復牌。

董氏家族被拖進了漩渦之底，董建華成為「超級窮人」。

正在此時，日本的東綿承造商社對搖搖欲墜的董氏大廈進行了最後的打擊：貨櫃船必須要按時交貨。

這一下打擊是致命的：若不及時付款接船，董氏家族將被迫清盤（即結束營業，解散公司）。

董氏大廈自身已難支撐，平衡已被打破。若無強援，必將傾覆。

1985年，董建華的事業似已走到窮途末路。雖然採取了降低成本、降低壓力的多種手段，但對於奄奄一息的東方海外來講卻收效甚微。如同病入膏肓的病人一樣，其自身免疫系統根本應付不了兇猛的病情，一般的醫生也束手無策，只有等待扁鵲、華佗之類的神醫了。

匯豐銀行是董家最大的債權人，據說，董家的欠貸高達100億港幣之巨。看到董建華苦苦奮鬥，卻滿身負債，自救乏力，匯豐銀行決定冒一次險。1985年9月，匯豐銀行在會同中國銀行向董建華貸出1億美元的備用貸款，解救他被人起訴的燃眉之急後，決定再以新船為抵押，幫助董建華度過日本人這道難關。

就像失血過多的病人得到了血液補給一樣，東方海外算是躲過了清盤厄運，然而大病未癒，積重難返。若想有所作為，非得再有帶造血功能的「營養」補充才行。然而，有誰會再幫助董建華呢？

董建華真正到了山窮水盡，無路可行的地步。

然而，董建華恐怕連做夢也不敢想，還會有人對他施以援手，使他柳暗花明。

1986年3月，與董浩雲私交甚篤的大富豪霍英東伸出援助之手，他宣佈將注資1．2億美元於董建華的新船上。1．2億美元，這對董建華來說，無疑是久旱逢甘霖，無異於雪中送炭。

霍英東這筆救人於危難的注資，給東方海外帶來生機。5月17日，董建華宣佈，重整公司債務。

董建華拿出了全部家產，全部注入重新組合的董氏集團。

董建華首先要做的，是說服150多個債權人同意他的重組方案。為此他不惜將全部資本投入重組後的公司，並把對公司的實際控制權交到債權人手中，自己實際上成為公司的高級「打工仔」。董建華的決定以及其行動時的堅定，征服了所有債權人，他們同意了董建華的決定。從1985年開始的公司債

務調整，直到1986年5月17日這天，董建華宣佈設立一家新公司——「東方海外國際有限公司」，這家公司持有東方海外65%的股票，餘者為霍英東名下的公司所持有。

這次重組工作進行得很慢，直到1987年才結束。這兩年是董家最艱難的一段時光。股票被迫停牌，公司控制權落入他人之手，公司欠債達26‧8億美元，預計要到2002年，公司才有可能奪回控制權。不過，希望也在增加。1987年，東方海外股票恢復上市買賣，公司業績不再下滑。

天道酬勤。80年代末，世界航運業開始復甦。隨著世界經濟的逐步繁榮，航運業、造船業再度繁榮。東方海外挾重組之威勢，抓住時機，度過了難關。到1990年，公司的虧損額度已由26億美元下降到600萬多美元。1994年9月，東方海外的股東們在9年之後首次獲得股息，董氏家族也完全取得了企業控制權，控股比例超過50%，董氏家族這才真正重見天日。

1995年12月13日，香港港口熱鬧非凡。當時世界上最大的貨櫃船「東方海外香港」號舉行下水典禮。李嘉誠、陳方安生女士（時任香港布政司）參加剪綵儀式。笑容滿面的董建華以新船王的形象出現在人們眼前。

東方海外，已經極其壯大，蔚為奇觀，其資金逾百億港元，經營24艘貨櫃船，辦事處遍佈145個國家和地區，1995年底營業額達到16‧7億美元，雇員達3000人。

同時，東方海外的業務也在不斷地發展。1996年，它與美國總統航運、日本大阪三井、馬來西亞國際航運、英國渣華郵船聯手，開闢亞洲至西北歐航班輪運；和總統航運、大阪三井一起開闢東亞、南亞至美國西海岸航運，與太平洋船務合作開闢南亞至澳大利亞航運。同時，董建華記取父親的教訓，開展了多樣化經營，在房地產、酒店業、食品業、貨運業等方面投資，於分散投資風險中求多樣化共同發展。

卦十‧履

朝著生活中的重要目標積極行動

履虎尾，不咥（咥ㄉㄧㄝˊ，咬之意）人，亨。

這一卦，下卦是「兌」，上卦為「乾」。「兌」象徵澤、悅、和；「乾」全部是陽爻，象徵最剛強。「兌」跟在「乾」後面；所以用踩到老虎尾巴來比擬。不過，「兌」具備和悅的德行，老虎並沒有咬他，占斷意志可以通達。

《履》卦的卦辭形象地表明，只要以禮而行，即使尾隨在老虎的後面也沒有危險。這啟示我們，在生活中要制訂適宜的目標，採取積極有效的行動。

生活中有一個目標，這會帶給你意想不到的樂趣。當然，這個目標必須是你自己選擇的。這一點很重要。只有自己選擇的目標，才可以支配控制它，才能夠改變它，才會願意為它獻身。

選擇目標的時候，要量力而行。不切實際的目標會讓你一事無成，最後只會打擊自己的積極性。

但另一方面，目標定得太低，它表明對自己能力沒有信心，最終你也會失去興趣。只有具備一定難度、有一定挑戰性的目標，才能刺激你的鬥志，同時也會讓你感到樂趣。

不要好高騖遠，一直想著做大事情，忽略生活中的小事。事實上，學會

處理這些小事，也會提高你學習、掌握新知識的能力。

我們不應該滿足於個人的目標，還應該把個人的目標和更大更廣的目標結合起來，願意為這樣的目標去努力、去獻身。這樣，我們的生活才會有意義，我們的生活才是健康的生活。

重要的是往前走，你可能會栽跟頭，而且，可能是在你毫無預料的地方摔跤，但這沒有什麼。沒有聽說過，坐在原地休息不動的人會栽跟頭。

能否把精力集中到一個目標上，對成功來說極為重要。

一旦有了自己的要求，就集中精力來完成，一直到實現為止，不要分心，不要沉湎於過去：精力集中的人，才可能把握機會，才可能為自己創造機會，從而最終走向成功。

不要讓外界的事物影響自己的注意力。在完成目標之前，要心無旁騖，緊緊盯住自己的目標，下定決心，持之以恆，直到最終完成，中間絕不放棄。

運用你的知識、智慧，制訂一個可行的行動方案，把握自己的思想，最終，你就會培養出把全部身心投入目標的能力。同時要把目標分解為短期目標、中期目標和長遠目標，這樣有助於在日常活動中，不遺忘、偏離最終的目標。

相反，那些沒有明確目標的人，總是感到心裡空虛，思維亂成一團麻，分不清主次輕重，遇事猶豫不決，不知道自己該做什麼，不該做什麼。

只有確立了前進的目標，一個人才會最大可能地發揮自己的潛力。只有在實現目標的過程中，我們才能夠檢驗出自己的創造性，激發沉睡在心中的那些優異、獨特的品質，才能鍛鍊自己、造就自己。

表現傑出的人士都是循著一條不變的途徑以達成功的，世界聞名的潛能激發大師——美國的安東尼·羅賓先生稱這條途徑為「必定成功公式」。這條公式的第一步是要知道你所追求的，也就是要有明確的奮鬥目標。第二步就是該怎麼去做，否則你只是在做夢，應立即採取最有可能達成目標的做法。

如果你仔細留意成功者的做法，他們就是遵循這些步驟。一開始先有目

標，否則不可能一發即中；然後採取行動，因為一味的等待是不行的；接著是擁有研判能力，知道回饋的性質；然後不斷修正、調整、改變他們的做法，直到有效為止。

如果你是一個善於設立目標的人，知道自己的目標所在，並且能完全投入，所有的機會都會蜂擁而來。人都有惰性，即使一心想成功的人，一樣有提不起勁的時候，不過只要你承認這點，並堅持不向惰性屈服，你的成功便指日可待。

我們周圍許多人都明白自己在人生中應該做些什麼事，但就是遲遲不拿出行動來。根本原因乃是他們欠缺一些能吸引他們的未來目標。若你就是其中之一，那麼，從現在開始就應該去學會如何挖掘出從未想到的機會，進而拿出行動，以實現那些從來不敢想的大夢。

1. 目標並不只是一個願望

目標，就是我們的奮鬥方向。一個目標並不只是一個空設想，而是一個得以實施的計策。一個目標不只是模糊地「希望我能」，而是明確的「這是我的奮鬥方向」。

目標對於成功者，猶如空氣對生命，不可缺少。沒有目標就沒有成功，沒有空氣就不能生存。設定明確的目標，是所有成就的出發點，那些人失敗的原因，就是他們從來都沒有設定明確的目標，並且也從來沒有踏出他的第一步。

當你研究那些已獲得令人矚目的成績的人物時，你會發現，他們每一個人都各有一套明確的目標，都已訂出達到目標的計畫，並且花費最大的心思和付出最大的努力來實現他們的目標。

安德魯·卡內基曾編寫並出版偉大人物達到永續成功所依循的各項原則。

卡內基原來是一家鋼鐵廠的工人，但他憑著製造及銷售比其他同行更高品質的鋼鐵的明確目標，而成為全國最富有的人之一，並且有能力在全美國

小城鎮中捐建圖書館。

他的明確目標已不是一個願望，它已形成了一股強烈的欲望，只有發掘出你的強烈欲望才能使你獲得成功。

認識願望和強烈欲望之間的差異是極為重要的。我們每個人都希望得到更好的東西——如金錢、名譽、尊重——但是大多數的人僅把這些希望當作一種願望而已，如果你知道你希望得到的東西是什麼，如果你對達到自己的目標的堅定性已到了執著的程度，而且能以不斷的努力和穩健的計畫來支持這份執著的話，那你就已經是在發展你的明確目標了。

從明確目標中會發展出自力更生、個人進取心、想像力、熱忱、自律和全力以赴，這些全都是成功的必要條件。

2. 目標必須清晰而明確

成功學大師拿破崙·希爾經常問很多人：「你的目標是什麼？」

得到的回答往往是：「希爾先生，我的目標就是成功。」

希爾問：「什麼是成功？」

對方回答：「就是實現自我人生價值。」

希爾再問：「什麼叫實現自我人生價值？」對方回答：「就是……，就是有成就。」

希爾追問：「那麼，到底什麼是有成就呢？」

對方可能回答：「就是出人頭地。」

希爾先生認為，這樣的人不算有目標，退一萬步說，只能算是有一個模糊的目標。

還有人問希爾：「希爾先生，我的目標就是要賺大錢，這個目標可夠明確了吧？」

希爾反問道：「要賺多少錢？」

他說：「反正就是要賺大錢。」

希爾說：「大錢是多少錢？」

他說：「最少要*100*萬美元。」

可是希爾發現，這些人設定了目標之後會經常更改，今天說：「要賺*100*萬。」過一個月，又說：「目標太難了，要賺*90*萬。」工作了兩個月，又說：「太累了，乾脆賺*80*萬也行。或者是，*70*萬也可以。」還有的人說，今天要在這個行業成功，但過了幾個月就發現他換公司了；此時，他又說要在這家公司成功。你們當然也知道，他做了一陣子又換公司了。這樣的人是很難成功的。就像一個你面前漂浮不定的靶一樣，是不容易射中它的。

一個人之所以會成功，是因為他鎖定了一個目標，不但明確、不更改，而且還持續不斷地瞄準它前進，終究會實現目標的。

3. 不能制定過分細緻、周密的計畫

*15*年前，比爾已經決定他要做一個電腦程式設計師。他的妻子認為這是個好想法並且想知道他想到哪兒學習。

「我還不知道，」比爾回答說，「但是我明天會查查這些學校。」

比爾開始一一查找，甚至包括其他國家的一些學校。他盡可能地到那些學校和師生交談。很快他對每個學校和它們的課程安排瞭若指掌。於是，他便開始積累所有有關公司需求和行業走向的資訊。

規劃是一件很複雜的事。每一所學校都有其長處和短處，比爾一一審查。他覺得放棄每一種可能性都是可惜的。

畢竟他對具體的選擇不是無所不知。所以，要把每一所學校的不同與整個行業、經濟和社會的需求和走向相聯繫。比爾全面地審查，花了大量的時間去評估那些需求和趨勢。當然在他挑選學校時，必須考慮如何養家糊口和與家人保持聯繫。在得到每一個新資訊和考慮新因素時，比爾都要通盤考慮他的行動計畫，花幾星期、幾個月甚至幾年的時間對它所需要的和可能造成的後果進行調整和評估。比爾想找到成為電腦程式設計師的最好辦法，整整*1*

年他都在考慮。然後是整個2年、3年、4年。

一旦你對自己的目標有一個明晰的概念，你必須構築某一個你認為能夠保證目標實現的行動計畫。例如，如果你決定去西雅圖，你必須決定怎麼到那兒。你是開車，坐巴士，坐飛機，坐船，坐火車還是它們的綜合？你將採取哪一條線路？什麼時候動身？什麼時候抵達？等等。

換言之，在為自己確定目標後，有必要將這個目標分成幾個必須採取的步驟，以使目標有可能實現。計畫是一個處方，這個處方描述了製作《烹飪》雜誌封面上令人垂涎欲滴的菜餚的方法。這個處方將告訴你需要什麼原料，什麼時候添加和怎麼處置它們。但是，這個處方並沒有為你製作菜餚，它僅僅告訴你如何去製作。

比爾當然意識到，要成為一個電腦程式設計師，他需要將目標分成幾個必須採取的步驟。畢竟他不能僅僅走入一家電腦公司，坐在電腦桌前並宣稱自己是個程式設計師。比爾失誤之處在於：他把這些行為劃分為太小的單元。受要挑選最好的計畫的標準所驅使，比爾忙於收集和分析堆積如山的資訊和可能性之中，因此比爾最終形成的計畫將是全面、清楚和天衣無縫的，這當然不錯，但也有可能到他做出選擇時，電腦將過時。比爾在細節中迷失了。

如此細緻、周密的計畫可能會造成目標和現實的誤差過大，同時，如此狹隘、詳細的計畫在稍後還可能成為僵硬和失望的源泉。計畫的目的是將你的行為引向某個具體的結果。但是，因為沒人確切地知道未來，最詳細的計畫很容易變得不合時宜。世界的不確定性決定了意外結果的存在：比爾選擇的學校改變了入學要求；他計畫從師的老師退休；他的妻子懷孕（並且是雙胞胎）；他在現在的工作崗位上被升職或他發覺他對電腦已失去興趣。這時怎麼辦？由於他對自己所追求的未來的可能性進行無盡的細分，將使他在一條不再與他現狀相符的道路上走下去。因此，與比爾一樣，如果你的計畫太詳細，並且你要求嚴格地去實現，你的生活將成為一幅定格畫。當你頑固

地在尋找好的顏色時，你將很難對整幅畫進行整體把握。你失去了動態中對畫面進行調整的機會，並且如果某種顏料用完的話，你可能被迫停止工作。

4. 實現理想的目標並不等於擁有令人滿意的生活

一個普通人，你問他（或她）希望從生活中獲得什麼，回答總是些明確的、具體的目標，如良好的教育、優越的職業、美滿的婚姻、和睦的家庭、旅遊、金錢、成功等等。

但心理學家指出：這些目標對於你設計令人滿意的生活沒有多大幫助。之所以這樣說，有兩個原因：

（1）這些目標是固定的，缺少變化的，而生活恰恰相反，它是動態的，不穩定的，變幻無窮的。例如，你希望有一個好的職業，這意味著什麼地方有那麼一個職業在等著你，它將永遠使你感到愉快，你嚮往一椿美滿的婚姻，這意味著如果你找到了意中人並與他（她）結婚，那麼，以後你會一輩子生活得很幸福。

遺憾的是，實際情況並非這樣。實際上，所有目標如果不做某些調整、更新，就會因時光的流逝而黯然失色。一種工作於第一年興味盎然，5年之後，則沒有多少興趣了；若仍不更新，10年以後它就會變成機械式的活動，20年以後則如同坐牢了。婚姻也同樣如此，離婚率也許是婚姻失敗的最好標誌。它的持續上升告訴人們，即使是所謂「白頭偕老」的愛情，如果缺乏更新，隨著時間的流逝，也會削弱，產生變異。這些特定的具體目標並不是我們為之奮鬥的重點所在。

（2）目標一旦實現，就不再顯得重要了。升職、掙一萬美元，與世界上最顯赫的人物結婚，贏得金牌，獲得學位，完成定額——這些都只是引誘我們去追求的理想，它們是令人神往的，特別是在開始的時候。但是如果它們只是空洞的允諾，沒有在現實中得到實現，就失去吸引力了。美國女詩人艾米·狄金森寫道：「從未成功者，方知成功甜。」沒有哪一個具體的目的一旦

達到了，它還能使人們保持對它長期的興趣。在現實生活中，沒有這種「理想的境界」，要認識這一點，需要相當豐富的生活閱歷，在現實生活中，有的只是通向理想境界的道路，而我們總是走在這條道路上。

放棄「結局」的概念，是制定人生目標最重要的一步。很多人很難接受這一點。很多年輕婦女把幸福的結局當作她們生活的目標（如「一個家庭」、「一所好住宅」、「一椿美好姻緣」。但是，當她們的孩子長大離開了家，她們孤獨地生活的時候，當她們意識到她們每週打掃的房子只不過是一塊圍在她們脖子上的磨盤的時候，當她們的丈夫完全為工作所吸引而把她們晾在一邊的時候，她們就感到莫大的痛苦，因為對處在這種境地的婦女來說，幸福的結局不過是看似漂亮實則無聊的生活。

同樣的情況男人也碰見了，細節可能大同小異，但結果是一樣的。對單一的幸福結局的追求，總是會遭到失敗的。

這聽起來似乎悲觀，不過那只是在你將生活看成是單純的情況下才如此。生活是複雜的——這才令人感到興味無窮——我們需要一種能把握它的複雜性的思維方式，以讓我們根據生活的複雜性相應地確定我們的目標。

巴爾札克認為：「每個人一生都有一個頂點，在那個頂點上，所有的原因都起了作用，產生了效果。這是生命的中午，活躍的精力達到了平衡的境界，發出燦爛的光芒。」但是，一個人不應該一生只滿足有「一個頂點」，而是應該適時地把握住契機，果斷地從「頂點」折返大地，以重新蓄積元氣，另覓新途，再圖攀登。如果說，攀登頂點的勇力，表現著生存智慧的高超，那麼，再造新途的勇力，則表現出創新智慧的卓越。

從現代人的觀點看來，所謂「頂點」，也就是一個人卯足了勁努力逼近既定目標所能達到的最好水準。事實上，人生的大目標是動態的，不斷發展的，就如同珠穆朗瑪峰至今仍在不斷升高，即使你曾經達到過它的「頂點」，卻不能說永遠征服了它的高度那樣。所以，人生需要不斷地為自己確立新的即將攀登的高度。

正如歌德所說：「人生在世，僅此一遭，一個人要有力量和前途，也僅此一遭！誰不好好利用一番，誰不好好大幹一場，那就是傻瓜！」

這是從一個頂點到達另一個頂點的人生氣魄，是變頂點為新的起點的人生藝術。當一個人毅然從頂點折回時，貌似激流勇退，實則是為向另一個頂點進軍做準備，就如同雲霄飛車的俯衝不是墜落，而是積蓄再一次爬升的動能那樣。

當一個人實現了所期望的目標後，若要繼續維持先前的熱情和衝勁，必須再制定出一個足以讓他動心的目標，如此將可以使他先前實現目標的興奮心情，不落痕跡地投注到另一個新目標上，讓他能夠繼續成長下去。若無成長的動機，人生就會停滯，人的老化不是始於肉體，而是始於精神。

5. 目標應該盡量高遠

幾年以前的一個炎熱夏天，一群人正在鐵路的路基上工作，這時，一列緩緩開來的火車打斷了他們的工作。火車停了下來，最後一節特製車廂的窗戶被人打開了，一個低沉的、友好的聲音響了起來：「大衛，是你嗎？」大衛·安德森——這群人的負責人回答說：「是我，吉姆，見到你真高興。」於是，大衛·安德森和吉姆·墨菲——鐵路局的總裁，進行了愉快的交談。在長達一個多小時的愉快交談之後，兩人熱情地握手道別。

大衛·安德森的下屬立刻包圍了他，他們對於他是鐵路局總裁的朋友這一點感到非常震驚。大衛解釋說，*20*多年以前他和吉姆·墨菲是在同一天開始為這條鐵路工作的。

其中一個人半認真半開玩笑地問大衛，為什麼他現在仍在驕陽下工作，而吉姆·墨菲卻成了總裁。大衛非常惆悵地說：「*23*年前我為*1*小時*1．75*美元的薪水而工作，而吉姆·墨菲卻是為這條鐵路而工作。」

如果你是一個學生，只為分數而學習，那麼你也許能夠得到好分數。但是，如果你為知識而學，那麼你就能夠得到更好的分數和更多的知識；如果

你為賺錢而努力，那麼你可能會賺很多錢。但是，如果你想透過做生意來開創一番事業，那麼你就有可能不僅賺很多錢，而且會做一番大事；如果你只為薪水而工作，你有可能只能得到一筆很少的收入。但是，如果你是為了你所在公司的前途而工作，那麼你不僅能夠得到可觀的收入，而且你還能得到自我滿足和同事的尊重。你對公司做的貢獻越大，你個人所得到的回報就會越多。

人是為信念而活著，這句話很多人並不瞭解。但是許多活生生的事例則可以清楚的說明它。作家三毛的自殺大家都知道。她的作品因深受廣大讀者喜愛而出名，在她自殺之前，可以說要什麼有什麼，名譽金錢一樣不缺。但她卻不知道為什麼而活著，結果自殺身亡，使自己的一生多了一些灰暗的色彩。

所以，人應該擁有一個長期的奮鬥目標，才能燃起對生活的熱情。同時，由於有這種大目標，人生才能有極大的發展。這種長期目標並不只限於一個，可以同時擁有兩個或三個以上，但是，要看你有多少自信，能燃起多少熱情。

擁有人生大目標，就是給你人生的鬥志及熱情。同時，長期維持著這種熱情或鬥志，一方面培養「必定會成功」的信念，你的願望就會深深刻在心靈深處，你的運勢也會隨著慢慢地轉換到好的方向。所以，長期目標是很重要的。

如果，以短期目標來慢慢解決身邊的問題，同時又不忘記為10年或20年後的事訂立目標，並以一生這種長期單位的目標來繼續努力下去的話，你一定會成為人生的成功者。

沒有長期的目標，你可能會被短期的種種挫折擊倒。理由很簡單，沒人能像你一樣關心你的成功。你可能偶爾覺得有人阻礙你的道路，故意阻止你進步，但實際上阻礙你進步最大的人就是你自己。其他人可以使你暫時停止，而你是唯一能使自己永遠停止的人。

如果你沒有長期的目標，暫時的阻礙可能構成無法避免的挫折。家庭問題、疾病、車禍及其他你無法控制的種種情況，都可能是重大的阻礙。而在你有了長期的人生目標後，你就會對消極以及積極的情況做出正確的反應。你會學到：一次挫折（不管多嚴重）可以是進步的踏腳石，而不會是絆腳石。

當你設定了長期目標後，開始時不要嘗試克服所有的阻礙。如果所有困難一開始就清除得一乾二淨，便沒有人願意嘗試有意義的事情了。你今天早上離家之前，打電話到交通單位詢問所有的路口交通號誌是否都變綠了，交警可能會認為你不通人性。你應知道你是一個一個地通過紅綠燈，你不僅能走到你能看到的那麼遠的地方，而且當你到達那裡時，你經常都能見到更遠。

英國作家兼戰地記者查理·庫冷先生曾以一種有意義的方式表示了他的創意。他說：「成就偉大的機會並不像急流般的尼加拉瓜瀑布那樣傾瀉而下，而是緩慢的一點一滴。」

一般說來，偉大與接近偉大的差異就是領悟到如果你期望偉大，你就必須每天朝著目標工作。舉重選手都知道，如果他想成就偉大的目標，就必須每天去鍛鍊肌肉；每一對想養育出有教養的可愛孩子的父母，都知道正確的人格與信仰是每天不斷培養的結果。

喬治·西屋（1846～1914），是美國傑出的發明家和企業家。他一生總共獲得361項專利，被人們譽為「發明奇才」。他親手創辦了6家世界一流的企業，為美國工業的發展奠定了基石。喬治獲得如此輝煌成就的原因就是把一個遠大的目標當作自己的人生理想。

喬治於1846年10月6日生於美國紐約州史哈利山谷的中心橋小鎮。他的父親精明能幹，開辦了一家工具和機器店。小喬治倔強任性，才智過人，對父親工廠裡的機器有著濃厚的興趣。12歲那年，由於他的堅持，父親不得不允許他到機器工廠去當一名普通工人。在一個炎熱的星期六下午，父親讓他獨自一人加班切割一批鐵管子。剛開始喬治用手鋸鋸鐵管，又慢又累。用什麼辦

法才能在規定時間內完成任務呢？突然，巨大的蒸汽機吸引了喬治的視線。他靈機一動，想出一個大膽的主意：把鋸子固定在蒸汽機上，造成一個機械鋸。結果，一根鐵管子幾秒鐘就鋸好了。從此，喬治對蒸汽機產生了濃厚的興趣。他閱讀了大量相關的書籍，發現當時的蒸汽機都是由密封汽缸裡的活塞上下移動來帶動皮帶把力送到機械上的，又笨重效能又很差。喬治設想，如果把往復式引擎改成旋轉式的，既節省了材料又增強了效力。經過幾年的艱苦努力，反覆試驗，終於獲得了成功。15歲那年，他獲得了迴旋機的專利證書。這是喬治一生中的第一項專利。從此，他燃起了發明創造的蓬勃熱情。

1865年，美國內戰結束。在退役回家的路上，喬治坐的火車出軌，車上的人被撞得東倒西歪。當喬治瞭解到火車出軌的事經常出現時，他那天才的頭腦便萌發出一個奇妙的想法：研製一種防止火車出軌的機器。

親友們認為此事難度太大而大加反對。喬治力排眾議，博覽群書，經過艱苦的探索，終於設計出了「火車出軌還原器」，從此開始了他輝煌的事業。後來，他又運用壓縮空氣的原理，發明了空氣制動器，徹底解決了火車剎車問題，這是19世紀最偉大的發明之一。至今，西屋企業仍在這一行業中享有霸權。

喬治是偉大的發明家，更是不畏艱險勇於探索的實幹家。他把改善人類的生活水準，為人類謀福利作為自己的人生目標。因此，他根據實際生活的需要，不斷創造發明新產品，開闢新領域。也正因如此，他的發明創造不僅為他個人帶來了財富，也促進了人類文明的發展。他設計的電氣機車，改善了交通工具；他把交流電用於日常生活，對人類的電氣化做出了巨大貢獻。由於他開發了天然氣，匹茲堡成為工業重鎮；他對尼加拉瀑布電力的成功開發，使尼加拉城在短短幾年內走向了繁榮。有人評價他這項成就時說：「他的才能，無異於天方夜譚中的阿拉丁，他雖沒有如意神燈，但電燈的力量也照樣能使不毛之地變成天堂。」

喬治以造福人類作為一生的奮鬥目標，因此他想盡辦法賺錢贏利，卻絕

不唯利是圖；費盡心思擴大企業，卻從不弄虛作假。凡是他設計製造的產品，他都力求做到盡善盡美，尤其是關係到人們生命安全的產品，他更是以高度的責任心不斷完善。

如在窯制動器剛剛佔領市場的時候，產品效果良好，他卻又花了25萬元去進一步改良，這給剛剛起步的企業帶來了很大困難，但產品最終以上乘的品質贏得了顧客。還有一次，顧客反映一批燈泡的品質不良，喬治立即開除了業務經理，並且說：「任何產品不到十全十美的程度，絕不能賣給顧客。」而今，西屋企業的高品質已享譽全球。

喬治·西屋是一位天才的發明家，一位卓越的企業家，又是一位偉大的人道主義者和理想主義者。他為人類的生活幸福辛勤工作了一生，實現了自己心中的目標和理想。

卦十一‧泰

要謹言慎行，不要狂妄自大

九二：包荒，用馮河，不遐遺，朋亡，得尚於中行。

象曰：包荒，得尚於中行，以光大也。

「荒」是污穢。「包」是包容。「包荒」與《左傳》宣公十五年的「國君含垢」，《老子》中的「受國之垢」的意思相近。「馮河」即「暴虎馮河」，遇到虎，徒手搏擊，遇到河，泅水渡河的果敢作風。「遐」是遠。「中行」即中庸之道。

「九二」剛爻在柔位：是內心剛毅果斷，外表柔和寬大的性格。因而，對外能夠包容污穢，但有時也用泅水渡過大河的果敢手段。不遺忘疏遠的人；必要的時候，也不惜與親近的人斷絕關係。這種寬容、果斷、不忘遠、不溺於私情，光明磊落的態度，符合中庸的原則，占斷必然是吉。

這一爻，說明保持安泰應當包容、果斷、光明磊落、剛柔並濟、把握中庸原則。意思是：有包容大川似的寬廣胸懷，可以徒步涉過大河急流；禮賢下士，對遠方的賢德之人也不遺棄；不結成小團體，不結黨營私，能夠輔佐公正有道德的君主。這一卦啟示我們，欲成就大事業，除了要虛懷若谷之外，對自己的言行舉止也必須十分慎重。

有的人依恃著自己的才能、學識、權力和金錢等等，便目空一切，狂妄自大。「狂」是不好的，要不得的，處世如果與「狂」相結合，便會失去人的常態，便會產生不文雅的名聲。

人們習慣稱狂妄輕薄的少年為「狂童」，稱狂妄無知的人為「狂夫」；稱舉止輕狂的人為「狂徒」；稱自高自大的人為「狂人」，稱放蕩不羈的人為「狂客」，稱狂妄放肆的話為「狂語」；稱不拘小節的人為「狂生」……

有時候，狂妄與無知是聯繫在一起的，凡是狂妄的人，都過高地估計自己，過低地估計別人，他們口頭上無所不能，評人論事誰也看不起，總是這個不行，那個也不行，只有自己最好。在這種人眼裡，他自己好比一朵花，別人都是豆腐渣。這種人處世怎麼會恰到好處呢？

有的人讀了幾本書，就自以為才高八斗，學富五車，無人可比，現在的文學大家、科學巨匠全部不在話下，有的人學了幾套拳腳功夫，自以為武功高強，身懷絕技，到處稱雄，頗有打遍天下無敵手的氣勢。然而，狂妄的結局是自毀家門，自斷後路，人際關係很糟。

《三國演義》裡有一個禰衡，堪稱「狂夫」。他第一次見到曹操，把曹營中勇不可擋的武將、深謀遠慮的謀士，一個個貶得一文不值。他貶起人來，如數家珍，如「荀攸可使看墳守墓，程昱可使關門閉戶，郭嘉可使白詞念賦，張遼可使擊鼓鳴金，許褚可使牧牛放馬，樂進可使取狀讀詔，李典可使傳書送檄，呂虔可使磨刀鑄劍，滿寵可使飲酒食槽，于禁可使負版築牆，徐晃可使屠豬殺狗，曹子孝呼為要錢太守，其餘皆是衣架、飯囊、酒桶、肉袋耳。」

禰衡稱別人是酒囊飯袋，稱自己卻是「天文地理，無一不通，三教九流，無所不曉；上可以致君為堯、舜，下可以配德於孔、顏。豈與俗子共論乎！」更有甚者，當曹操錄用他為打鼓更夫時，他卻一邊擊鼓一邊罵起曹操，然後揚長而去。對這種人，曹操自然不願收留。禰衡又去見劉表、黃祖，依然是一副狂妄的架子，罵罵咧咧的，最後他被黃祖給砍了腦袋，做了個無頭狂鬼。

同樣，《三國演義》裡面的另外一個人物——關羽也是一個狂妄自大的

人。

關羽鎮守荊州時，諸葛亮再三叮囑關羽「東和孫權，北拒曹操」，但關羽目空一切，驕傲自大，一次次地破壞孫劉聯盟。

一次，孫權派諸葛瑾為使，前來索要荊州。劉備已經許諾東吳先交割三郡，諸葛瑾帶著劉備的書信來到荊州找關羽交涉，關羽以「將在外，君命有所不受」拒之，而且還執劍在手，大聲怒斥：「不看軍師面上，教你回不得東吳。」這其實是劉備、諸葛亮玩弄的把戲。但關羽卻不明就裡，不懂轉圜，致使彼此衝突激化，走向極端。

還有一次，諸葛瑾奉孫權之命，為孫權之子與關羽之女聯姻，並明確提出「兩家和好，並力破曹」。此次如果關羽許親，就可以鞏固孫劉聯盟；如果不願許親，婉言謝絕也就是了。但是關羽卻不是，非但不許親還謾罵道：「吾虎女安嫁犬子乎」，不僅如此，又威脅諸葛瑾說：「不看汝弟之面，定斬汝首」，將其逐出。關羽這種驕矜的態度，拒婚、謾罵、侮辱，激怒了孫權，孫權下定決心採取武力奪取荊州。

關羽因為狂妄自大，不得善終，敗走麥城……關羽的悲劇雖然令人感嘆，但更為後人帶來了警世。無論自己多麼顯赫，還是要時時提醒自己不要驕傲自滿，以免因忘乎所以而不得善終。

《三國演義》中還描寫了一個狂妄自大的人——呂布，呂布是三國中非常厲害的驍將，幾乎難逢對手。曾經轅門射戟，嚇退袁紹三萬精兵。但他最致命的弱點就是容易忘乎所以，「讓勝利沖昏了頭腦」。盛名之下的呂布有些得意忘形了，開始目空一切、唯我獨尊、驕傲恣肆起來，他經常怒氣沖天，頤指氣使，好像一切都是他一個人的功勞。最後，他眾叛親離，殞命白門樓。能夠奪取天下的，不僅僅是靠勇武，更是謀略、智慧的較量。一個人如果能控制自己的怒火自然能運用謀略，取勝的機會也自然提升；如果控制不住自己的性情，那麼就只好逞匹夫之勇，勝算的把握就可想而知了。劉邦在項羽要把老父烹煮的恫嚇之下，依然面不改色，僅憑這一點，善於鬥智的劉邦就能戰勝

力拔山兮的項羽。

人們常說「謙虛使人進步，驕傲使人落後」，這句話確實有它的道理。在兵家的說法中，有一條就是驕兵必敗，這一點在歷史上已經有過無數的經驗教訓。有時往往由於暫時的勝利，狂飲歡歌，甚至忘記敵軍的存在，這種被勝利沖昏頭腦的軍隊，必然會遭到失敗。明末的農民起義領袖李自成，當他成功奪下了北京後，沒有重視雄踞關外的清兵，結果一敗塗地，將勝利的果實拱手讓給了清兵。

雖然一個人的個性與先天有很大關係，但是人的脾氣還是可以控制的。不論你的個性如何，只要你願意，只要你努力，你都可以積極有效地管理好你的脾氣。但無論如何，有一件事情你必須明白，那就是驕者必敗。正因為這樣，每個人都應該保持謙虛的作風，戒驕戒躁，因為謙卑能使人的心靈得到昇華，得到充實，而驕傲卻只能使人的心靈低微和無知。

人的個性是一種最基本的氣質或情緒本質，與個人的性格有著極為密切的關係。比如，同樣是一件事情，有的人可以忍受，有的人可能根本無法忍受，或做出異樣的行為。每個人的個性都是天生的，與後天的人生經歷也有相當的關係，有些人的個性很容易被激怒，而有些人的忍耐力就比較強，能容忍不公正的待遇。驕傲自滿就是一種最典型的個性氣質。人生最可怕的，不是失去什麼，也不是生老病死，而是驕傲。失去什麼是我們無法挽回的，而生老病死是自然規律，不是人為可以改變的。但是人的心態是可以改變的，看看周圍的人，有多少天資聰慧的人都敗在了驕傲上。

一個人的本事有多大，別人都看得見，心裡都有數，不用自吹，更不能狂妄。「天不言自高，地不言自厚」，沒有多少人樂意接觸一個言過其實的人，更沒有一個人樂意幫助一個言語不恭的人。不論是莊子、老子，還是孔子，儒道兩家都教誨人要以謙讓為上，不可自作聰明的顯示、誇耀自己的才能和實力。只有這樣處世，才能不被人妒忌，才能真正達到自己的理想。

卦十二・否

過簡單的生活，堅持勤儉節約的美德

象曰：天地不交，否；君子以儉德辟難，不可榮以祿。

「儉」是約束，壓抑在心中不顯露的意思。「辟」與「避」同。這一卦的形象，是天與地不相交，所以說「否」，閉塞的意思。君子在閉塞的狀況下，應當收斂自己的才華，不可炫耀，以避免小人陷害的災難。不可追求榮華富貴，以避免遭小人妒嫉。意思是說：天地陰陽之間因而不能互相交合，所以時世閉塞不通，這時候君子必須堅持勤儉節約的美德，以避開危險與災難，不能去謀取高官及厚祿。這就是要我們奉行勤儉節約的作風，這對於我們今天仍有非常重要的指導價值。

儉樸，是中華民族引以為自豪的傳統美德。《周易》中就有這樣兩句話：「甘節，吉。」（意思是說，甘於節儉，樂於儉樸，美好）；「不節，則嗟（意思說，不能節儉，結果必定招致禍患，落到愁眉苦臉，唉聲嘆氣的地步）。」

不要與他人相比評

現實生活中，我們判斷成功的標準開始發生變化，那些能夠發財致富的人，受到人們的普遍肯定。而沒有發家致富的人，就成為這個社會的落伍

者。但是，發家致富的人畢竟是極少數，大多數人還是過著平常的日子，在這種情況下，我們每個人的內心世界或多或少地都有一些不平衡心理。而這種不平衡帶給人精神上的壓力是巨大的。比如某人賺了錢，某人升了官，某人買了車，某人蓋了別墅……我本來比他們強，可我卻不如他們風光體面！對比產生了心理不平衡，而這種心理不平衡又驅使著人們去追求一種新的平衡。但是，在追求不平衡的過程中，有些人往往不擇手段，喪失道義，從此讓自己淪為另一種更大的壓力——失敗。

不平衡使一部分人心理自始至終處於一種極度不安的焦躁、矛盾、激憤之中。他們牢騷滿腹，不思進取，工作中得過且過，和尚撞鐘，心思不專，更有甚者會鋌而走險，玩火自焚。我們必須要走出不平衡的心理誤區。怎樣才能從這種不平衡的心理誤區中突圍出來呢？以下幾點值得考慮：

首先你要學會做客觀公正的比較。常言道：比上不足，比下有餘。在比較中，你就會獲得心理平衡。

不平衡心理緣於比較方式不當，緣於比較「參照對象」的選擇的失誤。有些人，他們所選擇的比較「參照對象」自然是那些風光的有錢人，自認為能力、才華不比他們差，而收入卻比他們少，這是多麼不公平啊！其實，只要我們多想一想那些普通勞動者，我們的心理又何嘗會有這樣多的焦灼、急躁與失落，甚至是憤憤不平呢？面對著眾多普通人，我們內心必然會多一份平靜豁達，甚至多一份愧疚。如果我們這樣想，還有什麼不平衡的呢？

其次，心地無私，才能保持心態平衡。心理不平衡主要是私心開始作怪，覺得自己吃虧。

心地無私是治癒心理不平衡的良藥。在當今社會生活中，各種物質誘惑，特別是金錢美女，令一些人失去理智，頭暈目眩，忘記了做人的基本原則和起碼的準則，在追求心理平衡的過程中，墮入了腐敗、墮落的深淵。在他們身上缺少聖潔的信念、奮鬥的理想。我們只有樹立正確的世界觀和人生觀，就能夠自知、自明、自重、自省、自尊、自愛、自警、自勵。心裡永遠只想著

別人，就不會深受不平衡心理的折磨，就能夠達到一種高尚的思想境界。

不要追求顯赫的財富

有一個這樣的故事：一位有錢人，每天早上經過一間豆腐坊時，都能聽到屋裡傳出愉快的歌聲。這天，他忍不住走進豆腐坊，看到一對小夫妻正在辛勤勞作。富人惻隱之心大發，說：「你們這樣辛苦，只能唱歌消煩，我願意幫助你們，讓你們過上真正快樂的生活。」說完，放下了一筆錢，送給小夫婦。這天夜裡，富人躺在床上想，「這小夫婦不用再辛辛苦苦做豆腐了，他們的歌聲會更響亮的。」第二天一早，富人又經過豆腐坊，卻沒有聽到小夫妻倆的歌聲，他想，他們可能激動得一夜沒睡好，今天要睡懶覺了。但隨後的幾天，還是沒有歌聲，富人好奇怪：就在這時，那做豆腐的男子走了出來，拿著錢，見了富人便急忙說道：「先生，我正要去找你，還你的錢。」富人問：「為什麼？」年輕的男子說：「在沒有這些錢時，我們每天做豆腐賣，雖然辛苦，但心裡非常踏實。自從得到這一大筆錢，我和妻子反而不知如何是好了，不賣豆腐，那我們的快樂在哪裡呢？現在把錢放在屋裡，又怕它丟了，做大買賣，我們又沒有那個能力，所以，還是還給你吧！」富人非常不理解，但還是收回了錢。第二天，當他再次經過豆腐坊時，聽到裡邊又傳出了小夫婦的歌聲，他們又像以前那樣愉快地生活著。

擁有更多的財富，是今日許多人的奮鬥目標，財富的多寡，也成為衡量一個人才幹和價值的尺度。當一個人被列入世界財富榜時，會引起許多人的豔羨。但對於個人來說，財富只是一種符號象徵，除非你是為了社會在創造財富，並把多餘的財富貢獻給社會。

不追求顯赫的財富，清醒地使用財富，愉快地施與財富，心懷滿足地離開財富。這就是著名科學家培根的建議，我們應該認真地思考這些建議。

現在不少人急於發大財，結果不是被騙，就是去搞歪門邪道，甚至不惜鋌而走險，以身試法，如製假販假、盜版走私、做毒品生意。他們完全成了金

錢的奴隸，財富對他們如同絞索，他們越是貪求，絞索就勒得越緊，正如一個貪官說：每當聽到街上警車鳴笛，便惶惶不可終日。

我們並不是一概排斥財富，我們厭惡和蔑視的是對個人財富的過分貪求，是以不正當手段聚斂財富。我們努力創造財富，我們所追求的是一種行善的工具。

節儉是自助的最好展現

當今社會，有些人總喜歡追著時尚跑，非要當個急先鋒，專門買那些剛剛上市的高新技術產品，從手機到電腦，從電視到*DVD*，擁有了這些時尚的產品，的確會在它們剛剛出現的時候讓一些追逐時尚的虛榮者嘖嘖稱讚：「看人家都……，多神氣！」

這些人喝著千篇一律的卡布奇諾和冰水，到千篇一律的星巴克，吃一樣的哈根達斯，家裡擺著一樣的*IKEA*傢俱，櫃裡放著一樣的村上春樹的作品。他們購物的宗旨就是：「只買最貴的，不買最好的。」

為什麼？不為別的，就為追求時尚，追求時尚和格調就是他們的專利。他們簡單而錯誤地把時尚理解成穿著、愛好的品味和室內裝潢等表面的東西，其實這不叫時尚，只是時髦。時尚必須具有獨立思考和個性生活這兩大要素，而時髦只不過是物欲和世俗的同義語。

追求時髦必須擁有足夠的金錢，對時髦的追求說白了已經成為對金錢的追求了。當莎拉·布萊曼轟動地推出專輯《月光女神》的時候，社會上早已有了一批「月光」女神。她們不是不食人間煙火的月亮仙子。她們往往上午向朋友借錢準備晚上的生日宴會，下午就把借來的錢換成了時裝；到了晚上，又搭車去向另一個朋友借錢，然後，讓計程車司機載著她急急奔向五星級大飯店……

而「飄一代」更是追求時髦的急先鋒，他們有份不錯的工作，有錢，還很任性，高興了就會跑到非洲逛一逛，不高興了就去歐洲散散心，而且哪裡

偏僻、荒涼就在哪裡紮帳篷。簡單概括起來,他們就是喜歡花錢買罪受的一類人,他們崇尚的是「今天花明天的錢」。

蘇珊是一名在校大學生,她看見時裝就想買,根本不顧及自己的經濟承受力。她第一次在信用卡上簽完名後,得到了一件漂亮的晚禮服;第二次簽名後,她又擁有了一套樣式新穎的牛仔服……一年後,她已經在16張信用卡上簽了字,總計消費高達2萬美元。

這些追求時髦的人幾乎是伴隨著債務過日子的,他們對自己的消費缺乏理性的思考,並且只顧自己的享樂,絲毫不為別人的利益著想。他們的口號就是:「不懂得花錢的人就不曉得賺錢,不懂得享受的人就不懂得生活!」可是,等到他們發現錢的真正用途時,已經太遲了。他們貪圖一時的安逸享樂,花天酒地,揮霍無度,不得不提前去支取存款,提前領取薪資,拆東牆補西牆,寅吃卯糧,結果,必然是債臺高築,不得翻身,嚴重影響了自己的行動自由和人格獨立。

其實,時尚不等於消費,時尚不等於流行。如果一個人總是在欲望的世界裡徘徊,那麼,他離奴隸狀況也就只有一步之遙了。他絕不是自己的主人,而是時時處於淪為別人奴隸的危險之中,欠了別人的錢,必須就接受別人為他開具的各種條件。生活中,他多少總會有些奴顏婢膝,因為,他不敢勇敢地面對現實,一旦身處逆境,他要嘛靠別人的施捨、恩典度日,要嘛,靠給貧民的救濟生存。

在任何時期,對任何人來說,生活簡樸節儉都是必不可少的。節儉意味著為了將來的利益得到保障,要抵禦眼前的物質誘惑。節儉是自助的最好展現。節儉完全不同於吝嗇,因為,正是由於節儉才能使一個人在幫助弱者時表現得慷慨大方,不把金錢作為崇拜的偶像。而只是把它當作一種有價值的東西。

卦十三 · 同人

與人交往要保持彈性

同人於野，亨。利涉大川，利君子貞。

「同人」的下卦「離」，象徵火；上卦「乾」代表天。火光明，向上升，與天相同；所以是「同人」的形象。又「六二」中正，與「九五」相應，也是「同人」的形象。由另一角度看，這一卦只有一個陰爻，其餘五個陽爻與它結合；也有「同人」的含義。《禮記·禮運篇》中所說的，天下為公的大同世界，正是這一卦的理想境界。

在曠野中集合群眾，象徵在廣闊的範圍，公平無私的與人相處，這是聖人理想中的大同；世界上所有的人和同，當然一切亨通。又，外卦「乾」剛健，不懈的前進，所以用有利於涉大川比擬；內卦「離」是明；意味著內心光明，外向剛健的性格小加以「六二」中正，與「九五」的適應性，這些都是純潔正直的德與行。所以，占斷是人人調和，意志溝通，能夠冒險犯難，符合君子的原則，無往不利。

但不要忘了《易經》一貫強調的物極必反的原則，在與人交往的時候，也是如此。若要朋友處得長久，溫良恭讓的謙和之德與禮貌之舉，是必不可少的。不過，朋友之間如果太重視讓，老是打躬作揖，自貶而崇人，則恐怕更

加糟糕。所以，朋友間的交往要恰如其分，不強交，不苟絕，不面譽以求親，不愉悅以苟合，其關係的處理，恐怕用得上這麼一副對聯：「大著肚皮攬物，立定腳跟做人」，也就是「君子為人，和而不流」，即小事「和」，而大事「不流」。

人在社會上行走，必須依靠朋友來幫忙，雖然有的朋友也不見得能幫你什麼忙，甚至還會拖累你，但沒有朋友卻會無路可走！所以，人要廣交朋友，並好好運用朋友的智慧。

這個道理相信沒有人會反對，但有一種情況可不是人人能做到，也就是：保持交朋友的彈性！

大部分人交朋友都「彈性不足」，因為他們交朋友有太多原則。

其實，人與人之間交往，貴在心靈契合，患難與共。結交朋友並不困難，問題在需要幫助時會伸出援手的朋友少之又少。大部分人一旦面臨必須犧牲自己的利益去幫助別人時，都會百般逃避、避而不見。

所以，如果有了「好朋友」，與其太接近，而彼此傷害，不如「保持距離」，以免碰撞！

人說夫妻要「相敬如賓」，自然可以琴瑟和諧，但因為夫妻太接近，要彼此相敬如賓實在很不容易。其實朋友之間也要「相敬如賓」。而要「相敬如賓」，「保持距離」便是最好的方法。

何謂「保持距離」？

簡單地說，就是不要太親密，一天到晚在一起，也就是說，心靈是相通的，但肉體是保持距離的。

能「保持距離」就會產生「禮」，尊重對方，這禮便是防止對方碰撞的「海綿」。

有時太保持距離也會使雙方疏遠，大家都忙，很容易就忘了對方。因此對好朋友，也要打打電話，瞭解對方的近況，偶爾碰面吃個飯，聊一聊，否則就會從「好朋友」變成「朋友」，最後變成「只是認識」了！

也許你會說,「好朋友」就應該同穿一條褲子,彼此無私呀!

你能這樣想很好,表示你是個可以肝膽相照的朋友,但問題是,人的心是很複雜的,你能這麼想,你的「好朋友」可不一定這麼想。更何況,你也不一定真的瞭解你自己,你心理、情緒上的變化,有時你自己也不能掌握!

所以,為了友誼,為了人生不那麼寂寞孤單,好朋友應保持距離!

討人喜歡的人自然有很多朋友,即使不主動結交朋友,別人也會設法與他接近;相反,朋友少的人,若不去接近別人,誰也不會主動接近他。

神經質的人大都比較內向,不但不會主動結交朋友,反而會避開人群;個性好勝的人雖然外向、活動力強,但由於過分堅持己見,容易惹惱別人,朋友也不會很多。

想要獲得知已是很困難的,自私自利、存心利用朋友的人,永遠得不到真正的友誼。這種人在朋友有利的時候,會表現得如同至親、密友一樣,一旦產生利害關係,就露出真面目。

朋友之間,應該以正義、真理見面,而不是「群居終日、如行小惠、言不及義」。

朋友之間首先要有共同的特點或者相互欣賞有心靈上的契合,沒有毫無理由地就在一起成為朋友的。即使那些狐朋狗友,也是因為具有共同的志趣和愛好(有的雖然是低級趣味),相互利用對方的優勢。

偉大的物理學家愛因斯坦和喜劇大師卓別林剛開始並不相識,但他們都相互推崇對方,成為未曾謀面的朋友。

愛因斯坦對卓別林主演的電影十分喜愛。有一次,他在寫給卓別林的信中說:「全世界的人都能理解你的幽默、含蓄,你的確是一位偉大的藝術家!」

而卓別林對愛因斯坦更加敬仰,他在回信中說:「可是,世界上雖然只有很少的人能夠理解你的相對論,可你仍然是一位真正的、傑出的、偉大的科學家呀!」

每個人都有自己的優點，並且希望其他人認識到自己的優點。透過對別人的思想、行為、著作和發明創造等予以讚揚，會加深彼此的友誼。

　　交友之道最重要，所以古人常把友與君、父並列為五倫之一。人的德行缺少了朋友就是殘缺的，人的事業缺少了朋友就不會成功。隨著社會的不斷發展，廣交朋友更為重要，沒有朋友使人感到孤獨，使人的思想逐漸產生閉塞。這對自己的身心健康極為不利。生活中，沒有朋友更像在茫茫大海中的一葉小舟，孤立無援，很難駛向既定的目標。朋友既然如此重要，是不是應當多多益善呢？並非如此。朋友一多，交往也多，耗費的時間與精力更多，有時還會帶來不必要的大麻煩。所以交友貴在精而不在多，正如魯迅的那句話：一生得一知己足矣。

　　一般而言，朋友大致可以分為三類：一類是工作朋友，即由於工作原因而結識的朋友，如同事、客戶等等；另一類是生活朋友，即是以前在學校或生活中結識的朋友；第三類是禮節上的朋友，就是一般性的「點頭」之交。前兩類朋友都應有個限度，如果濫交朋友，就會全部變成第三類朋友，濫交朋友必導致無真正的朋友。

　　要悉心結交一些志同道合的工作朋友和生活朋友，而且要有一定的感情基礎，工作上是鼎力相助，而不是建立在純利益基礎之上的關係。一些生活中的朋友要多加聯繫，因為這些朋友都是些有著共同經歷、經過時間考驗的知心朋友，要留一定的時間和精力不斷加深友誼。這部分朋友是最可靠的，因為，你們之間沒有利益衝突，是一份最純的友誼，任何時候，他們都能給你幫助。

　　當然，交友時都要保持一定戒心，能有一定的識別能力。和一個人交往時要判斷對方和你交往的動機是什麼，是看重你的人還是其他，如果純粹看重你的錢和勢，或其他利益，那麼就不必深交，如果能形成互利互惠，當然也不妨交往一下。

　　如果你和某人只是普通朋友，雖然也一起吃過飯，但還談不上交情；如

果你和某人曾是好友，但有一段時間未聯繫，感情似乎已經淡了……。如果這樣的人突然對你熱情起來，那麼，你應該有所警覺，因為這種動作表示他可能對你有所圖！在這裡之所以用「可能」這兩個字，是為了對這樣的行為保持一份客觀，避免以小人之心度君子之腹，誤解對方的善意。因為人是感情動物，是有可能在一夜之間，因為你的言行而對你產生無法抑制的好感，就像男女互相吸引那樣。不過這種情形不會太多，而你也要盡量避免這種聯想，碰到突然升高熱度的友情，寧可冷靜待之，保持距離！

要分析這種「友情」是否含有「企圖」並不難，首先是看看自己目前的狀況，是否據有資源，例如有權有勢？如果是，那麼，這個人有可能對你有企圖，想透過你得到一些好處；如果你無權也無勢，但是有錢，那麼，這個人也有可能會向你借錢，甚至騙錢！如果你無權無勢又無錢，沒什麼好讓別人求的，那麼，這突然升高熱度的友情基本上沒有危險——但也有可能「項莊舞劍，志在沛公」，是想利用你這個人來幫他做些騙人的事；或是重點在你的親戚、朋友、家人，而你只是他過河的踏腳石！

從自己本身的狀況檢查出這突然升高熱度的友情有無「危險」之後，你的態度仍要有所保留，因為這只是你主觀認定，並不一定正確，所以面對這突然升高熱度的友情，你要：

（1）不推不迎。「不推」是不回絕對方的「好意」，就算你已看出對方的企圖也不可立即回絕，否則很可能得罪對方。但也不可迫不及待迎上去，因為這會讓你抽身不得，抽了身又得罪對方。好比男女談戀愛，回應得太熱烈，有時會讓自己迷失，若突然斬斷「情絲」，則會惹惱對方！

（2）冷眼以觀。「冷眼」是指不動情，因為一動情就會失去判斷的準則，不如冷靜地觀看他到底在玩什麼把戲，並且做好防禦，避免措手不及。一般來說，對方若對你有所圖，都會在一段時間之後就「圖窮匕見」，顯現他的真目的，他才沒有時間和你耗呢！

（3）禮尚往來。對這種友情，你要「投桃報李」，他請你吃飯，你送他

禮物；他幫你忙，你也要有所回報，否則他若真對你有所圖，你會「吃人嘴軟，拿人手短」，被他狠狠套住；臨事脫逃？恐怕沒那麼容易！

也許你會說，防人防到這個地步，做人不是很辛苦嗎？其實不然，在生活中交友是應該分「等級」的。

有個地方士紳，朋友無數，三教九流都有，他也曾向人誇耀，說他朋友之多，天下第一！

有人問他，朋友這麼多，都同等對待嗎？

他沉思了一下，說：「當然不可以同等對待，要分等級的！」

他說他交朋友都是誠心的，不會利用朋友，也不會欺騙朋友，但別人來和他做朋友卻不一定是誠心的。在他的朋友中，人格高尚的朋友固然很多，但想從他身上獲取一點利益，心存壞意的朋友也不少。

「對心有壞意，不夠誠懇的朋友，我總不能也對他推心置腹吧！」這士紳說：「那只會害了我自己呀！」

所以，在不得罪「朋友」的情況下，他把朋友分了「等級」，計有「刎頸之交級」、「推心置腹級」、「可商大事級」、「酒肉朋友級」、「點頭哈腰級」、「保持距離級」等等。

他就根據這些等級來決定和對方來往的密度和自己心窗打開的程度。

「我過去就是因為人人都是好朋友，受到了不少傷害，包括物質上的傷害和心靈上的傷害，所以今天才會把朋友分等級！」他說。

把朋友分等級聽來似乎無情，但聽了那位士紳的話，覺得分等級的確有必要——為了保護自己不受到傷害！

要把朋友分等級其實不容易，因為人都有主觀的意識，因此，有時會把一片赤心的人當成一肚子壞水的人，也會把兇狠的狼看成友善的狗，甚至在旁人點醒時還不能發現自己的錯誤，直到被朋友害了才大夢初醒。所以，要十分客觀地將朋友分等級是很難的，但面對複雜的人性，你必須把朋友分等級不可。心理上有分等級的準備，交朋友就會比較冷靜客觀，可把傷害減到

最低！

要把朋友分「等級」，對感情豐富的人可能比較難；因為這種人往往在對方尚未把你當朋友時，他早已投入感情；而且把朋友分等級，他也會覺得有罪惡感。

不過，任何事情都要經過學習，慢慢培養這種習慣，等到了一定年紀，自然熱情冷卻，不用人提醒，也會把朋友分成等級。

分等級，可像前述那位士紳那樣分，也可簡單地分為「可深交級」及「不可深交級」。

可深交的，你可以和他分享你的一切，不可深交的，維持基本的禮貌就可以了。這就好比客人來到你家，真正的客人請進客廳，推銷員之類的在門口應付就好了。

另外，也要根據對方的特性，調整和他們交往的方式。但有一個前提必須記住，不管對方智慧多高或多有錢，一定要是個「好人」才可深交，也就是說，對方和你做朋友的動機必須是純正的。不過人常被對方的身分和背景所迷惑，結果把壞人當好人，這是很多人無法迴避的錯誤。

如果你目前平平淡淡或失意不得志，那麼，不必太急於把朋友分等級，因為你這時的朋友不會太多，還能維持感情的朋友應該不會太差。但當你有成就了，手上握有權和錢時，那時你的朋友就非分等級不可了，因為，這時的朋友有很多是另有所圖，不是真心的！

交朋友也是如此，務必要小心謹慎，結識了壞朋友，自己也會學壞、誤入歧途，就很難自拔，因此，必須下定決心和壞朋友斷絕關係。

脫離壞朋友的最佳方法，就是盡量去接近好朋友，久而久之，就會淨化自己身心，發覺過去的錯誤，走上人生的光明大道。

人類社會中，很難區別好人與壞人，因此，我們更應設法分辨，選擇真正具有美德的朋友，受其薰陶與感化。

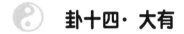

卦十四・大有

注重自身修養，就能在下屬面前樹立威信

六五：厥孚交如，威如：吉。

象曰：厥孚交如，信以發志也。威如之吉，易而無備也。

「厥」是其，「孚」是信，「交如」是相交，「威如」是威嚴。

「六五」陰爻，柔順謙虛；在中位，中庸而不偏激；又在至尊的君位，與「九二」剛柔相應。以人事比擬，這是上以誠信待下，下必然也以誠信回報的形象。所以《象傳》說：上下以誠信相交，互相信任，足以激發士氣。

然而，站在統治者的立場，也不能缺少剛毅的一面，過於柔順，就難免紀律敗壞。因而，又必須以威嚴維持秩序，恩威並濟，才會吉祥。《象傳》解釋：所謂威嚴，並非以冷酷的態度，使部屬經常提心吊膽；而是以平易近人的態度，在不必使人戒懼中，自然而然的產生威嚴，才會吉祥。

作為一位領導者，平時要注重自身修養，行動中要以身作則，以自身的「正」，來影響部屬、激勵部屬，也是領導藝術的一個重要原則和方法。

對這個問題，古人就有清醒認知：《禮記·哀公問》中孔子在回答魯哀公什麼是治政問題時強調：「治政就是正。君主端正自己，那麼百姓就服從於政令了，君主怎麼做，百姓就跟著怎麼做，君主不做的，叫百姓怎麼跟著做？」

唐太宗也認識到：「若安天下，必須先正其身。未有身正而影曲，上治而下亂者，」

在《周書·蘇綽傳》中，對領導者本身作了形象比喻：「凡人君之身者，乃百姓之表，一國之的也。表不正，不可求直影；的不明，不可責射中，今君身不能自治，而望治百姓，是猶曲表而求直影也；君行不能自修，而欲百姓修行者，是猶無的而責射中也。」大意是說：君主本身，就是黎民百姓的「表」，就是一個國家的「的」。「表」樹立得不正，不能要求有筆直的影子；「的」不明顯，不能要求射中目標。如果君主不能自我約束，而希望約束百姓，這如同「表」歪卻要求影子直。如果君主不能自我修養，而要百姓修養，這如同沒有「的」卻要求射中目標一樣困難。

這些話講的都是正人和正己的關係，其核心是正人必先正己。雖然講的是君主和百姓，但其道理適合於各行各業，凡有領導者和被領導者存在，便都適用，

歷史上許多出色的領導者都做到了這一點。

唐太宗李世民在這方面表現得比較典型。就「自治」而言，李世民對自己的約束是比較嚴格的。他曾制定了一個著名的「封駁」制度，就是賦予有關官員拒絕執行皇帝不正確旨意的權力。把不正確的詔書原件退回宮中不執行，這叫「封」，說明不執行的理由，指出詔書中的錯誤，這叫「駁」。西元630年，唐太宗想興修洛陽行宮乾陽殿，擁有「封駁」之權的張玄素認為不可，唐太宗只好放棄這一計畫。

還有開創清代盛世的康熙皇帝，他八歲即位，十四歲親政，在位六十一年，創造皇位掌權時間最長的紀錄，在位期間數十次掛帥親征。一次率軍遠征漠北，在荒漠上馳騁數千里，正遇上大風雪。他想到的不是個人休息，而是佇立在大風雪之中，看到部隊結營完畢，自己才進入行幄；部隊食畢，他才進膳。

他在生活上的要求也極為簡樸，據史書載，他穿的龍袍上必須有補丁，

聖履上也要打著包頭，滿朝文武也競相效仿，一時間，京城裡出現了不少專賣舊官袍的雜貨店，買賣很是興隆，康熙在飲食方面也很節省。據說有一天，康熙與當朝陳老丞相談論一陣天下事後，忽然問道：「不知愛卿每日午宴用些什麼？」當聽說只有價值兩個小錢的炸豆腐一碗、窩窩頭兩個為午膳時，康熙很高興，立即傳旨：「由即日起，朕每日午膳只用炸豆腐一碗、窩窩頭兩個，不許再備別的食物。」吃了三天後，御膳房總管怕皇上常年吃窩窩頭，御膳房沒事可幹了，騙皇上說三天伙食費高於往日，要求恢復往日標準，康熙又不能下去親自核實，只得同意改回原來的吃法。不過皇上也吃過三天窩窩頭，卻傳遍了民間。這個故事雖帶有傳奇色彩，卻反映出民眾對康熙帝自身屬行節儉，不事鋪張浪費行為的讚許之情。

據統計，康熙在位的六十餘年間，他北巡五十一次，六下江南，一生中不斷東巡西察，大部分時間在馬上、民間度過。他的這種深入下層、廉潔政事、體察民情的作風，對民眾有很大的鼓舞作用，短時間內他就使全國人心歸順，經幾十年就建起一個龐大王朝，不能不說明康熙是個英明的領導者。

在今天，如果說「正人」已經成為不可缺的領導環節，那麼，「正己」就是一個前提，因為這直接決定著一個領導者的威嚴得到多大程度的認可，要想真正得到部屬們的擁護，就必須腳踏實地地工作，你如果不勤勤懇懇，沒人會拿八抬大轎抬著你走。

身為領導者，最先應該考慮的事情就是如何在下屬中樹立起威信來。有了威信，你的下屬就會對你心悅誠服，只有這樣才能做到不怒而威。

威爾·卡耐基曾經說過：「當你想讓別人這麼做的時候，你自己最好先這樣做。」身體力行，無疑是一個領導者樹立自己威信的最佳辦法了。

人都有排外的心理。何況你的職位或許是許多人所夢寐以求的。因此，你的上任無疑會使許多人特別是跟你的職位相近的下屬心存嫉恨。所以，他雖然表面上對你畢恭畢敬，但內心在暗中找你的碴，千方百計地排擠你。因此，你的第一步應該是設法讓你的下屬心悅誠服，找不出毛病來，自嘆不如，

應該讓你的下屬和同事感到你並不是無能之輩。

　　一個成功的領導者都非常擅長於領導的藝術，他雖然不需要付出比他的下屬更多的體力勞動，但是他的確需要利用他的智慧和才幹去領導人。嚴於律己，是取得下屬信任尊重的最佳途徑，這樣建立起來的威信比單憑以權力去命令下屬所建立起來的威信要牢靠得多，無疑，你當領導的日子會過得更輕鬆自如。

卦十五・謙

不居功自傲，做人還是平和一些好

九三：勞謙君子，有終吉。
象曰：勞謙君子，萬民服也。

「九三」是這一卦唯一的陽爻，處於下卦的最上位，相當於負有重大責任的人物。「九三」陽爻剛毅，陽爻陽位得正；因而，上下五個陰爻，都信賴以他為重心。「勞謙」是說辛勞而且謙遜；這樣的君子，最後必然吉祥，可使萬民歸心。《繫辭傳》解釋這一爻辭：「辛勞而不誇耀，有功而不自滿，敦厚達到極致。這是指有功勞還能對人謙卑的人物。」確實難得。

《謙》卦「九三」爻辭的意思是：有功勞而又謙虛，君子能保持始終、吉祥，從中我們不難悟出：如果居功自傲、目中無人就容易招致災禍。

有功不自傲，做人還是平和一些好。但平和並不是掩飾自身某種退縮、自欺欺人的外衣。這些年來，「平常心」似乎成了一種時尚，在各種媒體中使用率非常高。但是我卻認為平和是一種經過挫折失敗，不斷奮鬥努力才能磨練出的人生境界，它並不是幾句「平常心」、「與世無爭」、「順其自然」等等好像禪味十足的言詞所能說明的。事實上就像小孩子不跌倒就不會走路一樣，不經過一番生命洗禮，哪能如此輕易地練就一顆平和的心呢？

　　它就像一把弦樂器，弦鬆了緊了，就會變調。只有不時地加以調整，弦音才會純正完美。正如當代經濟學家、教育學家馬寅初所說：「寵辱不驚閒看庭前花開花落，去留無意漫觀天外雲卷雲舒。」只有當心態有了平和而又不失進取的弦音，我們生存在這個社會中才能左右逢源，許多棘手問題也便迎刃而解，許多人間的美景才能盡收眼底。平和的心態是一種至上的人生境界，一種面對榮譽、金錢、利益的達觀與豁達。人的一生中有一段時間內做到平和並非難事，但是當榮譽、地位紛紛到來的時候，在鮮花、讚美中仍能保持平和的心態，就非易事了，居里夫人就是這樣一位用平和心態梳理一生的人。

　　居里夫人是法國著名物理學家和化學家，是第一位獲到諾貝爾物理學獎和化學獎的女科學家。這位在學術上取得巨大成就的女性，終其一生以一種平和的心態面對著生活，無論是困苦抑或是富裕，失敗抑或是榮耀。

　　經過艱苦的長期試驗研究，居里夫人發現了釙和鐳，開創了人類放射學研究的先河。由於這兩種放射性元素的醫學用途，它們將永遠造福於人類。然而，為鐳的事業而工作了35年的居里夫人，卻因跟鐳射線過於親密而患上了血癌，於1934年7月4日病逝。人們按照她生前的遺囑，將她的棺木和居里先生同穴而葬。在她的墓碑上，只有簡單的一行字——

　　瑪麗·斯克洛杜斯卡·居里，

　　1867—1934年。

　　愛因斯坦談到她的時候說：「她是唯一一位沒有被榮譽腐蝕的人。」

　　這就是瑪麗的一生，充滿成就與讚譽，但卻單純平和的一生，正因為這種平和的心態，居里夫人才能一生在科學探索的道路上永遠保持旺盛的創造力，而且也正是在這種平和心態的支持和影響下，她才能在自己享譽世界時仍然耐心地培養自己的兩個女兒，並以自己的實際行動影響著她們，使她們同樣成為了卓越的人才。

　　平和的心能使你獲得智慧，同時智慧促使你走向成功。在人生征途上的

長跑者，首先必須要有平和的心境，步伐才能均勻、持續有力，否則必會導致中途力竭，盡棄前功。高度的文化水準，是顯示在國民的平和氣質下。平和不是緩慢，而是均勻；不是鬆懈，而是穩健；不是無為，而是真正的有所作為的大前提。因此，我們一定要養成平和的心態去對待人生的大起大落這樣的人生才是智慧的人生、成功的人生。

在現實生活中，很多問題的出現都是出人意料的。越是這種情況，越需要一種平和的情緒，做到泰然處之，才是處理問題的有效方法。因為只有心態平和，才能保持頭腦的冷靜，只有冷靜地思考，才能做出相應穩妥的決策，使問題得以妥善處理。

唐代尉遲敬德仗著自己有功而驕傲放縱、盛氣凌人，招致同僚不滿，曾有人告他謀反。李世民知道後，問尉遲敬德是否當真，敬德說道：「臣跟隨陛下討伐四方，身經百戰。如今倖存者，只有那些刀箭底下逃出來的人。天下已經平定，反而懷疑起老臣會謀反來了。」說著把衣服脫下扔在地上，露出身上的累累傷痕。李世民感動得老淚橫流，用好言好語安慰他一番。但敬德驕縱的性情卻一點未改。

一天，尉遲敬德在太宗舉行的宴會上與人爭論誰是長者，一時火起，毆打了任城王李道宗，弄瞎了道宗的一隻眼睛。皇上見敬德如此放肆，十分不悅而罷宴。李世民對敬德說：「朕要和你們同享富貴，然而，你卻居官自傲，多次觸犯朕等。你可知古時韓信、彭越為何被殺？那並不是高祖的罪過。」敬德這才有點害怕，有所收斂。

李世民在處理尉遲敬德的問題上表現了一代明主的智慧、德行。而唐代宗在處理女兒女婿的家庭口角中，則更勝人一籌。

唐代宗將女兒升平公主嫁給郭子儀之子郭曖為妻。有一次郭曖與公主口角，公主不甘示弱。郭曖說：「你依仗父親是天子，我還不願意當那個天子呢。」公主聽了大怒，乘車回宮告訴了父親，

唐代宗聽後責備升平公主說：「此番道理非你所知；他父親執掌我朝兵

權，他想當天子早就當上了，夫妻間氣頭上的話怎能當真？」然後安慰公主一番，叫她回去了。

　　郭子儀聽說了，把郭曖綁了起來，帶他上殿去請罪。代宗見狀，說道：「民間有句諺語說『不癡不聾，不當家翁』，兒女閨房裡的事情，不值得一聽。」

　　於是郭子儀帶回郭曖，打了他幾十大板，公主見了，哭哭啼啼替郭曖求情。從此兩人和好，倍加恩愛。

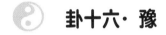

卦十六‧豫

打破故步自封，學會與時俱進

象曰：豫，剛應而志行，順以動，豫。豫，順以動，故天地如之，而況建侯行師乎？天地以順動，故日月不過，而四時不忒；聖人以順動，則刑罰清而民服。豫之時義大矣哉！

豫卦唯一的「九四」剛爻，有五個陰爻回應；因而得以遂行志向；上卦「震」是動，下卦「坤」是順，能夠順應時機而行動，所以愉快，命名為「豫」。豫卦順應時機行動，正如同天地，天地尚且如此，更何況建立公侯基業，或動用武力呢？天地順應時機行動，聽以日月運行，不會有錯誤，四季循環，不會有偏差；聖人順應時機行動，所以賞罰公正，人民悅服。豫卦所顯示的時間意義，太偉大了！

《豫》卦的重點在於唯一的陽爻「九四」，其餘五個陰爻都與之呼應，故此志向容易得以實現。晨則日出，晚則日落，天地都順應時機而及時行動；人自然也要順應時機及時行動，正是建立功業的時機，君子必須順應時機，賞罰分明，從而能確保事業順利發展。

有的人往往取得一些成就就停滯不前，故步自封，自我陶醉起來。面對挫折時，這種人會極其脆弱地向命運屈服，當時代進步了，這種人仍停留在

原有的認知水平上，不與時俱進，從而最終頹廢下去。

歐洲曾有這樣一位造詣精深、名望很高的老畫家，他作畫時力求完美，精益求精。他對於種種非常細緻瑣碎的地方，也畫得極其工整，維妙維肖。他對人說，他畫中種種細緻入微的地方，即便拿放大鏡來仔細察看，也沒有一點漏洞。起初，他的畫的確負有盛名，得到人們的普遍讚譽。但是到了後來，印象派開始興起了，野獸派也開始出現了，未來派也隨之崛起。但這位老畫家卻不肯對這些畫派下功夫去研究一番，不僅如此，他還說他們粗野淺薄。結果，由於沒有跟上時代，他自己終於走到了古董畫的墳墓裡，後來再也沒有人去請教他了。這位老畫家的生活就日益艱苦起來，結果在窮困潦倒中離開了人世。

在這樣一個不斷創新、飛速發展的時代，任何年輕人要創造一種人生，要開拓一種事業，如果故步自封，勢必會被社會所淘汰。

只有那些一味朝後看、故步自封的人，才會一成不變地採用那些被人拋棄的舊方法、老古董。他們終有一天會覺醒，思想陳腐、觀念保守的人相當於患了半身不遂之症。他們當然也會看到，那些保持時時進取的姿態、具有敢於創新的精神永遠跑在時代最前面的人，一個個都走向了成功。

一個能夠與時代同行的年輕人，與那些儘管資格很老、一度叱吒風雲，但思想已經落後於時代的人相比，不知道要勝過多少倍。比如以經商為例，以前經商只要有謀略、反應敏捷、做事迅速，就必定可以成功，可是現在光有這些條件已經不夠了。在現代社會，一個人要想獲得成功，就必須能夠順應時代的潮流，不斷接受先進的事物，掌握先進的知識。只有這樣才能做到除舊迎新，伴著時代前進。

從古到今，世界上不知道有多少人的寶貴精力都消耗在沒有任何意義的守舊工作中，這稱得上人類文明史上最大的損失。一個善於利用自己精力的人，一定會迅速地抓住潮流、趕上時代。

你老留戀過去的歲月有什麼用呢？留戀過去對你現在的生活沒有一點幫

助。你所要把握的是當今的世界和未來的世界，你所要考慮的是如何把時代向前推進。

一個雄心勃勃的年輕人最要緊的就是趕上時代，不要讓別人說你是一個「落伍者」。年輕人只要迎得上潮流，就會在不知不覺中得到巨大的進步。

不在別人面前自吹自擂

杜魯門當選美國總統以後，有記者到其家鄉採訪杜魯門的母親。記者稱讚道：

「有哈里這樣的兒子，您一定感到十分自豪。」

「是這樣，但那主要是他的事。」杜魯門的母親平靜地說，「不過，我還有一個兒子，也同樣使我感到自豪。」

「他是做什麼的呢？」記者問。

「他正在種挖馬鈴薯。」

一個有資格誇大自己的人，卻在當人稱讚她的「當總統的兒子」時，想到的是「種馬鈴薯的兒子」，這是一種平常人的心態。

任何人都應當用這位母親的心態，別在別人面前自吹自擂！

如果你不同意他人的意見，你或許想阻止他，但最好不要這樣，這樣做沒有什麼效果。當他人還有許多意見要發表的時候，他是不會注意你的，所以要忍耐一點，用一顆常態的心聽取他人講話，並誠懇鼓勵對方完全發表自己的意見。

這一原則在商業中確實有其價值，讓我們再來看看下面這一克服危機的例子。

數年前，美國最大的汽車工廠正在接洽採購一年中所需要的汽車坐墊布。三家有名的廠家已經做好樣品，並接受了汽車公司製造品質部員工的檢驗，然後，汽車公司給各廠發出通知，讓各廠的代表做最後一次的競爭。

有一廠家的代表R先生來到了汽車公司，他正患著嚴重的咽喉炎。「當我

參加高級經理人會議時，」R先生敘述他的經歷說，「我嗓子啞得厲害，幾乎不能發出聲音。我被引進辦公室，與紡織工程師、採購經理、推銷主任及該公司的總經理面談。我站起身來，想努力說話，但我只能發出嘶啞的聲音：大家都圍桌而坐，所以我只好在記事本上寫了幾個字：『諸位，很抱歉，我嗓子啞了，不能說話。』『我替你說吧！』汽車公司總經理說。

「後來他真替我說話了。他陳列出我帶來的樣品，並稱讚它們的優點，於是。引起了在座其他人熱烈的討論。那位經理在討論中一直替我說話，我在會上只是做出微笑、點頭及少數手勢。

「令人驚喜的是，我得到了那筆合同，訂了50萬碼的坐墊布，價值160萬美元——這是我得到的最大的訂單。我知道，要不是我實在無法說話，我會失去那筆訂單。因為我整個過程的考慮也是錯誤的。經過這次經歷，我真的發現，讓他人說話有時是多麼有價值，」

實際上，即使是我們的朋友，也寧願對我們談論他們自己的成就而不願聽我們吹噓自己的成就。

為什麼會這樣？因為當我們的朋友勝過我們時，他們獲得了一種自重感；但當我們勝過他們時，他們會產生一種自卑感，並引起猜忌和嫉妒。

我們應當謙遜，因為你我都沒有什麼了不得的。我們都會逝去，百年之後完全被人遺忘。生命極其短暫，不要總是談論我們小小的成就，使人厭煩；反之，我們要鼓勵他人說話。

卦十七‧隨

隨善而從，圓融地處理好人際關係

隨，元亨利貞，無咎。

《序卦傳》說：「豫必有隨，故受之以隨。」安和樂利的社會，必定人人都來追隨。

「隨」是隨從、隨和。這一卦，主要在闡釋怎樣使人追隨的原則；同時，也是捨棄己見，隨和眾人。

再將上下卦分開來看。下卦「震」是動；上「兌」是悅；此動而彼悅，就成為「隨」的意思。總之，自己虛心隨和，他人也會來隨和自己，能夠相互隨和。

《隨》卦告訴我們，隨從之道，在於以「正」相隨，隨善而從。

能推動和撼動世界的人，往往都是那些隨和、善於與人相處的人，他們精於為人處事之道，因為他們知道隨善而從，與他人處理好關係是讓自己獲得成功的方法之一。

每個人的分工不一樣，各有各的意義和價值。一旦你從事某種職業，就要努力去做，要在工作中打起精神，透過勉勵自己，訓練自己，控制自己，用堅定的意志不斷地向前邁進。無論工作體不體面，都不要用世俗的眼光來衡

量自己的工作，也不要用他人的眼光來看待自己的工作，不管做什麼工作，都不要被別人瞧不起，只要有這種做人的自尊心，只要你在工作中努力去做，把工作做得更加出色，就沒有人敢瞧不起你。

淡化自身的優勢

「三顧茅廬」的故事可渭婦孺皆知。劉備「三顧茅廬」懇請諸葛亮出山輔助他成就帝業，故事中，將劉備禮賢下士的態度描寫得栩栩如生。作為上司，比之下屬處於優勢地位。但在管理上，你不必事事以優越感來向下屬們發號施令。有時，過多地使用強硬的規章制度反而會使整個團隊失去管理彈性，而如果你能淡化你的優越感，以禮賢下士的君子風度去對待下屬，拉近下屬與你的距離，那麼，下屬就會在你的謙和有禮中加深對你的敬佩，這樣也會減輕自己的壓力。

在美國有五千多家服裝公司，競爭異常激烈殘酷，幾乎每天都有服裝公司破產，同時，又有新的服裝公司湧現。服裝戰場裡，約蘭路真服裝公司始終立於不敗之地，並且該公司的老闆大衛素有「時裝大王」的美譽。

大衛成功的奧秘在於：知人善用。

大衛起初在一家服裝店當店員，後來與人合開了一家小服裝廠。他感到，老是做和別人一樣的衣服是沒有前途的，必須有一個優秀的設計師，能設計出他人沒有的新產品，才能在服裝業出人頭地。一天，他看到一位身穿藍色時裝的少婦，衣服非常新奇，經過一番巧妙探詢，得知是她的丈夫為她設計的，真是「踏破鐵鞋無覓處，得來全不費工夫」。大衛馬上決定聘請她丈夫做自己的設計師。

但是，第一次登門拜防，大衛便碰了一鼻子灰，原來這位先生非常的清高孤傲，自負暴躁，斷然拒絕了大衛的聘請。大衛不甘心，他認為，這種人往往才能很高，將來前途不可估量。於是，接二連三地走訪這位先生。大衛這種求賢若渴的精神，終於使這位叫杜敏夫的人感動了，他接受了大衛的聘

請，擔任了該廠的服裝設計師。在他的建議下，大衛首次採用人造絲做衣料，一步領先，出盡風頭。從此，約蘭路真服裝公司的業務蒸蒸日上，在不到10年的時間裡，就成為同行中的「龍頭老大」。

隨著社會的不斷發展，競爭的日趨激烈，企業之間的競爭更是一場沒有硝煙的戰爭，如果大衛不能像劉備那樣「三顧茅廬」，他就必須獨自承擔企業沒有出路的壓力，相信也不會有日後蓬勃的發展。

作為上司，淡化自己的優越感，還必須尊重下屬的工作及成績，自認為下屬所有的業績都是自己領導有方的結果，這是下屬們最瞧不起的行為。

麗雯是個大學剛畢業的老師，由於她對新的教育理論比較有研究，講課頗受學生歡迎，所以，很快被提升為教研室主任。而這引起了任教多年卻缺乏這方面研究的老教師們的強烈妒忌。想想看，頭髮都白了，到頭來反倒成了一個黃毛丫頭的下屬！為了緩和這種矛盾，麗雯在一次教職員全體大會上坦誠地道出了自己的劣勢：教學經驗少、對學校和學生的情況不是很熟，再輔以「希望前輩教師們多多指教」等謙虛話，這些話有效地淡化了麗雯的優勢，並襯出下屬們的優勢，弱化了老教師們對她的妒忌和輕視。果然，在後來的工作中。下屬們對麗雯的態度有了明顯的改變，因此，麗雯害怕下屬不服管的心理壓力一下子就減輕了許多。

淡化自身的優越感，尤其適合從基層提拔上來的領導者，它可減輕原來與自己並肩作戰的同事的妒忌心理。不但如此，淡化優勢還是鼓勵下屬共同合作最好的一種暗示方法。

正確把握與同事間的關係

在職場中，我們每天大半時間都是在和同事相處，同事之間的關係處理得好壞，直接影響到工作的好壞。有關方面的人士曾做過這方面的調查，發現跳槽的主要原因就是同事之間競爭激烈或經常發生矛盾，從而給自己的工作帶來了很多的壓力。由此可見，學會如何化解來自同事之間的矛盾，對於

上班族來說非常重要。

在與同事相處的過程中，更要注意交往距離。當今社會，競爭日益激烈，大多數的人際關係是建立在一種共同的利益上的。你幫了別人的忙，別人對你心存感激，慢慢地，你們就成了很好的朋友，但是，為了避免受到傷害，在與同事交往時，一定要分清與同事之間所建立的這種友誼是否有企圖，要做到這些，需注意以下幾個方面：

1.不要對同事抱有過高的期望值。

所謂「期望值」就是指人們希望自己所想或所做的事情達到成功的一種比值。人們在現實社會當中。希望凡事都盡如人意，但客觀事實又往往不遂人願。同事之間也是這樣，往往是期望越高，失望越大，徒增壓力而已。

同事之間存在著各種各樣的誤會是正常的，而化解同事給你帶來的壓力的重要方法之一，就是不要對其有過高的期望值。同事畢竟是同事，永遠不會像朋友那樣與你親密無間，如果你對其有過高的期望值，到頭來受傷害的只能是自己。

在工作的頭8年裡，安娜換了三次工作，而每次她對工作的厭惡程度都比以前更嚴重。「這裡的制度一點都不完善。」她在第一及第三個工作試用內都這麼說。「在這兒，我沒有什麼發展的機會。」這是她對三個工作共有的評語。這幾年雖然過得不怎麼如意，但她在不知不覺中還是從學校過渡到了社會工作中，不再像學生時代時那麼不知天高地厚了。

適應這段時期以後，安娜準備安定下來，這回安娜特意選擇了一家規模大而且多元化的公司，因為，它可以提供她各種不同的事業發展途徑。生產部門對她的吸引力最大，「這是業務的神經中樞。」當她決定接受這家公司提供的職位時說。

安娜做這份工作還不到4個月就與人發生了爭吵，而在往後的工作裡，這種類型的爭吵經常發生在她身上。她的同事莎莉，對某項工作計畫有些意見，而安娜卻不同意她的看法。「我告訴她我覺得這很荒謬，我讓她接受我的

建議她不聽」，安娜得意地說道，同時又補充了一句，「那個胖女人連皮毛都不懂，卻自以為什麼都知道。」莎莉得知後很生氣。從那個時候開始，她們之間就經常發生摩擦。「誰在乎啊？」事隔幾個星期以後安娜說，「如果上司夠聰明的話，就該早點讓她走人。」

這種微妙而又長期性的摩擦，不僅發生在安娜與莎莉之間，同時也開始出現在安娜與其他同事的關係上。幾個月後，安娜又因與同事之間的矛盾而選擇離開了這家公司。

安娜一次又一次更換工作的重要原因，就在於她對同事及公司的期望值太高。所以說，在與同事的交往中，一定要調整好自己的期望值。

2.同事之間，不必管得太寬。

同事，從本意上來說就是共同做事。同事之間，在地位上是平等的，工作上的問題可以存在著不同的意見和看法，甚至可以直言不諱地進行討論、爭議和協商處理，因為一般公司內部都有一整套有關工作的組織制度在制約著大家。同事之間通常會因為工作問題上的爭議而相互怨恨，給人際關係造成過多的壓力。但是，仍有一些與工作有關或無關的瑣事會影響同事之間的關係。

與同事相處，最好的方法之一就是對方想說時你就聽著，對方不願告訴你，就不要硬去問。每個人都有隱私權，如果一個人總是喜歡追問別人的不幸或隱私，往往就會變成令人討厭的人。所以除非是涉及到工作上的問題並且你打算承擔全部的責任，否則，最好不要去挖掘別人的隱私，即使是朝夕相處的同事也不例外。因此，與人相處時，要學會尊重對方的隱私權。

有時，當一個人正處在痛苦之中時，旁人過度的關心反而會幫倒忙，在這種情況下，痛苦需要的是療傷的時間和空間，也就是希望自己能夠獨立思考。

在現實生活中，有一種人愛管別人的閒事，這種人往往也是不受大家歡迎的，這種做法有時也會給自己帶來不必要的壓力，就像俗話所說：「管閒事

落不是。」所謂「管閒事」就是管了別人不需要你管的事。愛管閒事的人多半是被盲目的「熱情」所驅使，根本不知道該管什麼，不該管什麼。實際上，他們的「熱情」常常是令人避之唯恐不及的。

歸根結底，同事畢竟是同事，對於同事的事情，不該管的千萬不要去管，否則只能是吃力不討好，自己不但耗費了時間與精力，反倒落個不是從而使自己陷入了根本就沒必要的壓力之中。

3.要善於與不同性格的同事相處。

職場上的人多種多樣、且非常複雜的，性格上的表現就千差萬別，因此，在人際交往當中你會碰到不同類型的人。俗話說，一把鑰匙開一把鎖。因此，跟不同類型的同事打交道，也要採用不同的策略。中國有句古語：「君子和而不同」，同事之間也應如此，在工作中可以爭得面紅耳赤，但在私下裡還是要有很好的感情，那麼又如何與不同性格的同事相處配合與協作呢？

（1）與爭強好勝的同事相處。這種類型的人的特點是狂妄自大，喜歡炫耀，甚至不惜貶低別人來抬高自己。為了不傷大家的和氣，對於這種人你要表示謙讓，滿足他的虛榮心，但一定要適可而止，因為有時他會把你的容忍謙讓當成是一種軟弱的表現，他會更加瞧不起你或不尊重你：因此對這種類型的人，你要在適當的時機，挫其銳氣，讓他知道，做人不要不知天高地厚、目中無人。

（2）與城府深的同事相處。城府很深的人在和別人交往時，總是把真面目藏起來，希望多瞭解對方，從而能在交往中處於主動的地位，周旋在各種矛盾中而立於不敗之地。和城府很深的人打交道，你一定要有所防範，不要讓他們完全掌握你的全部秘密和底細，更不要為他們所利用，或深陷入他們的圈套之中不能自拔。

（3）與刁鑽刻薄的同事相處。這種類型的人的特點是和人發生爭執時好揭人之短，且不留餘地和情面。冷言冷語，挖人隱私，往往使對方丟盡了面子，在同事中抬不起頭。碰到這樣的同事，最好和他拉開距離，躲他遠遠的，

吃一點小虧，受一兩句閒話，也裝作沒聽見，不惱不怒，不自找沒趣。

（4）與傲慢的同事相處。這種類型的人的特點是傲慢無禮、出言不遜，不把人放在眼裡。與這樣的同事共事你要盡量減少與他相處的時間，並盡量用簡短清楚的句子表達自己的想法。另外，你還可以抓住他的薄弱環節，因為再傲氣的人也有他失落的地方。

（5）與性情急躁的同事相處。遇上一個性情急躁的人，你的頭腦一定要冷靜，對他的莽撞，你完全可以採用寬容的態度，一笑了之。

（6）與口蜜腹劍的同事相處。口蜜腹劍的人，又稱「笑面虎」，碰到這樣的同事，最好的應付方式是敬而遠之，能避就避，能躲就躲。

總之，在公司內部，各種類型的人都有。但是，如果因為性格不合就冷言冷語相待的話，那麼，同事之間的關係永遠不會改善，壓力也永遠不會得以降低。所以說，要大度些，允許不同性格的同事存在，並用「適度」友好的態度與同事相處。

以恰當的方式對待同事的請求

身處職場，經常遇到這樣的問題：一位同事突然開門，讓你幫他做一份難度很高的工作。如果答應可能要連續加幾個晚上的班才能完成，給自己帶來麻煩、增添壓力，而且這也不符合公司的規定；要是拒絕面子上實在抹不開，畢竟是多年的同事了。應該怎麼找一個既不會得罪同事，又能把這項工作順利推出去的理由呢？

有人會直接對同事說：「不行！」這絕對不是最佳的選擇，這樣可能會讓你和同事以後連朋友都沒得做。推託說：「我能力不夠，其實小A更適合。」那你有沒有想過當同事把你的這番話說給小A聽時，他會做何反應？有人會不好意思地說：「我真的忙不過來。」理由不錯，可是只能用一次，第二次再用時，你面對的一定是同事疑惑的眼光。

這些好像都不是最佳的拒絕理由，那我們到底應該怎樣婉轉地拒絕同事

的不合理請求呢？

1.先傾聽，再說「不」。

當你的同事向你提出要求時，他們心中通常也會有某些困擾或擔憂，擔心你會不會馬上拒絕，擔心你會不會給他臉色看。因此，在你決定拒絕之前，首先要注意傾聽他的訴說，比較好的辦法是，請對方把自己的處境與需要，講得更清楚一些。接著向他表達你瞭解他的難處，若是你易地而處，也一定會如此。

「傾聽」能讓對方先有被尊重的感覺，在你婉轉地表明自己拒絕的立場時，也能避免他受傷害的感覺，或避免讓人覺得你在應付於人。如果你的拒絕是因為工作負荷過重，傾聽可以讓你清楚地界定對方的要求是不是你分內的工作，而且是否包含在自己目前重點工作範圍內。或許你仔細聽了他的意見後，會發現協助他有助於提升自己的工作能力與經驗。這時候，在兼顧目前工作原則下，犧牲一點自己的休閒時間來協助對方，對自己的職業生涯是有好處的。

「傾聽」的另一個好處是，你雖然拒絕他，卻可以針對他的情況，建議他如何取得適當的支持。若是能提出有效的建議或替代方案，對方一樣會感激你。甚至在你的指引下找到更適當的支持，反而事半功倍。

2.溫和而堅定地說「不」。

當你仔細傾聽了同事的要求，並認為自己應該拒絕的時候，說「不」的態度必須是溫和而堅定的。同樣是藥丸，外面裹上糖衣的藥，就比較容易入口。同樣地，委婉地表達拒絕，比直接說「不」讓人容易接受。

要婉謝，但不要嚴拒，因為溫和的回應總是比情緒化的過度反應要好。情緒是具有渲染性的，「不」這個詞通常會引發他人強烈的反感，所以，當你必須要拒絕他人時，就不要以不友善的言行，在情緒上火上加油。

例如，當對方的要求不符合公司或部門規定時，你就要委婉地表述自己的工作許可權讓對方知道，並暗示他如果自己幫了這個忙，就超出了自己的

工作範圍，違反了公司的有關規定。在自己工作已經排滿而愛莫能助的前提下，要讓他清楚自己工作的側重點，並暗示他如果幫他這個忙，會耽誤自己正在進行的工作，會對公司與自己產生不好的影響。

一般來說，同事聽了你這麼說，一定會有自知之明，再想其他辦法，而不會對你產生其他想法。

3.以對方利益為理由拒絕對方。

在拒絕對方之時，應從對方的利益考慮，以對方的切身利益為藉口，往往更容易說服對方。

對同事說你之所以拒絕，並非不肯幫忙，而是為了對方的利益著想。比方說，人家要求你在一個不合理的期限內完成工作，與其說你如何不可能辦到，不如說服對方，魯莽行事對他而言並不好。例如：「你交代的工作我不會馬馬列虎虎、交差了事，但這般倉促，無法做出符合你期望的水準。」

這樣的話，同事不僅不會懷疑你的意圖，還會對你切實為他利益著想的行為產生感激：

4.關懷並提出建議。

拒絕時除了可以提出替代建議，隔一段時間還應主動關心對方情況。

有時候拒絕是一個漫長的過程，對方會不定時提出同樣的要求。若能化被動為主動地關心對方，並止對方瞭解自己的苦衷與立場，可以減少拒絕的尷尬與影響。當雙方的情況都改善了，就有可能滿足對方的要求。

拒絕的過程中，除了技巧，更需要發自內心的耐性與關懷。若只是敷衍了事，對方其實都看得到。這有時更讓人覺得你不是個誠懇的人，對你的人際關係傷害更大。

總之，只要你是真心地說「不」，對方一定會體諒你的苦衷。

卦十八・蠱

塑造良好習慣，把握人生主動

象曰：山下有風，蠱；君子以振民育德。

上卦「艮」是山，下卦「巽」是風，風向山吹，草木果實散亂，是開始敗壞的形象。《左傳》僖公十五年，秦伐晉時，卜徒父占噬，就得到「蠱」卦，他解說：「蠱的內卦是風，外卦是山，一年到此，成為秋天，我們可以拾取落下的果實了。」

當事物敗壞時，不能坐著等待，必須有所作為；所以，君子應當效仿這一精神，振奮人民，培育道德。

《易經》中指出：「蠱者，亂也。」亂必求治，所以《蠱》卦有拯弊治亂之意。而亂之所起，非一朝一夕之故，必積習既久所至，因此，必須有決心，改變不良的習性。

成功源於好習慣，這已經是無人反駁的事實。從許多成功的人那裡聽說了「是好習慣支配著我們走向成功」，我們應該相信他們說的話。因為，習慣可以成就一個人的性格，可以主宰人生。關於習慣成就性格、主宰人生這種觀點，古今中外有很多名人都提出過。

牧師華理克在他的作品《目標驅動生活》中有這樣的論述：性格其實就

是習慣的總和，就是你習慣性的表現。

古希臘哲學家亞里斯多德也早在西元前350年說道：「正是一些長期的好習慣加上持續的行動才構成了成功。」

常言道：三歲定終生。哪怕是一個年齡很小的孩子，我們可以從他身上看到未來推銷員、醫生、律師或是政府高官的影子；哪怕只是一句話，我們也能夠從中分辨出細微的主觀思維模式，以及特定的行為方式。而這些都在表明，就像是衣袖上會出現褶痕一樣，人們總有一天逃不過某種命運，我們的性格就像塑膠，一旦被塑造成形就很難改變。

習慣成就性格，而性格決定命運。很多成績斐然的成功人士之所以敢揚言，即使現在一敗塗地，他們也能很快東山再起，就是因為他們養成的某種習慣造就了他們的性格，而性格鑄就了他們的成功。

如果你希望出類拔萃，也希望生活方式與眾不同，那麼，你必須明白一點——你的習慣決定著你的未來。

愛迪生堪稱天才，他是人類歷史上最偉大的發明家，一生共創造了1093項發明，包括白熾燈泡、留聲機、電影等。這些成就讓我們普通人望塵莫及，然而他本人卻把這些歸功於勤於思考的習慣。

他說：「就像鍛鍊肌肉一樣，我們同樣可以鍛鍊和開發我們的大腦……適當的鍛鍊、適當的使用大腦，將使我們的思維能力得到加強和提高。而思維能力的鍛鍊，又將進一步拓展大腦的容量，並使我們獲得新的能力。」愛迪生進一步解釋道：「缺乏思考習慣的人，其實錯過了生活中最大的快樂。不僅如此，他也會因此無法最大化地發揮和展現自己的才能。」愛迪生明白，正是勤於思考的好習慣，讓他把自身更多的潛能開發了出來。

除了勤於思考的習慣，每個成功的人背後都還有一個，或者很多個助他成功的好習慣。事實上，我們可以看到，擁有越多好習慣的人，他成功的可能性也就越大。

大發明家愛迪生在實驗室裡工作時井然有序，連助手不慎把一個燒杯轉

了個角度，他都嚴肅地指出，並說：「最小的一點錯誤會導致最大的損失。」

由此可見，從小養成的良好習慣對人一生有多麼深刻的影響。這種影響將伴隨孩子們的一生，無論學習還是生活，做人或者處世。它以一種無比頑強的姿態干預著你生活中的細枝末節，從而主宰人生。

有一個知名的理論叫木桶定律，也許，它可以從某一個角度向我們解釋不良習慣對於人的發展究竟有何意義。木桶定律認為，一只木桶盛水的多少，取決於最短的木板，而不取決於最長的木板。對於人的發展同樣如此，人的失敗往往由於自己的某種壞習慣所致。

某地一家企業徵人，報酬豐厚。應聘者皆是一些高學歷的年輕人，5位佼佼者經過重重關卡，順利到達最後一關。最後一關是總經理面試。秘書進來說：「總經理臨時有點急事，讓你們等他10分鐘。」秘書走後，幾個年輕人立刻圍住老闆的辦公桌，東翻翻，西看看。10分鐘後，總經理回來宣佈：「面試結束，很遺憾，你們都沒有被錄取。」

年輕人倍感迷惑：「面試還沒開始呢！」總經理說：「剛才我不在時你們的表現，就是面試。本公司不能錄取隨便翻閱上司文件的人。」年輕人全傻了。從小到大，沒有人告訴他們這一常識，更談不上習慣的養成。而這一不經意的行為致使他們丟掉了工作。

還有一位在美國留學的學生，教授讓他一個人在實驗室做實驗。他一看實驗室有電話，以為可以白打誰也不會知道，打了40分鐘的電話給家裡、給朋友。後來他被開除了。

類似這樣的壞習慣，在很多孩子身上都不同程度地存在著，而關鍵的一點是，他們自己並沒有意識到，這些壞習慣在時刻阻礙著自己走向成功。他們對自己犯下的錯誤茫然不知，此時惡果已釀成了，原因就在於他們的這種壞習慣已經根深蒂固，並且自身從未發覺到事態的嚴重性，以至於喪失了好機會。

壞習慣是一種藏不住的缺點，這種透過潛意識表現出來的行為，自己看

不見，而別人卻能看得見，即使發生的這種行為並不一定是他自己希望的行為，但是一旦成了習慣，便身不由己，經常在不經意間釀成惡果。

俗話說：「少成若天性，習慣成自然。」可見，每個好習慣或者壞習慣都不是天生的，每個人都可以依據自己的價值取向有意識地培養某種好習慣，或糾正壞習慣，習慣是可以塑造的。但是，好習慣的養成需要從青少年時候開始，只有這樣才能收到良好的效果。

平時，人們在自身習慣養成的過程中，受到了諸多外界因素的影響。主要影響習慣養成的是家庭、學校、同伴群體、大眾傳播媒介這四種環境或因素。

一般來說，家庭是每個人習慣養成的第一環境，特別是在青少年時期，家庭是習慣形成的搖籃。一個人在6歲前與家庭的關係最為密切，因此，家庭對一個人的青少年時期的影響最大，這個時候父母培養你形成良好的習慣具有重要的意義。

布萊克夫婦有三個可愛的孩子，都乖巧伶俐，學習成績優秀，布萊克夫婦因此深得鄰居羨慕。

其實，孩子們良好的學習習慣是在布萊克夫婦的用心教育下逐漸養成的。布萊克夫婦很注重培養孩子的良好習慣。大兒子小的時候，布萊克夫婦就經常和兒子圍坐在一張桌子上，教孩子畫畫和識字，養成一起愉快遊戲並學習的習慣。

在他們有了第二個孩子以後，一起學習的好習慣仍然保持著，哥哥讀書時，弟弟就在旁邊學畫畫，爸爸媽媽一有空就圍在桌邊陪他們一起學習。

之後，又一個小妹妹出生了，妹妹漸漸長大，也跟著哥哥們開始自覺地學習。當妹妹開始在桌上學畫畫時，大哥哥就到另一張桌子上去獨自學習。

看到哥哥每天獨自一人學習，弟弟妹妹們也跟著學。沒過多久，老二也自己找了一張專用的桌子，每天主動地學習。之後，最小的妹妹也在兩個哥哥的勞動下，找了一張自己的桌子，開始獨自學習起來。

　　可見，良好的家庭環境，可以讓青少年良好的生活、學習習慣透過日積月累在不知不覺中形成。父母一定要成為孩子們的好榜樣，從點滴生活小事做起，讓孩子的好習慣在潛移默化中培養起來。

　　當你上學後，學校便成為你生活中的重要組成部分，開始對你的習慣養成產生巨大的影響，而且這種影響往往會有一種「潤物細無聲」的效果。

　　某地一所小學，學校對學生提出了一個很特殊的要求：凡是此學校的學生，每個人上學期間要有兩雙襪子，每天回家要洗襪子，第二天要穿一雙乾淨的襪子上學。學校認為，學生穿著一雙乾淨的襪子上學，不僅腳很舒服，還有一種新的開始的愉悅，嚮往整潔清新的一天。而且，洗襪子能養成勞動的習慣，做到自己的事情自己做。

　　由此可見，學校這個大環境隨時隨地都可能給你造成一生的影響，並促使你養成好習慣，並讓你終身保持這一習慣。

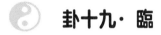

卦十九 · 臨

領導者要注意處理好和下屬的關係

象曰：澤上有地，臨；君子以教思無窮，容保民無疆。

上卦「坤」是地，下卦「兌」是澤，地在澤的上面，居高臨下。君子應當效法這一精神，接近監督人民，教導啟發其思考於無窮，容納保護人民於無限。

《臨》卦，下兌上坤，兌為澤，坤為地，卦像是澤水之上有陸地。

如果澤水在陸地之上，則必有堰堤防範而澤水的容量也有限，澤水之上還有陸地，是自然形成的大澤，其容量無限，而且澤水與陸地互相臨近無間。君子觀此象而效法之，應該像澤水與陸地那樣上下互相臨近，教化和思念民眾無盡無休，容納和保護民眾無有止境。《序卦傳》中說：「臨者，大也。」這一卦說明，居於上位的統治者如果能屈尊就下而親臨於民，思念和保護下民，其發展前途才會遠大。

要尊重員工

俗話說：「不聽老人言，吃虧在眼前。」一般人大都瞭解，經過許多人生歷練，而深切體悟人生酸甜苦辣的老人所說的話的寶貴。昔日的小孩在他的

成長過程中，常常是從聽爺爺奶奶的話來學習人生基本的看法及想法的。年長的員工也是企業的寶貴財富，在長期的工作實踐中他們經歷了許多風風雨雨，正反兩個方面的經驗都相當豐富，年輕的管理者要認真學習他們在政治上、思想上、工作上和作風上的長處。為此，年輕的管理者平時要用心觀察，對年長的員工在處理各種問題上的成功之道要著意留心，仔細推敲，在他們的言談舉止中，挖掘精要的東西。年輕的管理者還要積極主動地與年長的員工溝通思想、交換意見、探討問題。久而久之，彼此很可能成為莫逆之交，這樣便於年輕的管理者學到更多的東西。

另外，年輕的管理者還要對年長的員工禮讓三分。對一個人來說，由於各方面條件的影響，不可能是十全十美的。年長的員工也存在這樣那樣的缺點。因此年輕的管理者在與年長的員工長期相處的過程中，很可能會出現一些主要由年長的員工造成的矛盾。只要不違背大的原則，不會給企業造成大的影響，一般來說，管理者就要虛懷若谷，寬厚待人，禮讓三分，不計較個人的功過與得失。

管理者，特別是年輕的管理者對年長的員工要熱情支持，這是加強彼此團結的橋樑和紐帶，是激勵年長員工工作熱情的重要途徑。對年長的員工要放手使用，對他們分管範圍以內的工作，讓他們獨立行使職權，管理者最好不要去干涉他們。熱情支持，就要為年長的員工排憂解難。年長的員工雖然有較高的素質和豐富的工作經驗，但是在工作中也會遇到各種困難。對此，管理者絕不能袖手旁觀，而應該全力以赴，幫助年長的員工在工作出現失誤時做好彌補工作。當失誤出現時，管理者應進行快速分析，弄清癥結所在，然後尋找出改正的途徑和辦法。管理者對年長的員工要體貼入微。年長的員工有較強的自尊心，不願意在管理者面前講個人困難、提個人要求。管理者要注意在和他們相處的過程中，透過一些細微之處，掌握年長員工的「底細」，幫其所需，解其所難。管理者還要在力所能及的情況下多為年長的員工辦實事，在不違反原則的情況下，盡量多辦，辦不了的說明原因，這樣就能

得到年長員工的理解。

體貼下屬

出色的領導者不但要有卓越的決策能力和評判能力，還要努力嘗試著去成為一名細緻入微、小心謹慎的「管家婆」。不要把你管理的是一個大集體，是一個成員眾多的企業當作漠視你的下屬的藉口，只有不負責任的人才以此為自己做辯解。如果你連為了公司和團體的利益而努力工作的下屬都漠不關心，那麼你怎麼有可能獲得有利的資訊做出具有遠見卓識意義上的決策呢？

如果你所領導的人很少，這將更有利於你去熟悉他們的一切情況，瞭解他們的需求、困難和期望。解決他們的後顧之憂，使他們能夠放鬆地、全心地投人到工作中。作為領導者，你不僅是引導和調控的角色，另一方面還是解決善後工作的角色。如果你管理的是一個人數眾多的團體或企業，那麼你更需要用行動來促使整個團體或企業更具凝聚力、更具戰鬥力。也許你沒有太多精力對你的每一個下屬都實現逐個過問，逐個解決。但你可以把整個團體實行有機分解，形成一種塔形體察結構模式。你要關心的是你次一級下屬，再次一級下屬而下，最後直到每一個普通的，但又在奉獻著的職員。你可記住他們的生日、結婚紀念日、個人喜好，甚至可以為下屬尋找最佳的愛情伴侶。如果你能做到這一點，那麼你就有可能成為一個令下屬死心塌地效勞的上司。

和員工共享榮耀

作為一名管理者，應設法讓你的員工分享你現有的成果，別忘了，分享是對員工的最大激勵。誰都喜歡晉級，誰都喜歡加薪。管理者這樣，員工也如此。當管理者晉級加薪之時，別忘了為你打下江山的員工們，設法讓他們也得到一些獎勵或保薦他們到更好的職位，這才是對員工最大的關心。此可謂，已所欲，施於人。

「一人升天，仙及雞犬。」當你加官晉級，同時也把你的成果與手下的員

工分享，可以想像，員工會是何等的對你忠誠，這樣的部門也必然是上下一心，齊心合力，動力十足，也就必然充滿活力，效益不斷上升。

舉個例子，某公司公關部主管陳先生，由於近日在與日商談判中，大殺了日本人的威風，壓低了所要價格，為公司節省了幾百萬元，可謂立下汗馬功勞，讓公司揚眉吐氣，大長了志氣。因此總經理決定為陳先生加薪一級，同時將給他提傭金10%。陳先生獲得加薪，自然沒忘和自己一起奮戰幾晝夜商討談判方案的下屬們，於是陳先生慷慨解囊，宴請部下，隨後又請他們週末一起去度假。這樣一來，陳先生不僅得到上司賞識，又備得員工愛戴。其實宴請費用不多，卻買到了員工一片忠心，今後他們必然會更賣力工作，那麼下次再加薪晉級還會遠嗎？這就說明，讓手下的員工分享你的成果，是對他們最大的激勵，也是自己再創佳績的基礎。

因此，作為管理者要盡量做到：

1.當上司表揚時不忘手下員工之中的有功之臣，在上司面前讚揚他們。

一句忠心的讚揚，不僅使上司感覺到本公司英才比比皆是，也會認為你不居功自傲，懂得體貼員工，無形中，對你的印象又加了十分，以後對你會更加關注。同時也使你的屬下想到此人待我恩重如山，必當犬馬相報，不遺餘力。

2.在員工面前，一定要謹慎謙虛，不可張揚。

一旦有成績便居功自傲，必然會被員工討厭，不願再為你拚命效力。分享是對員工的最大激勵。管理者一定要牢記此訓，把成果與員工共享，爭取更好的業績。

其實，不要獨享榮耀，說穿了就是不要去威脅到別人的生存空間，因為你的榮耀會讓別人變得黯淡，產生一種不安全感，而你的感謝、與員工分享、謙卑正好讓旁人吃下了一顆定心丸，人性就這麼奇妙。

作為一名管理者，如果習慣獨享榮耀，那麼，有一天你就會獨吞苦果。

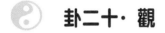 **卦二十‧觀**

要學會客觀地認識自己

九五：觀我生，君子無咎。

象曰：觀我生，觀民也。

「九五」陽爻，在至尊的中位，下面有四個陰爻仰觀，象徵是一位有德行的君王，成為這一卦的主體。以君子來說，應當經常反省觀察自己的日常所為，堅守中正，當然就不會有災禍。

《象傳》說：統治者只要觀察民情風俗，就知道自己的作為是否得當。

這一爻，說明應當觀察自己的作為，檢討反省。意思是：省察自己的言行，君子就不會有禍患。這就等於是強調了正確認識自我的重要性。

即便你是一個不可多得的人才，也應該謙虛謹慎，正確認識自我。許多時候，我們不是跌倒在自己的缺陷上，而是跌倒在自己的優勢上，因為，缺陷常能給予我們提醒，而優勢卻常常使我們忘乎所以。

有時我們的煩惱來自於我們那顆狂妄自大的心。一個人如果妄自尊大，誰都瞧不起，把誰都不放在眼裡；他的所作所為全都是以自我為中心，一切似乎都應該接受他的指控，所有的人好像都應該圍著他轉，總之，似乎離開了他地球就不轉了似的。如果誰對他稍有異議或冒犯，他就覺得是受了莫大

的侮辱似的，立刻憤怒到極點，那麼，他一定會一天到晚都被煩惱重重包圍。

如果一個人太自負了就容易陷入一種莫名其妙的自我陶醉之中，變得不切實際地自高自大起來，無視所有人對他的不滿和提醒，終日沉浸在自我滿足之中，對一切功名利祿都要捷足先登，這樣的人得到的永遠都是大家對他的不屑和蔑視。

自傲者對自我失去了客觀評價，覺得在這個世界上，唯我最大，捨我其誰，一副不知天高地厚的架勢，說大話，吹大牛，以示自己偉大的魄力和氣度。可是靠說空話解決不了任何問題，人們尊敬的是那些肯腳踏實地做實事的人，而不是自吹自擂的謊話專家。

其實，越是偉大的人越是謙卑待人，而越是能放下架子的人，人們越是會敬重他。

在一個既髒又亂的候車室裡，靠門的座位上坐著一個滿臉疲憊的老人，身上的塵土及鞋子上的污泥表明他走了很多的路。列車進站，開始驗票了，老人不緊不慢地站起來，準備往驗票口走。忽然，候車室走來一個胖太太，她提著一只很大的箱子，顯然也要趕這趟列車，但箱子太重，累得她呼呼直喘。胖太太看到了那個老人，衝他大喊：「喂，老頭，你幫我提一下箱子，我給你小費。」那個老人想都沒想，接過箱子就和胖太太朝驗票口走去。

他們剛剛驗票上車，火車就開動了。胖太太抹了一把汗，慶幸地說：「還真多虧你，不然我非誤車不可。」說著，她掏出一美元遞給那個老人，老人微笑著接過來。這時，列車長走了過來，對那個老人說：「洛克菲勒先生，你好！歡迎你乘坐本次列車，請問我能為你做點什麼嗎？」「謝謝，不用了，我只是剛剛做了一個為期三天的徒步旅行，現在我要回紐約總部。」老人客氣地回答。

「什麼？洛克菲勒？」胖太太驚叫起來，「上帝，我竟讓石油大王洛克菲勒先生給我提箱子，居然還給了他一美元小費，我這是在做什麼啊？」她連忙向洛克菲勒道歉，並誠惶誠恐地請洛克菲勒把那一美元小費退給她。

「太太，你不用道歉，你根本沒有做錯什麼。」洛克菲勒微笑著說道，「這一美元，是我應得的，所以我收下了。」說著，洛克菲勒把那一美元鄭重地放在了口袋裡。

真正的大人物，是那種成就了不平凡的事業，卻仍然和平凡人一樣生活著的人。他們從來都是虛懷若谷的，他們不會覺得自己才高八斗、學富五車，他們從來不會見人便喋喋不休地訴說自己不被重用的「遭遇」和「不幸」，他們從不埋怨自己的上司是「妒賢嫉能之輩」，從不痛恨自己的同仁是「居心叵測之人」，他們只是「不以物喜，不以己悲」地去做著自己分內的事情。

自以為是的人頭腦容易發熱，他們往往只相信自己的智慧和能力，堅信只有自己是正確的，他們從來不接受別人的意見和勸告，認為採納了別人的意見就等於認輸了。這些人其實是典型的外強中乾，他們的固執恰恰證明了他們骨子裡的自卑，正因為心虛，所以，才不願服輸。

其實，一個有內涵、有魄力的人，也不一定永遠就能站在智慧的最高峰。忘記曾經的成功、曾經的輝煌，正視現實，不盲目蠻幹，這樣的人即便退居幕後，人們給予他們的仍然是掌聲和鮮花。

福特是美國著名的福特汽車創始人，他對汽車和摩托車業的發展做出了巨大的貢獻，曾獲美國總統頒發的「一等勳章」。在美國乃至整個世界的汽車製造業裡，福特可謂是一位很有影響的重量級人物。

但沒有人是十全十美的。在福特技術研究所內部，人們為汽車內燃機是採用「水冷」還是「氣冷」發生了激烈爭論。福特是「氣冷」的支持者，所以，新開發出來的N360小轎車採用的都是「氣冷」式內燃機。

在美國舉行的一級方程式冠軍賽上，一位車手駕駛福特公司的「氣冷」式賽車參賽。在跑至第三圈時，由於速度過快導致賽車失控，賽車撞到圍牆上後，發生油箱爆炸，導致車手被燒死。此事引起了福特「氣冷」式N360小轎車的銷量大減。技術人員要求研究「水冷」式內燃機，仍被福特拒絕。一氣之下，幾名主要技術人員準備辭職。

福特公司的副總經理感到事態嚴重，就打電話給福特：「您覺得您在公司是當總經理重要，還是當一名技術人員重要？」福特在驚訝之餘回答：「當然是當總經理重要。」副總經理毫不留情地說：「那就同意他們去做水冷引擎。」福特突然省悟過來，他毫不猶豫地說：「好吧！」

後來，技術人員開發出了適應市場的產品，使公司的銷售量大增。那幾個當初想辭職的技術人員均被福特委以重任。

福特公司步入了良性發展的軌道。一天，公司的一名中層管理人員瓦爾多與福特交談時說：「我認為公司中層領導都已成長起來了，您是否考慮一下培養接班人的問題？」瓦爾多的話很含蓄，但卻表明了要福特辭職的意願。福特一聽，連連稱讚：「你說得對，你不提醒我倒忘了，我確實該退下來了，不如今天就辭職吧！」由於涉及到移交手續問題，幾個月後福特便把董事長的位子讓給了別人。

一個人無論地位多高或者擁有多麼偉大的成就，都不可避免地會犯這樣或那樣的錯誤。能夠虛心聽取下屬與自己主張相反的意見；當下屬提出要求讓自己辭職時，能欣然接受。這兩件小事就足以表明福特思想境界的高尚。人生是被一個又一個亮點照亮的，而為了創造新的亮點，你可能需要隨時忘記你正在擁有或曾經擁有過的榮光。

任何人都不是超人，可能有這樣或那樣的缺點或不足，所以千萬不要以為自己對於整個世界來說是不可或缺的。地球離了誰都可以照常運轉，所以，做人還是應該擁有一顆平常心，凡事都不要太狂妄，因為狂妄的人往往會在無意中傷害他人的自尊心，從而失去別人的信賴，在困難的時候也得不到別人的幫助。

卦二十一‧噬嗑

擁有自信低處也可高成

象曰：頤中有物，曰噬嗑，噬嗑而亨。剛柔分，動而明，雷電合而章。柔得中而上行，雖不當位，利用獄也。

這一卦的形象，是口中咬著物，所以稱作「噬嗑」。由於咬合嚼碎，所以亨通。這一卦，陰陽各有三爻，各佔一半，象徵剛柔相濟。下卦「震」是動，上卦「離」是明，象徵有行動力，而且能明察是非。加以下卦「震」是雷，上卦「離」是火，雷電交鳴，產生震撼力與光明，象徵刑罰的威嚇與明察。

雖然「噬嗑」的「六五」，陰爻陽位不正，位置不當；然而，在上卦得中，對執行刑罰來說，仍然適當，所以有利。

俗話說：「人生不如意事十之八九。」《易經》中以《噬嗑》卦，象徵克服前進途中的障礙，這對於我們每個人都有啟示作用。

無論是誰，當你不小心步入低谷時，難免會有傷心、失落之感，這是人之常情。這時，如果承受不住打擊，喪失鬥志，就會被沮喪蒙住雙眼，找不到出路。此時要做的事就是不要自怨自艾、自暴自棄，只要不喪失奮鬥的勇氣，終會有機會成功。

當今社會競爭日益激烈，生活節奏日益加快，人們承受的生活壓力越來

越大，有時難免受挫碰壁，若想要在厄運中出現轉機，就要思考出替代方案，對於能夠預知碰到的狀況，做出最壞的打算，還要有面對這種情況的決心與勇氣。一旦失意或者處於低谷時，要調整自己的心態，找到適合前進的新方向。

李白懷才不遇，官場失意，卻在詩壇大放異彩；范蠡政界隱退，卻在商場大展宏圖，愛因斯坦在家鄉屢遭迫害，卻在異國他鄉受人矚目，成為科學泰斗；雷根在電影界極不順利，壯志未酬，卻在政界大放光彩，連選連任；蘇軾被貶黃州，卻寫出千古不朽的《赤壁賦》。他們能成為楷模，原因何在？因為他們處低不忘繼續奮鬥，仍然自強不息。

當周圍滿是掌聲與鮮花時，或者身處高位要職時，人們會感到快樂與喜悅，然而當一不小心步入低谷，或者面對萬丈深淵無處可走時，人們難免會有傷心、失落之感，這是人之常情。這時，如果承受不住打擊，喪失鬥志，一直消沉下去，就會被沮喪蒙住雙眼，找不到走出去的路。此時要做的事就是隨時準備再度上臺，不要自怨自艾、自暴自棄，無論是原來的舞臺還是新的舞臺，只要不喪失奮鬥的勇氣，終會有機會成功。

管仲曾經輔佐公子糾對抗齊桓公，後來公子糾失敗，他歸降了齊桓公，並且做了齊國的相國。對於當時人們的議論，他這樣說：「人們認為我被齊桓公俘虜後，委曲求全是可恥的，但我認為有志之士可恥的不是被關在牢裡，而是不能為國家和社會做貢獻。人們認為我所追隨、擁戴的公子糾死了，我也應該跟著死，不死就是可恥，但我認為可恥的不是不隨主死，而是滿腹才華卻不能讓一個國家稱雄天下。」管仲身處逆境，卻不抱怨，而是以一個良好的心態去面對現實，終於成為一代名相。

人生就是一個不斷迎接失意，又不斷戰勝失意的過程。失意並不可怕，失意是人生的一筆財富。因為，人們處於低谷時，才會有足夠的時間去冷靜地自我反思，正視自身缺點，克服自身的不足，使自己不斷地成熟、強大起來。

有人說，人生就是一場漫長的戰役。誰也不歡迎失意，但誰也無法迴避失意，就像明天不一定會更好，但明天一定會來到一樣，只能去面對。成功者在身處低谷時，他們不會一蹶不振，而是在黑暗的角落裡，悄悄地磨自己的劍，用失意來祭自己的旗，把失意當成前進的動力，用失意來鞭策自己，激勵自己。

每個人都生來平等，沒有貴賤之分，只有分工的不同，不要妄自菲薄，更不要自輕自賤，要用自信、膽識與才華勇敢地把那些譏諷踩在腳下，創造自己事業的輝煌，那麼，低處不僅不是前進的障礙，還會成為向上邁進的堅實臺階。

在這個世界上，處於人生頂峰，能夠盡情享受成功的只是少數人，雖然大多數人都在為成功奮力拚搏。但很多人還是不得不從事著不為人關注的工作，眼下似乎也看不到成功的希望，於是埋怨人生，滿腹牢騷。不過看看這個發生在我們鄰國日本的事例，也許會帶來一些不一樣的思考。

幾十年前，日本有一位年輕女孩，得到了她走入社會的第一份工作——到東京帝國酒店當服務員，這是人生的第一步，也是踏入社會的起點，為此她很激動，也暗暗下定決心：不管怎麼樣，一定要好好做，做好這份工作。但是，讓她怎麼也想不到的是，她的工作竟然是，洗馬桶。

她傻眼了，不管以前的決心有多大，可是事實跟想像中的出入也實在太大了。這樣一份沒有人喜歡的工作，卻讓她這個細皮嫩肉、喜愛潔淨，從未做過粗活的女孩去做。

可以想像，洗馬桶時的感覺不管是視覺，還是嗅覺以及體力上都讓她難以承受，尤其是心理上的痛苦更使她無法忍受。當她用自己白皙細嫩的手拿著抹布伸向馬桶時，她噁心得想要嘔吐卻又吐不出來。這還不算，洗馬桶的要求更是離譜——必須把馬桶抹洗得光潔如新。

「光潔如新」四個字意味著什麼？她當然明白，洗馬桶又是如此苛刻，難道自己人生的第一份工作就是如此嗎？她開始動搖了。

即使有再大的決心，面對這樣一個不起眼甚至卑微的工作，她還是猶豫了，開始了艱難的選擇，繼續做下去還是另謀職業？繼續做下去，實在是難以接受，可是打退堂鼓另找工作，就這樣知難而退，敗下陣來，她又不甘心。如果第一次工作就這樣以失敗告終的話，以後還怎麼面對其他困難？

關鍵時刻，同單位的一個前輩走過來，什麼也沒說，只是一番舉動就讓她擺脫了困惑，堅定了決心，也教她邁好了這人生的關鍵一步，更重要的是幫她認清了以後的路應該怎麼去走，

首先，這位前輩用心地一遍遍擦洗著馬桶，洗完後，他用杯子從馬桶裡盛了一杯水，一飲而盡，絲毫沒有勉強之感。實際行動勝過萬語千言，他清楚地告訴了這個年輕女孩一個極為樸素、簡單的道理：光潔如新，關鍵在於「新」，新的東西當然不髒，包括馬桶。沒有人認為新馬桶髒，因此廁所裡馬桶中的水是不髒的，是可以喝的，反過來說，只有馬桶中的水達到可以喝的潔淨程度，才算是把馬桶抹洗得「光潔如新」了。

完事之後，這位前輩還送給她一個富有深意的微笑與一絲鼓勵的目光讓女孩感動不已。這個前輩所做的一切讓她目瞪口呆，她恍然大悟，於是痛下決心：「就算一生洗廁所，也要做一名最出色的洗廁人！」

從此以後，她成為一個全新的人，工作品質也達到了「光潔如新」的標準，趕上了那位前輩的水準。當然，為了檢驗自己對工作的信心，為了證實自己的工作品質，也為了強化自己的敬業精神，她不止一次地喝過廁水。在邁好了這人生關鍵的第一步後，她踏上了成功之路，開始走向人生的巔峰。

這個洗廁所的女孩名叫家田惠子，後來成為日本一家著名商社的董事長，她的名字在日本家喻戶曉，她的事蹟被廣為傳頌，她被視為從低處走向成功之巔的典範。

她最初的工作起點是如此低，可是當她在這裡邁下了堅實的第一步後，便打開了通往成功的大門。低處對於她來說就是黎明前的黑暗，蘊含著成功的希望，是人生必須走過的一段旅程，是通往成功的起點。在這個不起眼的

位置上，經過努力，她最終成長為一棵參天大樹。

　　回過頭來可以設想一下，還有什麼工作比一個細皮嫩肉、喜愛潔淨，從未幹過粗活的女孩去洗廁所更為艱難，更不為人關注？當初入社會的時候，當工作不起眼的時候，當環境不好的時候，如果還想要成功，不妨想想家田惠子，想想她曾經是怎麼做的。

　　低處並不可怕，可怕的是失去了向上攀登的勇氣，卑微不是末路，只要還有一顆進取的心：低處並非全無希望，只要堅持努力，做好要做的事情，總有峰迴路轉的時候。

 卦二十二‧賁

內外兼修的美才值得追求和尊崇

初九：賁其趾，捨車而徒。

象曰：捨車而徒，義弗乘也。

趾是腳趾，人體的最低部分。「初九」陽剛，下卦「離」是明；所以，剛毅賢明，甘心在最下位，一心美化自己的行為，擇善固執。這是裝飾腳趾的形象，腳趾用來行走，行走與行為相通。像這樣貧賤不移，潔身自愛的人，就是送給他不應當有的華麗的車，也不會坐，寧願捨棄車，徒步行走。

這一爻，說明文飾應恰當。

《周易》指出，文飾之道，一是剛柔相雜而成文，二是不慕華麗而尚質。

賁卦對古代哲學思想的形成和發展有著重要影響。諸子百家從中受到啟發。由於對此卦的理解不同，產生了不同的理論和學派，儒家認為「有本有文……，無本不立，無文不行」，強調文與質、形式與內容的完美統一。

一個人如果儀表端莊、舉止得體、談吐優雅，既能顯示出她的心靈與智慧，又能體現她自身的涵養與風度。高雅的氣質是一個人魅力的外在表現。儀態美是一種氣質、一種修養、一種女性的內在美，因此，僅有一張漂亮的臉蛋、苗條的身材是不夠的。漂亮的容顏和苗條的身材固然重要，但若忽略了

儀態美，美也就不成其為美。

學會用美的態度看待一切

「雅詩蘭黛」化妝品王國的開創者——埃斯泰·勞德曾經有句名言：「美麗是一種態度。美麗沒有秘訣。為什麼所有的新娘都很美？因為，她們非常在意自己在婚禮上的形象。世上沒有醜女人，只有不關心或者不相信自己魅力的女人。」

學會用美的態度看待一切，對待生活和自己尤為重要。一個對美麗不屑一顧的人，她本身就是不美的。因此，堅守美麗，值得被女人推崇為人生的最高理想。活得美麗，可以讓女人收穫人生成就感，而且這種成功帶來的自信和好心情，日益增添女人的可愛，越發激勵她們珍惜自己所有生活側面，以及每一個生活細節。

美麗是一個整體，不僅涉及到身體，還有心靈，因此美麗高於漂亮，是漂亮的昇華，是漂亮的一次質的飛越。

美麗不僅在於美容師的種種技巧，更多地在於和諧、健康、活力、熱情、自我態度。美籍華人靳羽西（著名電視節目主持人，化妝品公司副總裁）並不漂亮，但她卻是美麗的。靳羽西美就美在她的態度，她從容，平靜，似乎包容了女人所有的優良品質。她的低調、堅強，就是人世間的一種大美。

擁有愛美之心的女人，最能喚起對自身的肯定。設定一個美麗的目標，不斷努力，想方設法讓自己變得有智慧、有內涵。同時努力保持活力，完善自己的外貌，不斷修正不美的儀表和行為，成為一個全方位的出眾美人。

美麗需要內養和外養互為作用

張愛玲說，你不要指望男人會因為你的心靈美而愛上你。這句話包含著一個奇女子的不屑、嘲笑、冷傲、失望、清醒。一個好男人的底限，也不過是既要求外在美，又要求心靈美而已。所以，在金庸作品裡，他敢讓郭靖既不聰明又不帥，卻不敢讓黃蓉既難看又老實；而《第一次的親密接觸》中痞子蔡

（蔡智恆）可以其貌不揚，輕舞飛揚卻一定要傾國傾城；古龍在自己的作品中嘗試過不用美麗的女子，但他換上了氣質絕代的佳人。

因為有天使般的面容，所以奧黛麗·赫本被譽為是百年難得一覓的瑰寶、當之無愧的淑女派掌門人。無論容貌、氣質、演技抑或人品，都是舉世無雙，並被全世界的媒體一致評選為20世紀最完美的女星。

我們經常看到不修邊幅的女人，甚至在重要場合，也從不修飾容貌，這是對容貌的重要性認識不足。至少，你應該搽一點口紅、修一修眉毛，表明你對他人的一種尊重。

女人應該力求讓自己美一點。人與人交往，第一印象非常重要，心理學上稱為「首因效應」，第一次見面形成的第一印象，對日後的交往有著至關重要的作用，這種「首因效應」對整個交往中的作用力達75%以上。女人初次給人的視覺印象美不美，會直接影響到別人對她的評價。這是因為人們在潛意識中，通常容易受到自孩提時期逐漸形成的觀念影響，那些童話故事中天使和美女等同於美好和善良，巫婆和醜女等同於邪惡和醜陋的觀念，影響著人們對女人善惡和好壞的評價，這是最初的審美記憶產生的「觸媒效應」。

有事業成就的女人要讓自己看起來美一些，總體來說應注意兩個方面的問題：一是長期地堅持肌膚保養，讓容貌達到最好的生理狀態；二是即時的，利用化妝修飾等方法，讓容貌得以最佳表現。具體一點說，你要長期堅持諸如防曬、運動、均衡營養、肌膚護理等等事項，讓皮膚盡量少一些皺紋、斑點，多一點彈性和光澤。當出席你認為重要的場合時，用一點高品質的粉底霜和適宜的口紅，把你與同齡人容貌方面的優勢和風采展現出來。

女人對美麗的認識不應僅僅是容貌上的漂亮和美麗，還要包括女性心靈美，包括內涵、才智、情感、情緒、個性等等方面的因素。因為，女人的容貌是會變的，這倒不是常說的年老色衰的變化，而是排除時間因素之後的變化。一位大學的知名教授說：「女人的長相是會變的，長得不好不要緊，有些人會變好，長得好的，有些人也會變醜。」女人的容貌30歲以前靠父母，30歲

以後靠自己。30歲以前，容貌多由遺傳因素和客觀環境決定，30歲以後的容貌，就成了教養、個性、閱歷、人生觀等等方面的複合體。因此，我們說，女人的容貌是「養」出來的。既然是養，這個「養」字包含了營養、調養、修養三個層次的內容，具體表現在內養和外養兩個方面。這些都不是一天兩天的事情，而是一個長期修養的過程，女人們應該明確地認識這一過程。

首先是內養。內養的養分是「形而下」的，是學識、閱歷、品行、世界觀等等。這些「養分」是源泉，透過一根根血脈，一條條經絡浸潤著你的容貌，如同電腦的內設資源作用於「視窗」，或許養育得你越來越美好和諧；或許由於養分中含有「病毒」，經年累月之下，侵蝕或摧毀了你的美麗。外養是美容、護膚、飲食、養生、化妝等「形而上」的一些方式。內養和外養需要很好的互為作用，互為協調。只靠內養的女人生硬、呆板；僅有外養的女人淺薄，缺少韻味，唯有內養外養結合的女人，才會散發出長久的風韻和品味。這種「容貌靠養」的說法證明了女人的美麗是短暫和單一的，唯女性的魅力可以長存。

卦二十三‧剝

謙和隱忍，要善於克制自己

上九：碩果不食，君子得輿，小人剝廬。

象曰：君子得輿，民所載也，小人剝廬，終不可用也。

「碩」是大，「廬」是房屋，這一卦的卦形象是房屋，一陽爻在上，是屋頂，其他的各爻是牆。到了「上九」，陽已經被剝落殆盡，只剩下了一個，碩果僅存，沒有被吃掉。

總之，「上九」已是剝落的極點，混亂已極的時刻，人民又渴望恢復太平，正期待有德有能的領袖出現；因而，當有德有能的君子，出現在「上」的位置時，另外五個陰爻的小民，就會興奮，迫不及待的擁戴追隨，就像得到可以乘坐的車。如果是陰險的小人出現在上位，就成為極端的剝落，就像家的屋頂，也被剝落，僅有的碩果也保不住了。所以《象傳》說：如果是君子，就受到人民的擁戴，在政治上發揮作用；如果是小人，連安身的場所也會失去，就沒有指望了。

這一爻，說明在剝落的時刻，唯有支持君子，才能得救。

《剝》卦，闡釋應對腐敗時期的原則。物極必反，一味注重形式，到達極點時，就面臨不可救藥的黑暗時期。這一消長盈虛的演變過程，人力是無法

挽救的，歷史上許多赫赫有名的大帝國，莫不因此而淪亡。這時，小人勢力，不斷擴張，君子日益被迫害，達到凶險的程度，雖然也有人不同流合污，但也難以發生作用，唯有期待小人反省，或出現有德有能的領袖人物，實際上也極為渺茫。君子只有順應時勢，謹慎隱忍，以求自保了。

《剝》卦上艮下坤，一陽而五陰，卦象陰浸陽而陽剝落，《易經》以此來喻示事物發展過程中兩種力量的較量情狀，應順從和謙虛隱忍，對自己有所克制。

不要得意就忘形

看淡自己的優勢，不以優勢為傲，是我們處世應該秉持的態度。但是，一些人卻不懂得收斂自己，處處張揚自己的長處，在得意之下，卻跌倒在自己的長處上。

一隻猴子和一個賣藝人打賭，誰先從東山上走到花果山，花果山上長生不老的蟠桃就屬於誰。另外，猴子提出，輸的那一方還要終生成為對方的奴隸。賣藝人想也沒想，便同意了猴子提出的條件。

第二天，猴子和賣藝人同時從東山出發。一路上，猴子為了向賣藝人炫耀自己的本領，一會兒從這棵樹上跳到那棵樹上，一會兒又在地上不停地翻著跟斗。

賣藝人見了，羨慕地說：「尊敬的猴子，你太偉大了，我很崇拜你。你的爬樹本領、跳躍技藝真叫人佩服啊，這次我肯定輸給你了。」

諸如此類的話，賣藝人一連對猴子說了十九天。

猴子每次聽了賣藝人的誇獎後，總是得意至極地想：

你這個笨蛋，既不會爬樹，又不會翻跟斗，怎麼會走得比我快呢。要知道，翻山越嶺可是我的強項，你就等著做我的奴隸吧！

第二十天，當猴子又施展絕技，從這棵樹跳到那棵樹上時，卻沒聽到賣藝人在樹下稱讚牠，便想：賣藝人可能是害怕了，知道比不過自己，逃走了

吧。於是，猴子一個跟斗，一下子翻到了花果山。當牠站直身子時，才發現賣藝人已先到了，正拿著那個蟠桃在美滋滋地品嘗呢。

「這怎麼可能？你既不會爬樹，又不會翻跟斗，怎麼可能比我先到呢？」猴子不解地問。

「正因為我既不會爬樹，又不會翻跟斗，所以在你把時間花在表演這些絕技的時候，我已經上路了。」賣藝人說完，敲了一下手中的銅鑼，說：「從現在開始，你就是我的奴隸了。走，跟我賣藝去！」

記住祖宗留給我們的那句至理名言吧：得意就會忘形！的確，許多時候，我們不是跌倒在自己的缺陷上，而是跌倒在自己的優勢上，因為，缺陷常常給我們提醒，而優勢卻常常使我們忘乎所以。

放下身段路會越走越寬

幾乎每個人都渴望成功，都想做出一番事業。如果保持平和的心態，就要做好從零開始的準備，這樣，以後的路才會越走越寬廣。

每個人都有對自我的認識，如性格愛好特長缺點等等，全面的認識能幫助自己更好地定位，但是也會成為一種限制，往往容易形成這樣的想法：我喜歡什麼、擅長什麼、性格怎樣、學歷多高，所以不能去做這個事情或者那個事情。自我認識越清楚，自我定位越明確的人，對自己的限制也越厲害。大學生不想去基層工作，博士生不做業務員，上級領導不和下級職員交流……因為他們覺得這麼做和他們的身分地位不符。

瞭解自己，認識自我，有助於發揮特長，但是也不能墨守成規，一成不變。

有這樣一則小故事：很久以前，一位王子和他的僕人逃難，風餐露宿，歷經艱險，眼看就能脫離險境，但是他們盤纏用盡。這本來不是大問題，要命的是，王子認為自己不能丟了家族的尊嚴，任僕人如何勸說，都不願意低頭向路人討要一口水、一碗粥。有一天，在僕人乞討歸來時，發現他的王子已經

因為飢渴死在路邊。

實在是令人扼腕嘆息啊，如果王子能夠變通一下，放下王子的身分，低一下頭，悲劇就有可能避免發生。

相反，放下身段，選擇的方向就會更多，路更容易走。

再來看看這個故事：

有一個年輕人，考上明星大學之後，認真學習，深得老師和同學的認可，認為他將來肯定有所作為。如人們預測的一樣，他確實取得了很大的成就，但是和人們想像中不一樣的是，他不是在機關單位或在公司企業裡獲得成功的，而是靠擺小攤起家。

這位年輕人大學畢業以後，開始獨立創業。後來聽說學校附近有一攤位要轉租，就跟人借錢把它租了下來。因為他很擅長做飯，而且做得一手地道的家鄉菜，於是自己當起老闆，賣起麵食來。儘管以他的才學擺小攤確實有些大材小用，但這也引來許多好奇的目光，等於是為自己做了免費的宣傳，加上他做的麵食確實口味極佳，價格公道，因此生意非常好。現在他早就不用親自動手了，同時還做別的生意，已經成了遠近聞名的人物。

他說過這樣一句話：「放下面子，路會越來越好走。」時至今日，他從未對自己學非所用產生過懷疑，也沒有認為自己是大材小用，這是他能獲得成功的重要原因。

大學生曾經是人們心目中的天之驕子，即使是在大學瘋狂擴招的今天，一個大學生去擺攤也是件非常「沒面子」的事情。他如果不去賣麵食許不會有今天的成績，但他能放下大學生的身分，從不起眼的擺攤做起，最後實現了自己的夢想。

普通人如此，領導人又有什麼樣的表現呢？身為國家領導人，想像中應該是前呼後擁，八面威風了吧，其實也不然。

一個領導首先是一位普通公民，其次才是政府首腦。帕爾梅是瑞典平民首相，他就是這麼想的，也是這麼做的。

帕爾梅生活簡樸，與普通人沒什麼兩樣，他從家裡到首相府，從不乘車，在上下班的路上不停地和過往的行人打招呼甚至閒聊。帕爾梅喜歡接近群眾，和他周圍的人相處，關係也很融洽。沒事的時候，他還盡可能地幫助別人，與普通的熱心人一樣，沒有一點政府領導人的架子。

假期裡，帕爾梅一家經常出去旅遊，在一些常去的地方甚至和當地的居民成了朋友。帕爾梅還喜歡一個人出門，到各種地方去找人談話，以瞭解社會情況，聽取普通人的意見。他待人誠懇，態度謙和，從來不會因為身為首相而高高在上，因而受到瑞典人民的廣泛喜愛和尊敬。

他雖然是政府首相，但和普通百姓一樣，住在平民公寓裡。除了正式地去國外訪問或參加重要的國際活動，帕爾梅在國內外，一般都不帶隨行的護衛人員。只有在參加重要國務活動時，才乘坐專用的防彈汽車，配備員警保護。有時去外地參加會議，他甚至獨自一個人乘計程車去機場。

帕爾梅沒有架子，跟很多普通人都有交往，最重要的交流方式就是書信。他那時候每年大概能收到一兩萬封來信，其中，不少都是國外的普通民眾寫來的。為此，帕爾梅專門雇用了幾個工作人員來拆閱和答覆這些來信，盡可能使得每封信都得到回覆。帕爾梅在任的時候，首相府的大門永遠向一般民眾開放。這一切都使他的形象在瑞典人民心目中日益高大，不像許多國家領導人，大群保鏢，前呼後擁，待人處世高高在上，讓人不敢接近。

在瑞典人民的心目中，帕爾梅是一位政府首相，更是一位平民，他不但是國家領導人，更是普通民眾的兄弟朋友。

一個人可能身居要職、聲名顯赫，也可能腰纏萬貫、富可敵國，但是，終究只是一個凡人。一位西方的哲人曾經說過：「一滴水的最好去處是什麼地方？那就是大海。」每個人都只是大海裡的一滴水，所以，倒不如放下身段，還自己一個普通人的本來面目。

對於遭遇困境的人來說，降低姿態，放下身段，拋開面子，困難可能會輕鬆地解決掉。而對於一些相對比較成功的人來說，降低姿態，與大家平等

相處，非但不會讓人覺得失面子，反而讓大家更加尊重。如果公司的經理老闆經常與下屬的職員在一起，同吃同喝，無形之中就能提高他的親和力，就更能使員工聽從上司的指揮。倘如他高高在上，不苟言笑，下屬的敬畏之心有了，但是距離也遠了，如此一來，不可能獲得眾人的愛戴。

如果一個人執著於自己的尊嚴和面子，落難王子那樣的悲劇很可能會再度重演，如果放下身段，拋開身分，也許會發現，前面的路越走越寬；如果降低姿態，低調做人，也許在不知不覺中就會發現，自己得到的會更多。

卦二十四‧復

以覺悟戰勝生活中的不幸

上六：迷復，凶，有災眚。用行師，終有大敗，以其國君，凶；至於十年，不克征。

象曰：迷復之凶，反君道也。

「上六」陰柔不正，在復卦的極點，象徵到最後還不能迷途知返，必然凶險，天災人禍相繼而來。這時如果有軍事行動，會大敗，累及國君，一直到十年之久，還不能討伐敵人。

《象傳》說：這是違反了身為國君的道理，國君指諸侯。

這一爻，說明大勢已經到恢復時期，依然執迷不悟，必然凶險。

《復》卦，闡釋恢復的原則。物極必反，當剝落已極時，必然又否極泰來，轉危為安，恢復到能夠有所作為的時期。恢復的原則，必須根絕過去的錯誤，重新回到善道。恢復的法則，應當在腐敗開始，過失尚未嚴重之前，及時反省改善，否則積重難返。而且，必須徹底檢討，周詳策劃，謹慎行動，不可重蹈覆轍；但當恢復時期，正義尚未形成力量，成敗未定，吉凶難以預料，仁人志士，就應當特立獨行，不同流合污，堅持原則，不計個人利害，為所當為，盡其在我，以促使恢復時期早日到來。天道循環，大勢所趨，如果執迷不

悟，必然凶險。

《復》卦上坤下震，一陽在下，五陰在上，有如一陽來復，《復》卦告訴我們，以真善美作為自己行為的準則和目標，雖然有時會走彎路，遇到挫折，面對逆境，但是，只要我們能夠採取正確的措施和行動，就能夠復歸正道，獲得吉祥。

幾乎所有的人都會在生活中遇到或大或小的「不幸」。然而更不幸的是，很少有人知道該怎樣做，才能幫助我們度過這些生活中的不幸遭遇。

悲痛常常被人們誤解，一些人不知道克服痛苦需要時間，具體時間的長短決定於所受損失的具體情況。

親人因病而慢慢死去或婚姻逐漸惡化，這些所引起的悲痛都是在預料中的。遭此不幸者的悲痛歷程在親人實際離去之前很久便開始了，而親人離去後情緒的騷亂卻只有幾個星期或幾個月。

如果死亡突然降臨，或者人們被迫面對一些不可預料的悲劇，諸如可怕的車禍之類，那麼，悲痛會持續一年或更長的時間。需要清楚的是：悲痛不是一種心理疾病，只有很少的時候才是這樣。人們會產生失眠、焦慮、恐懼、憤怒的情緒，此時身心被悲哀所佔據，這些會使你有「近於崩潰」的感覺。實際上，其中的每一種情緒都是悲痛過程中很正常的一部分，懂得這一點是很重要的。

在悲痛的最初階段，人們常常徘徊於震驚與哀傷之間。人們不相信所發生的事情並感到迷惑。漸漸地，抑鬱、悲痛佔據了主導，隨後將影響一個人今後幾個月的生活。

在事後一切都會成為悲劇的提醒物，喪失了配偶的人會注意每一對手拉著手的夫婦。幸福的人彷彿到處都是，被孤立的感覺更加強烈了。例如：一個不幸流產的女人，她會覺得街上的每個小孩都像是在和自己說話。

悲傷的人會躲避一些熟悉的朋友和地方，直到隨著時間的流逝，直到他們對那些痛苦的提醒物變得不再那麼敏感。

人們需要以各自不同的方式度過不幸時期。下面的幾點建議可供借鑑：

1.從事一些能夠排解悲痛的活動

對大多數人來說，和自己的知心朋友談話是排解悲痛行之有效的方法。事實證明，自我封閉只會加劇你的痛苦。友情可以醫治心靈創傷，信念也是使你擺脫哀傷的一種強大力量。先前喜愛的工作或別的活動也會幫助你戰勝痛苦，而工作也有著巨大的治療價值。明確自己對他人應承擔的義務，你便會發現自己內在的力量，從而增強信心和勇氣。切記，你不可過分憐惜自己，不可讓哀傷永遠瀰漫你的心胸，這樣，你的生活才會漸漸抹去悲哀的陰影，一切都會變得明朗起來。

2.強迫自己有規律地做些事

如果你一定要留在家裡，那麼就為自己列個時間表，按時間表有規律地生活，儘管剛開始你只能做些小事情。如洗洗衣服、買點水果，或散步。但這對你恢復狀態卻是非常有益的。甚至你也可以在玩紙牌、音樂會、電影或一本有趣的書中找到慰藉。強迫自己做些事，直到正常的生活秩序重新建立起來。

在不幸時期，一些自我照顧行為同樣是很有幫助的。臨睡前洗個熱水澡；把餐桌佈置得漂亮些，即使一個人吃飯時也這樣；天氣好時在戶外曬曬太陽；買一束鮮花，這些小事都會使你覺得輕鬆愉快些。

3.把目光放在未來

有些時候，能夠使我們生活下去的只是這樣一種信念，即，人類能夠將一些有害或醜陋的東西轉化為一種積極而有價值的東西。作為納粹集中營的囚犯，維克多·福蘭克的經歷值得讓大家有所感慨，福蘭克全家都在一次大屠殺中被殺害了，然而，他仍然找到了支撐自己活下去的力量。福蘭克堅定地抱著一個理想，這理想給了他生存的力量。他想像自己在戰後站在一個班級學生的面前，跟學生們講述關於在不幸中發現的意義。福蘭克決定忍受一切，而這些將來會變成很有價值的東西。引用了一位哲學家的話，福蘭克自

豪地宣告：「『法西斯沒能毀滅我，卻使我變得更堅強。」

　　羅伯特·哈樂德·卡什諾在他的暢銷書《當不幸降臨到善良的人們》一書中告誡我們：我們不應該總是把眼光落在過去和痛苦上。不應該總是自問：「為什麼不幸偏偏降到我頭上？」代替這話的應是面向未來的問題：「既然這一切已經發生，我應該做些什麼？」

卦二十五 · 無妄

以實事求是的態度應對危機，解決困難

上九：無妄，行有眚，無攸利。

象曰：無妄之行，窮之災也。

「上九」絕不是虛偽的妄；然而，位於無妄卦的極點，卻遭遇窮困，不可向前。如果逞強，就成為妄，有害無利。《象傳》所說的窮，是窮途末路的意思。

這一爻，說明不逞強就是不虛偽。

無妄卦，闡釋不虛偽的道理。當一切恢復正常，又回到真實、不虛偽的無妄時期。不虛偽，當然有利；但也不能保證，一定就有善報，甚至反而會有災害。然而，不虛偽，是天理、人道必然應當如此的道理；因而，立身處世，必須剛正無私，不造作，不逞強，不存非分的奢望，不計較得失，當為則為，盡其在我，才能夠心安理得。

《無妄》卦強調的是「不妄為」。也就是要正直不虛偽，不逞強，以實事求是的態度應對危機，解決困難。

《易經》認為，直道而行。就能諸事亨通，得正有利；背離直道，就會招致禍亂，不利出行。雖有不妄為之志，亦當審時度勢，守正不失。不然，飛來

橫禍，亦所難免，這對我們每個現代人，尤其是商界人士都有啟示作用。

生活就是這樣，隨時隨地都會發生變化。有時它會讓你突然掉入危機之中，讓你感到整個世界都對你如此不公；有時它又會讓機遇突如其來地降臨到你的身上，這時你大概又要感嘆上帝對你是多麼厚愛了。但是，對於一個有積極應變能力的人而言，無論是困難還是危機，他都能從容應對。

突如其來的危機是我們每個人都無法避免的，我們應該學會坦然地接受危機。

當拿破崙·希爾還是一個小孩的時候，有一天，他和幾個朋友在一間荒廢老木屋的閣樓上玩。當他從閣樓爬下來的時候，先在窗欄上站了一會，就往下一跳。沒想到他左手的食指上戴著一枚戒指剛好勾住了一根釘子，把他整根手指拉斷了。

他尖聲地叫著，嚇壞了，以為自己死定了，可是在他的手好了之後就再也沒有為此煩惱過。再煩惱又有什麼用呢？當危機來臨時，我們必須接受因為這是不可避免的事實。

現在，他根本就不會去想，他的左手只有四根手指頭。

還有一次，拿破崙·希爾碰到一個在紐約市中心一家辦公大樓裡操作貨梯的人。他注意到這個人的左手齊腕被砍斷了。拿破崙·希爾問他少了那隻手會不會覺得難過，他說：「噢，不會，我根本就不會想到它。只有在要穿針的時候，才會想起這件事情來。」

許多時候，在不得不如此的情況下，人們都能很快接受任何一種危機，或者使自己適應，或者整個忘記它。

拿破崙·希爾常常會想起在荷蘭首都阿姆斯特丹一家15世紀老教堂的廢墟上留有的一行字：

事情既然如此，就不會另有他樣。

在人生的歲月中，每個人都會碰到一些令人不快的危機，它們既是這樣，就不可能是他樣。你也可以有所選擇。你可以把它們當作一種不可避免

的情況加以接受，並且適應它，或者你可以用憂慮來毀了你的生活，甚至最後可能會使精神崩潰。

心理學家、哲學家威廉·詹姆斯說道：

要樂於接受必然發生的情況，接受所發生的事實，是克服隨之而來的任何危機的第一步。

所有人遲早要學到的東西，那就是必須接受和適應那些突如其來的危機。這不是容易學會的一課。就連那些在位的皇帝們也要常常提醒自己這樣去做。

很顯然，危機本身並不能使每個人獲得正確處理危機的能力，每個人對危機的反應才會最終決定他的成功或不成功。

必要的時候，每個人都能經受得住突如其來的打擊，甚至戰勝它們。我們每個人的體內都有這樣一種戰勝危機的力量，只要願意加以利用，就能幫助自己克服一切危機。

莎拉·伯恩哈特可說是最懂得如何去應對那些不可避免的危機的女人了。50年來，她一直是四大州劇院裡獨一無二的皇后——全世界觀眾最喜愛的一位女演員。然而，她卻在71歲那年破產了——所有的錢都損失了——而且她的醫生波茲教授告訴她必須把腿鋸掉。事情是這樣的：

她在橫渡大西洋的時候碰到了暴風雨，摔倒在甲板上，她的腿傷得很重並且染上了靜脈炎，腿痙攣。劇烈的傷痛使醫生診斷她的腿一定要鋸掉。這位醫生把這個可怕的消息告訴莎拉，他相信，這個消息一定會使莎拉大為惱火。可是他錯了，莎拉看了他一會兒，然後很平靜地說：「如果非這樣不可的話，那就只好這樣了。」

當她被推進手術室的時候，她的兒子站在一邊傷心地哭泣。她朝他揮了揮手，微笑著對兒子說：「不要走開，我馬上就回來。」

在去手術室的路上，她一直背著她演出的一齣戲裡的一句臺詞。有人問她這麼做是不是為了提起精神，她說：「不，是要讓醫生和護士們放鬆，他們

受的壓力可大得很呢。」

在恢復健康之後，莎拉·伯恩哈特又繼續環遊世界，使她的觀眾又為她瘋迷了7年。

生活就是這樣，在你沒有準備的時候，危機就降臨在你的身上了，這時你必須坦然地接受，然後你才能從容地應對。

坦然地接受危機，瞭解你應對危機的能力，之後你就可以著手解決危機了。你可以採用下面的步驟來應對生活中出現的危機：

第一步：承認危機

*1.*正式承認危機：當你正式地承認危機時，你或許要準備一份簽名的聲明，或者要與他人簽署一份「合同」，這樣做的目的就是使你對危機的承認「有案可查」。這個正式的承諾可以作為你最初意圖的一份明確的聲明，鼓勵你「在立場上劃清界線」，並堅持你的決定直到你成功地把危機解決。

*2.*列出好處：從你成功地處理危機的行動中詳細地列出好的方面，這是幫助你度過危機的一個好戰略。它將有助於你闡釋清楚你為什麼想要解決這個危機，並激勵你著手去做。列出好處會清楚地找出解決危機的方法，當你面對危機時，你能夠運用這個方法作為一種激勵。

*3.*做最壞的打算：如果你不能成功地解決危機，會給你帶來的最壞的結果是什麼？當你運用這個策略時，要盡可能用形象化的圖示，提醒自己當前危機所具有潛在的災難性後果。例如，使用生動的圖片和研究結論，使你自己明白這次危機將給自己帶來的最大打擊，從而激勵你去解決它。

第二步：確定危機和問題

*1.*確立要達到的結果與目標：這主要是要求你，找出你在解決這次危機時要達到的具體結果。確定結果很重要，因為它可以為你分析危機提供一個明確的方向，檢測你是否獲得成功。

*2.*找出有關危機的元素：大的危機常常是由一些具體的問題組成的，為

了解決大的危機，常常需要確定其具體的問題。例如，工作做得不好可能是由不良的工作習慣、效率低下造成的，或者是因為與同事或上司的關係不好、心思都用在個人問題上或身體欠佳等因素造成的。確定並有效地處理大的危機，意味著首先要處理一些基本的問題。

3.從不同的角度看問題：多角度透視是批判思考的重要組成部分，它能幫助你集中精力去確定危機的實質。例如，當你敘述不同的人可能如何看待一個既定的問題時，這個問題基本的組成部分可能就會清楚地顯現出來。這是一個與航海中進行三角測量——透過使用三個或多個固定的參照系的點，你就能夠確定你準確的位置類似的過程。

第三步：確立可供選擇的危機解決方案

一旦你確定了危機，並對其有了比較清楚的瞭解，接下來你就應當確立解決危機的方案了。你可以用下面的方略來解決危機：

1.與他人討論：與他人討論具體的行動方案，運用批判的和創造性的思考能力，包括從不同的角度看問題，運用你的想像力提出獨特的想法等。作為批判的思考者，我們並不是孤立的只靠自己來解決危機，而是可以與他人一起協商解決危機。其他人常常能提出許多我們意想不到的行動方案，當局者迷，旁觀者清，作為局外人，他們有較為客觀的看法，他們基於過去的經驗，自然與我們看待危機的方式不同。此外，你與他人共同討論你的危機時，也可以產生情感上的宣洩作用，透過與他人討論，可以讓你茅塞頓開，精神振奮，從而開闢出擺脫兩難處境的新道路。

2.群策攻關法：在一個典型的群策攻關的過程中，一組人一起工作，在特定的時間內提出盡可能多的想法和觀點，提出想法和觀點後，不要急於對它們進行評價或判斷，因為這樣做有可能遏制思想的自由，不利於人們提出建議。評價要延遲到後一個階段來進行，要鼓勵參加者多汲取他人的觀點，因為大多數有創造性的想法常常是透過不同思想之間的相互交流而產生的。群

策攻關法又叫做腦力激盪法，運用這一方法可以獲得更多的危機解決方案。

*3.*不要做無用功：雖然我們喜歡把我們的危機看作是獨一無二的，但事實上，有許多人已經對相似的危機進行過思考。之所以我們認為這些危機是獨一無二的，就是因為我們從來沒有遇到過這些危機。在某種意義上說，這些危機是普遍存在的，許多專業人士有過論著，出版過錄影帶，也向支持者進行過引導。或許，就在你離得最近的書店或手頭的報紙上，就有許多現成的資料。但是請你記住，雖然這些資料是很有幫助的，但切記它們是資料，而不是解決危機的方法。你是唯一能解決自己危機的人，你需要發揮你批判思考、創造性和自由選擇的能力，以實現你的目標。

第四步：敲定最終的危機解決方案

1.把行動方案與你最初的目標進行對比

雖然每個行動方案都有利有弊，但並非所有方面都令人滿意，或許都有潛在的效果。例如，辭掉你的工作以減少你的壓力，肯定會解決你某些方面的壓力問題，但是，它明顯的弊端很可能會讓大多數人取消這個方案。因此，使你所提出的不同的行動方案與你在第三步：「確定危機和問題」中確認的「結果與目標」相一致是很有意義的。對每個行動方案進行考察，並對它們是否有助於你目標的實現進行評估，並根據它們相對的效果把行動方案分成等級。

2.綜合成一個新的行動方案

對你提出的行動方案進行考察和評價後，你可以把幾個選擇方案的優點結合起來，形成一個新的行動方案，從而避免它們各自所具有的弊端。

3.在觀念上嘗試每一種行動方案

把注意力放在每個行動方案上，並盡可能具體地去憑想像嘗試每一種行動方案，如果你選擇它，會有什麼結果。想像你的選擇對你的危機解決會有什麼影響，以及對你的生活有什麼意義。透過想像進行嘗試，有時候你能夠

避免不愉快的結果或意想不到的後果。作為這個戰略的一個變異，有時候你可以在實踐環境有限的基礎上，對行動方案進行測試。例如，如果你正努力地克服你害怕在眾人面前演講的毛病，那麼，你可以把你的朋友或家人當作觀眾進行練習直到你感到滿意為止。

從你陷入危機的那一刻開始，你就要運用這四個步驟來解決危機，一步一步地實行，從容地應對，直到你找到一個最滿意的危機解決方案。這時，你就應當將其付諸行動，貫徹到底。

4.危機制勝

危機是你最大的盟友，如果你知道怎樣利用它的話，你就可以透過危機走向勝利。假如你希望利用危機，你得知道自己想要什麼，必須有目標，準備冒著風險去獲得。如果你能在危機剛開始，在別人還處於困惑或混亂的狀況下，就果斷行動，那麼你就能佔得先機。

假如你一直看著危機的發展，就會明瞭事情的因果始末。如果你是唯一在特定方向能夠行動，而且知道自己想要什麼的人，而且你又表現得很冷靜，對於所有的困惑都有清晰的頭腦，你就會比那些陷在混亂中的人，更能清楚地思考——這將使你獲益匪淺。你的目標給你距離，而你的距離給你力量。

在危機當中，人們會害怕失去安全、工作、婚姻、尊重、愛。他們害怕別人會注意到，因為他們自己的錯誤造成目前的災難。他們怕失去自認為重要的東西，所以如果能夠避免這點，同時拯救他們的面子，他們就會支持你。

在危機中，人們也會覺得無力地像個孩子似的。他們需要有人指引方向，就像青少年猶豫不定一樣，經常只為了有目標而做選擇：陷入危機的人會靠近比較具有自信或表現出知道怎麼做的領導人物。

當陷入危機時，人們通常會將責任推卸給其他人，把他們當作代罪羔羊。假如你太莽撞行事，也許你就會變成這隻無辜的羔羊。為了避免這點，你可以表現給別人看，你也有共同的目標。

危機能夠帶給你新的成功機會，此時，別人正處於最低潮的時候，這是你表現出權威感，呈現自己意見的最佳時機。假如你注意到導致目前危機的事件，現在你就需要分析情況，讓人家知道你的價值。

　　如果你害怕，請把它藏在心底，要不然你就會變成別人批評以及質疑的對象。不要打壓那些與你一起工作者的士氣，因為他們會很容易地因為危機之中的第一個敗退而氣餒；然後，你會失去他們的信心——就在你最需要的時候。

　　當面臨危機時，你可以再整理一下以前無法展開的計畫和點子。能夠幫助陷入危機者解決不確定感的人會贏得他們的忠誠並使其為你付出最大的努力。因此，不要在危機中退縮，這可能是你的大好時機。

　　應當注意的是，應該利用危機來實現以前所做的決定——而非重新再定一個。面臨危機時所做的決定，通常不會考慮長遠因此很可能產生與預期相反的結果。但是，在危機之下所做的決定，比起在沒有壓力的時候，更顯得有衝勁和魄力，因此，可能會更令人矚目。

卦二十六·大畜

要正確認識和積累財富

象曰：天在山中，大畜；君子以多識前言往行，以畜其德。

下卦「乾」是天，包藏在上卦「艮」的山中；所以，是大有蓄積的象徵。君子應當效法這一精神，擴大自己的知識領域，多體認前賢的言論與以往的行為，使自己的道德學問，大有蓄積。

《大畜》卦闡明了蓄聚財富的道理。下乾上艮，乾為天為大，艮為山為止。物止才可以畜，畜和止是統一的。下卦的「乾」象徵剛健正直的美德，上卦象徵適可而止，因而富有而吉祥。這對於我們正確認識和積累財富很有啟示作用。

要講究用錢之道

在晴朗的天氣時，有人出門還要拿把傘，以預防萬一，美其名曰：「有備無患。」在日常生活中，當某些突發性事件來臨時，有時需要用到大量的金錢，你平時如果不注意儲蓄，會使你手足無措的，最好養成儲蓄的習慣，做到有備無患。

1.怎樣花錢

錢的用途是很廣泛的，即使錢再多，也經不起人肆意地揮霍。

我們來粗略地計算一下，如果你每天揮霍掉1000元，那麼一年就要揮霍36．5萬元，試問，你有能力掙那麼多錢嗎？

日常生活中，一定要講用錢之道。

首先，要有計畫性。

當你創造了一定的價值之後，這些價值就以金錢形式表現出來，當你擁有這些金錢之後，就需要對自己的家庭、事業做一個周密的計畫，使你的錢用於該用的地方。讓每一分錢都花得有意義。

其次，要量力而行。

揮霍無度，只會造成經濟上的困境。有些家庭，看到別人買電器，買冰箱，買電腦，自己也想買。這一點，是最忌諱的。日本的八百伴公司，就是這樣搞垮的。

八百伴公司，是日本20世紀初建立的大型連鎖公司，在日本享有盛名。在全球世界經濟一體化時，日本許多公司進行跨國經營，八百伴就是在這樣的潮流影響下，加入了跨國公司的行列，結果，由於自己公司的經濟實力不佳，再加上經營不善，銀行拒絕貸款，最後八百伴總部不得不宣佈破產。

這樣的例子，是多不勝數的。我們每個人在社會生活中，也要學會理財。在日常生活中的開支，要符合自己的經濟實力，量力而行，量財而動。

再次，要用於正道。

錢能救人，也能害人。錢用於正義的事業，可以創造無窮的價值，而用於邪惡的事情上，則會招致更多的惡果。

2.追求經濟獨立

生活在社會中的人，最重要的就是自由獨產。但是一個人，沒有相當的經濟基礎以保持經濟獨立，是很難獲得真正的自由的。

試想，為了經濟、為了錢被迫固定在一個位置，被迫從事不喜歡的工作，每天工作十幾個小時，而且做上一輩子，這是一件相當可怕的事情。從

某些方面來說，這就相當於被關進監獄，因為行動已經受到了相當程度的限制：監獄裡的囚犯，不必為吃飯、穿衣和睡覺而費神，而不自由的人，還必須考慮這些東西。

因此，人要想有作為，就要追求自由，要有自由，就必須保證經濟的獨立。

3.要居安思危

俗話說：居安思危，很有道理，人有旦夕禍福，不能不做準備。

人生活在這個講究物質文明的時代裡，一個人就像是一粒沙子，隨時會被環境中的狂風吹得無影無蹤，除非他有躲避在金錢背後的本錢。的確如此，沒有錢，就不可能獲得有錢的人所享有的特權，也不可能支付大量現款來應付突然變故。因此，人必須要學會儲蓄。

被債務壓迫過的人，都知道金錢是多麼的重要。但是金錢不可能像流水一樣，嘩地一下就到你的身邊，對於現在的薪水階層來講，每個月的薪資是非常有限的，要吃穿住行，要娛樂，要交際，錢的確少得可憐。但要想獲得經濟上的獨立，要想克服對貧窮的恐懼，每個月必須拿出一部分錢用於儲蓄，哪怕是很少的一部分。其餘的錢，再按照日常需要進行分配。這樣長期堅持下去，既可以養成勤儉的習慣，又有了一定的經濟基礎做後盾，即使遇到突然的環境變化，也不會被狂風吹走，或背上沉重的債務。

理財的目的在於善用錢財

理財的目的在於善用錢財，使個人或家庭的財務狀況處於最佳狀態，要達到這樣的目的，就必須有計畫、有步驟、有恆心去進行。下面幾種理財的好習慣不知道你有沒有：

*1.每個月都固定存錢。*嚴格要求自己每個月都固定存一筆錢，不管這筆錢是多是少。最好把目標定在每月收入的10%～20%，若達不到這個目標也沒關係，能存多少是多少。

2.消費時別放縱自己。千萬不要為自己找藉口：「這是最後一次，下不為例。」

3.不隨意透支。你是否認為每月透支一點沒什麼了不起？你不妨仔細算算：如果你每月透支一點，加上被扣掉的利息，一年下來，你會損失多少，這又是多麼大的一筆財富呀！

4.小事上別太大方。一般人都喜歡小事情上窮大方，比如因為早上睡懶覺導致時間不夠用，只好坐計程車上班，如果一天100元，每星期三次，一個月就是1200元，一年下來就是近15000元，夠一家人外出旅遊一趟了。

5.當個小氣人又何妨。朋友向你借錢，你或許毫不猶豫地把錢借出去，可是隨便借錢給別人的壞處是你可能損失了把錢存進銀行後該得到的利息；另外，朋友也許會翻臉不認人，那你把友情也一起賠進去了。

6.理財觀念不能太過保守；許多人不願冒風險，寧願把辛苦積攢下來的錢全部儲蓄起來，認為這樣較保險。不妨把部分儲蓄投資在股票或其他方面，能確保你的錢越滾越大。

養成存錢的好習慣

對所有的人來說，存錢是成功的基本條件之一，但是在那些沒錢人的心目中，眼下最迫切的問題就是：我要怎樣做才能存錢？

存錢只是個習慣的問題。人往往在習慣法則的約束下，塑造了自己的個性。任何行為在重複做過幾次之後，就變成一種習慣。而人的意志也不過是從我們的日常習慣中成長出來的一種習慣，一旦形成之後，就會自動驅使一個人採取行動。

養成存錢的習慣，並不表示會限制你的賺錢能力。恰恰相反——你在應用這項法則後，不僅將把你所賺的錢有意識地儲存下來，也使你步入機會之門，並會增強你的自信心、進取心及領導才能，真正增加你的賺錢能力。

債務是位無情的主人。光是貧窮本身就足以破壞自信心，毀掉希望，但

如果再在貧窮之上加上債務，那麼，成為這兩位殘酷無情監工的奴隸注定失敗無疑。

只要頭上頂著沉重的債務，再堅強的人也會被壓垮，致使你無法把事情做得完美，無法受到尊重。不能實現生命中的任何目標。

一個人要是負了債，而又想要克服對貧窮的恐懼，則他必須採取兩項十分明確的步驟：第一，停止借錢購物的習慣；第二，立即逐步還清原有的債務。

在沒有了債務的憂慮之後。你將可改變你的用錢習慣，把你的努力方向重新導向成功之路。養成把你的收入按固定比例存起來的習慣，即使只是每天實現目標中的一部分。這個習慣也會逐漸控制住你的花錢行為。試想，每月都能看見自己的存摺上的數字在不斷地增加，何嘗不是一種樂趣呢？

任何的新習慣都會取代原來的舊習慣。花錢的習慣必須以存錢的習慣加以取代，以便形成財務上的絕對獨立。

卡耐基先生有一次說，他寧願貸款100萬元給一個品德良好，且已養成存錢習慣的人，而不願貸款1000元給一個沒有品德及只知花錢的人。如果你沒有錢，而且也尚未養成存錢的習慣，那麼，你永遠無法使自己獲得任何賺錢的機會。

一個男人因為沒有養成存錢的習慣，以至於終生工作勞苦，這是一個多麼悲慘的景象。然而，在今天物質文明高度發達的社會裡，仍有無以數計的人過著這種生活。生命中最重要的就是自由。如果沒有一定程度上的經濟獨立，一個人就不可能獲得真正的自由。

為了爭取自己更大的權力，獲得更大的自由，唯一的方法就是養成存錢的習慣，然後永遠保持這個習慣，不管你做出多大的犧牲。趕快存錢吧！

卦二十七・頤

選擇一份自己喜歡的工作

頤，貞吉。觀頤，自求口實。

頤卦的形狀，像是張開的口，上下牙齒相對，食物由口進入體內，供給營養；所以，有養的含意。將這一卦上下分開來看，上卦「艮」是止，下卦「震」是動，吃東西時，大半上顎不動。下顎在動；所以，也有口，亦即頤的意義。

這一「卦辭」是倒裝句，觀察一個人平生養育的是什麼？以及他自己填滿口腹，養活自己的作為如何？就可以瞭解，必須正當，才能吉祥。

《頤》卦上艮下震，艮為山為止，震為雷為動，下動上止，似人咀嚼食物。頤者，養也。既可以是自養，也可以是養人。不管是自養還是養人都一定要秉持正確的原則，自養之道在「正」；養人之道在「公」。頤卦主張「自求口實」，也就是自己謀求食物，自食其力，

《頤》卦指出，養育應靠自己，不可依靠別人，不可羨慕，應當運用智慧，努力。這對於即將走向社會的年輕人很有啟示意義，

慎重地想想自己能做什麼

　　假如你不清楚自己的目標，不瞭解自己的需要，那麼你很可能做出完全與你的需要相反的決定。

　　一個人的生命應該怎樣度過呢？可以說，每個人都渴望做好自己的事，取得人生的成功。相反，如果不能去做自己想做的事，則意味著痛苦。所以首先要學會問一問自己到底能做什麼？

　　你希望自己變成怎樣的一個人——大富翁、藝術家、企業家、演說家、手藝超群的廚師、廣受歡迎的年輕人……

　　可以說每一個人對成功的看法都不一樣。每一個人都有著不同的需要，有著自己的價值觀，也有著不同的優點。若是我們違背自己的本質，不尊重自己的獨特性，那麼不論我們怎樣努力，都會永遠和成功絕緣。

　　你的本質和你的成功是分不開的。許多人犧牲了自己的本質，去做那些自己不願意做的事情，這是他們不能成功的主要原因。該做老師的人做了企業家，該做企業家的人，卻跑去當老師；該做管理員的跑去做推銷員，做管理員的卻是那些該做律師的人這樣發揮不了自己優勢，便很難成功。

　　假如你不清楚自己的本質，不明白自己的需要，那麼你很可能做出完全和你的需要相反的選擇。

　　自我意識包括多方面，包括對自己的身體狀況、社會能力、智力和其他方面的看法等等。所有這些都和你的生活目標有關。為了扮演好自己的角色，你應該集中注意力於自我意識。

　　你是否覺得現有的組織已經把你變成了一個不健全的人？你瞭解組織對你發展方面的影響嗎？你知道你是如何被教育和廣告機構造就的嗎？如果你對這些問題的答覆是肯定的，那麼你理想的自我意識就快形成了。

　　你生活在一個充滿各種影響的世界裡，這些影響時常會侵害到你。如果你有和人性的觀點相一致的自我意識，你就能抵制這些影響，使自己的心靈保持寧靜，從而選擇自己的生活方式。不幸的是很多人把頑固蠻幹、盲目崇拜金錢，不擇手段的向上爬誤以為是積極的自我意識，而這些惡習若得以極

度擴張，就會毀滅個人，進而威脅人類的生存。

為了增強自我意識，不妨一開始就把自己想像成一個人道的人。運用建設性的想法，創造一個自我形象——一個能夠決定自己生活的人，一個把自己看作一個不受廣告、商業利益和其他事物影響的人。一旦把你的自我意識化為行動，你就變成了真實的自我。你的建設性思想就像生活中的燈塔，指引著你過上自然與和諧的生活。

真實的、建設性的精神力量，存在於塑造你的命運的創造性思維之中，而你每時每刻的心理行為，又會產生生活中積極變化的力量。若把思維比作一列火車，那麼你生活中的理想和歡樂，則全靠這列火車的方向而定。

在這樣一個前提下，我們有必要在選擇自己所做的事的時候，一定要認真、慎重地想好自己能做什麼，不要盲目行事。這就要求你問問自己：「我能做什麼？」

選擇一份自己喜歡的工作

人的一生中，可以沒有很大的名望，也可以沒有很多的財富，但絕不可以沒有工作的樂趣。

工作是人生中不可或缺的一部分。如果從工作中只得到厭倦、緊張與失望，人的一生將會多麼痛苦；令自己厭倦的工作即使帶來了「名」與「利」，這種光彩也是何等的虛浮！

大家肯定都知道那個建築工人的故事：有三個建築工人在共同砌一堵牆，這時，有人問他們：「你們在做什麼呀？」第一個頭也沒抬，沒好氣地說：「你沒看見嗎？在築牆。」

第二個人抬起頭來說：「我們當然是要蓋一座房子。」第三個人工作時，臉上滿是笑容：「我在蓋一間非常漂亮的房子，不久的將來，這裡將變成一個美麗的花園，人們會在這裡幸福的生活。」

後來，第一個人仍是一名建築工人；第二個人成了建築隊的領班；第三

個人成了他們的總經理。

其實，這個故事之所以如此廣泛流傳，是因為告訴了人們一個淺顯而又實用的道理：面對同一環境，不同的工作心態，造就了他們不同的未來。

在我們的生活中，工作佔了我們一天1/3的時間，是我們人生的重要組成部分。但每個人對工作的定義不同，有的人認為工作是為了衣食住行，是生活的代價，是不可避免的勞碌！而有的人則認為工作是理想的奮鬥，是自己一生的事業！

如果在平凡崗位上的我們，以敷衍的態度對待工作，每天被動地、機械化地工作，同時不停地抱怨工作的勞碌辛苦，沒有任何趣味，那我們的環境會自己變好嗎？收入會增加嗎？會開心嗎？

答案當然是不會！只能永遠做等待下班、等待發薪日、等待被淘汰的三等人！

我們左右不了變化無常的天氣，卻可以適時調整我們的心態。因為，人的主觀感覺就像一面鏡子，你告訴自己：我很開心，便真的感覺到自己很開心。

那麼，解除平凡工作中的勞碌辛苦，秘訣就是，用積極的心態讓自己擁有舒暢的心情，用熱情去工作！

有位學者一日在外散步，他看見一名員警愁眉苦臉，就問：「怎麼了？有什麼事情讓你煩惱嗎？」

員警回答說：「我一天到晚的巡邏只有10美元，這樣的工作簡直是在浪費時間。」

這時，一個灰頭土臉的掃煙囪工人走過來，學者看到他很快樂，就問他：「你一天能有多少收入？」

掃煙囪的人回答：「3美元。」

學者又繼續問：「一天才拿3美元，你為什麼這麼快樂？」

掃煙囪工人驚訝地說：「為什麼不呢？」

員警鄙視地說：「只有垃圾才愛做垃圾的工作。」

學者嚴肅地說：「員警先生你錯了，他在做著使自己愉悅的工作，但是，你卻每天被工作奴役著，他的人生一定比你更精彩！」

選擇一份自己喜歡的工作是重要的一步，接著怎樣為自己的工作尋找快樂，是更重要的一步。沒有後一步，你會覺得在浪費生命。為了對自己負責，就該把工作和自己的生命劃上等號。

就像蘇格拉底說過的一句話：「每個人都是太陽，只是要讓它發出光來。」

我們大都是平凡的人，我們都做著平凡的工作、平凡的事，處在平凡的工作崗位上，無論我們處於什麼崗位，或者做什麼工作、什麼事，我們都應該具有責任感，有責任把工作做好，使我們不致平庸。

卦二十八・大過

以樂觀的心態面對壓力

象曰：澤滅木，大過；君子以獨立不懼，遯（ㄉㄨㄣˋ，同「遁」）世無悶。

「滅」是沒的意思。這一卦，上卦「兌」是澤，下卦「巽」是木，水應當浮木，卻將木淹沒，所以是「大過」不尋常的象徵。君子應當效法這一精神，行常人所不能行的，非常過度的行為，不顧世人的非難，特立獨行，而無所畏懼；即或不得已而埋名遁世時，也不會煩惱。

《易經》的表述是一種很獨特的方式，即立象以盡意，也就是用一種具有象徵意義的方式闡述裡面的含義。既然湖水淹沒了湖邊的森林，那肯定就不是一種正常的現象，而是一種「大過」的現象。也就是說，生活中的各種壓力壓得人喘不過氣來，是一種陰陽錯置，乾坤顛倒的現象了，而一個人處於這樣的環境中，應該以積極樂觀的態度面對壓力。

英國諷刺作家斯威夫特（《格列佛遊記》作者）說：「願你一生中。每個日子都過得充實而有意義。」

在這個充滿競爭的世界裡，有一件重要的事，就是為每天訂一個目標，然後向目標勇往邁進。坐著發呆，自怨自艾地讓年華白白消逝，是最可怕的事。在你需要的時候，退到心靈的靜室中小憩一下，讓壓力遠走。

生活中充滿創造力的人，會參加各種活動，使日子過得充實，趣味盎然。也會騰出一兩個鐘頭，躲到心靈的靜室裡小憩一下。這種人即使在生活的重壓下，也能夠輕鬆處理一切。

美國克利夫蘭印第安棒球隊的隊員勞里布朗，在他和別的球員相撞得頭骨破裂後，不到七個星期又回到球場上。

影星小山姆·戴維斯幾年前在意外中受傷後，成了報章雜誌上的頭條新聞。自此之後，他比從前更加用心地表演，成為美國最多才多藝的演員之一。

在75歲生日時受到美國國會頒贈金章榮譽的詩人佛洛斯特，起初在國內默默無聞。他的第一本詩集是在英國出版的，回國後名聲才扶搖直上。

你可能需要在許多煩惱之中，一再保持屹立不倒的精神。要積極地活著，就必須跟著生活的步伐前進。

在積極的生活中，最大的樂趣是忍受壓力，掙脫困難、不幸和錯誤的枷鎖。

在此，對採取積極的態度和行動提出如下建議：

1.做你自己

不必強迫自己依照別人的意見生活。所謂「別人」，包括丈夫、妻子、親戚、朋友、老闆、同事及客戶等。強迫自己符合他人的期望，就像得了精神厭食症一樣。當你把自己壓縮在一個既定的小框框時，你的目光將只集中在假想的虛胖上，使你一心一意想消除它們。

2.忘掉過去

把那些氣餒喪志的過去徹底抹滅，你可以回想過去成功的經驗，或從錯誤中學習，丟掉所有阻礙進步的情緒包袱。

就算不是為了成功，而是你想進一步瞭解自己的過去，最快、最有效的方法就是改變你的行為模式，然後，再比較改變前後的差異。

3.為自己畫像

「你」是最重要的關鍵，沒有必要作別人的影子。不要再想你「應該」怎

麼樣；相反地，你要從心裡勾勒出自己最好的一面，並讓這最好的一面幫助你達到人生目標。

4.想像、觀察並身體力行

如果你希望成為一位成功的業務代表，那麼就假想一下吧，儘管你可能不是公司中業績最好的那一位（畢竟一家公司只能有一位），但是你仍有可能躋身頂尖之列。所以想像你自己已經是一位頂尖的業務代表了。

然後問自己一個問題：「那些頂尖業務代表的穿著如何？他們在客戶、同事及主管面前的行為舉止又是如何？」有個輪廓了嗎？很好，現在你可以開始身體力行，照著你原先所描繪的理想行為模式，大膽實踐。

5.不要和別人比較

不論比較結果如何，都只是在浪費時間，因為每個人都有他的特色和優點。不要只想到你能輕易勝任的事，可以再用點心思，想想如何才能做得更好，精益求精。並且，更進一步提高非專業領域的技能。

6.別輕易被擊倒

如果有人舉止粗魯、不善解人意或心懷敵意，千萬不要放在心上。告訴自己：「是他們有毛病，不是我。」然後，問問自己：「能改變對這些人的態度嗎？」如果你能改變對他們的態度，那麼，他們對你的態度也可能不同。

讚美他們，問問他們桌上照片裡的人是誰，挑他們喜歡的話題聊聊。現代人與人之間的關懷越來越少，也越來越淡漠。其實大家內心都非常渴望溫馨的關懷。而那些不吝嗇付出關懷的人，都會有較好的人際關係。你希望和那些公事公辦、只重事業的人在一起工作，還是和那些除了工作，也願意談些其他事情的人一起工作？你周圍的人答案肯定是和你一樣的。

7.獎勵自己

不論多麼微不足道的成就，你都要把它記下來。心理學家發現，在西方國家，工作上最大的壓力來自於缺乏親密關懷與適當鼓舞。不妨「偷得浮生半日閒」，去享受你努力的成果。你可以吃一頓大餐，看一場電影。可能的

話，休個假、踏踏青。每日終了，為自己列一張今日成就表，從早上眼睛睜開後所完成的每一件事，都可以列進去。畢竟對某些人而言，早起就已經是件非常了不起的成就了。

8.善用閒暇時間

由你運用閒暇時間的方式，就可看出你的教育程度、智慧與社會認知。但是，這並不意味著你必須小心翼翼地，隨時隨地提升自己的生活品質。羅素曾經說過：「恣意享受時光並不是浪費時間。」

9.不必懼怕

恐懼並不代表失敗，它只是害怕的徵兆而已；它不是一種行為，只是情緒的反應，所以不要逃避它；相反地，要接受它的挑戰。

有些恐懼是有助於你邁向成功之途的，如果你害怕，可能真的有讓你害怕的理由。所以，不妨問問自己：「最糟的結果會是什麼？」「假使最糟的事情真的發生，我該怎麼辦？」

與其從你現在的立場來看任何可能發生的不幸，不如當作它已經發生了。從最糟的地方往回看，會讓你對這些不幸的結果有了心理準備，且能預做防範。換句話說，你的解決之道，將成為你邁向成功的重要基礎，而且，隨著問題的克服，你的恐懼會越來越少，而快樂會越來越多。

卦二十九‧坎

克服種種困難，始終堅持努力向前，

象曰：水洊至，習坎；君子以常德行，習教事。

「洊（洊）至」是一再的來到。坎卦是水，這一卦由兩個水重疊；所以說水一再到來，不分晝夜，滾滾而流。君子應當效法這一精神，片刻不可停歇，不斷進修自己的德行學業，熟習教化他人的方法，以做到《孟子‧盡心上》中所說的「窮則獨善其身，達則兼善天下」。

水就是這樣，不流滿坑穴，是不會往前流的；不管前面有多少險灘，多少深窪，甚至於有多少高牆擋著，它都能一一地克服，一直向前流動，它是絕不違背自己的特性，所以雖險亦通。

成功伴著失敗，失敗伴著成功，人生本來就是失敗與成功的統一體。人的一生，猶如簇簇繁花，既有紅火耀眼之時，也有黯淡蕭條之日。面對挫折或失敗，既不要憂悲，也不要自暴自棄，把厄運羞辱看輕些，看開些。

人生無坦途，在漫長的道路上，誰都難免會遇上厄運和不幸。人類科學史上的巨人愛因斯坦，在報考瑞士聯邦工藝學校時，因三科不及格落榜，被人恥笑為「低能兒」。小澤征爾這位被譽為「東方卡拉揚」的日本著名指揮家，在初出茅廬的一次指揮演出中，被中途「轟」下場來，緊接著又被解聘。

176

為什麼厄運沒有摧垮他們？因為在他們眼裡始終把榮辱看作是人生的軌跡，是人生的一種磨練。假如他們沒有當時的厄運和不幸，也許就沒有日後絢麗多彩的人生。

19世紀中葉美國有個叫菲爾德的實業家，率領工程人員，要用海底電纜把「歐美兩個大陸連接起來」。因此，他成為美國當時最受尊敬的人，被譽為「兩個世界的統一者」。在舉行盛大的接通典禮上，剛被接通的電纜傳送信號突然中斷，人們的歡呼聲變為憤怒的狂濤，都罵他是「騙子」、「白痴」。可是菲爾德對於這些毀譽只是淡淡地一笑。他不做解釋，只管埋頭苦幹，經過6年的努力，最終通過海底電纜架起了歐美大陸之橋。在慶典會上，他沒上貴賓台，只遠遠地站在人群中觀看。

菲爾德不僅是「兩個世界的統一者」，而且是一位理性的勝利者。當他遇到難以忍受的厄運時，透過自我心理調節，然後做出正確的選擇，從而在實際行為上顯示出強大的意志力和自持力，這就是一種理性的自我完善。

人要有經受成功、戰勝失敗的精神防線。成功了要時時記住，世上的任何一樣成功或榮譽，都依賴周圍的其他因素，絕非你一個人的功勞。失敗了不要一蹶不振，只要奮鬥了，拚搏了，就可以無愧地對自己說：「天空不留下我的痕跡，但我已飛過（泰戈爾語）。」這樣就會贏得一個廣闊的心靈空間，得而不喜，失而不憂，把握自我，超越自我。

卦三十‧離

只有相互扶持才能成功

彖（象）曰：離，麗也；日月麗乎天，百穀草木麗乎土，重明以麗乎正，乃化成天下。柔麗乎中正，故亨；是以畜牝牛吉也。

「麗」是並排的兩頭鹿，有相互依附的含意；麗又與離同音，所以離與麗，是附著的意思。日月附著在天上，各種穀物草木，附著於土，萬物都有附著的對象；但必須正當。這一卦，是兩個離卦重疊，離卦代表光明；所以，是雙重的光明。「六二」得正，又上下光明，是光明又附著於正當的形象，所以，能夠教化天下，達成移風易俗的目的。「六二」與「六五」，又都以柔爻附著在中位，「六二」又在正位，柔順中正，因而亨通，就像畜養柔順的牝牛一般吉祥。

《離》卦認為，任何事物往往都需要附著於一定的環境，才能有所發展，如日月之附麗於天、草木之附麗於地一樣。

《離》卦闡述依附的原則，說明任何事物都是相互依附，相輔相成的。

當我們把自己的東西與別人分享時，我們得到的東西就會擴大和增加。因此，我們要與別人分享好的和值得嚮往的東西。我們幫助的人越多，我們得到的幫助也就越多。

每個人都能夠給他人提供幫助，幫助別人並不是只有富人才能做的。我們每個人都能以我們自己的一部分力量幫助別人。不管我們做什麼工作，我們都可以在我們的心中培養一股強烈的幫助他人的心態。這些幫助有時是一次微笑、一句親切的話，或是發自內心的感激、喝采、鼓勵、信任和稱讚等。

有個人被帶去參觀天堂和地獄，以便比較之後，能選擇他的歸宿。他先去看了魔鬼掌管的地獄。第一眼看上去令人十分吃驚，因為所有的人都坐在酒桌旁，桌上擺滿了各種佳餚，包括肉、水果和蔬菜。

然而，當他仔細看那些人時，卻發現沒有一張笑臉，也沒有伴隨盛宴的音樂或狂歡的跡象。坐在桌子旁邊的人看起來沉悶、無精打采，而且瘦得皮包骨。這個人發現每個人的左臂都捆著一把叉，右臂捆著一把刀，刀和叉都有4尺長的把手，使它不能用來吃東西。所以即使每一樣食物都在他們手邊，結果還是吃不到口中，一直在挨餓。

接著他又去了天堂，景象和地獄完全一樣——同樣的食物、刀、叉和那些四尺長的手把。然而，天堂裡的居民卻都在唱歌、歡笑。這位參觀者一下子覺得困惑了，他懷疑為什麼情況相同，結果卻如此的不同。最後，他終於知道答案了。地獄裡的每一個人都試圖餵自己，可是一刀一叉，以及4尺長的手把根本不可能吃到東西。而在天堂裡的每一個人卻都在餵對面的人，並且也被對面的人所餵。因為幫助別人，結果也使自己獲益。

這個故事的道理很簡單。如果我們幫助其他人獲得了他們需要的東西，我們也會因此而得到想要的東西。而且我們幫助的人越多，我們所得到的也就越多。

有一位年輕人，在一家商店服務了4年之久，卻並未受到店方的賞識，因此他正在尋找其他的工作，準備跳槽。

然而有一天，外面下著大雨，有位老婦人走進了這家商店，並且在商店內閒逛。大多數的店員對老婦人都是愛理不理的。只有這位年輕人主動地向她打招呼，並很有禮貌地問她是否有需要他服務的地方。這位年輕人陪著老

婦人逛了整個商店，對各種商品進行了講解，並且主動為老婦人提著買的各種物品。當老婦人離去時，這名年輕人還陪她到街上，替她把傘撐開。這位老婦人對他服務和幫助極為滿意，向他要了張名片，然後逕自走了。

後來，這位年輕人完全忘記了這件事，開始尋找更好的工作。沒想到有一天，他突然被老闆叫到辦公室去，老闆給他提供了一份更好的工作，而這份工作正是那位老婦人——一位富商的母親親自要求他擔任的。

卦三十一‧咸

把婚姻當作事業，慎重選擇你的另一半

　　彖曰：咸，感也。柔上而剛下，二氣感應以相與。止而說，男下女，是以亨利貞，取女吉也。天地感而萬物化生，聖人感人心而天下和平；觀其所感，而天地萬物之情可見矣。

　　咸是感的意思。上卦「兌」，陽多陰少，是「陰卦」；下卦「艮」，陽少陰多，是「陽卦」；所以說，上柔而下剛。又，以卦的性格說，下卦「艮」是止，上卦「兌」是悅；以卦的象徵說，下卦是少男，上卦是少女；不論這一卦的性格與象徵，都有陰陽相互感應而相愛的含意。所以亨通，堅貞有利，娶婦吉祥。

　　素不相識的少男少女，能夠相互感應，一見鍾情，結為終身夫婦，這完全是自然的，必然的現象。同樣的，天與地相互感應，因而變化生成萬物；聖人以至誠感應萬民，因而使天下和平；觀察這一感應的法則，就可以發現天地萬物的真情了！

　　《咸》卦告訴我們：感止於正，悅止於靜，虛心交往，是「咸」之正道。《咸》卦講的是夫妻之道‧一定要把婚姻當作事業，夫妻相處要謹慎和關注細節。

　　絕大多數人都認為，一個與自己有相同觀點或利益，並幫自己達到某種目的的人，將是一個值得信賴的人。因此，他們對這樣的人容易產生親近感，並很容易把心交給對方。若想獲得對方的好感和芳心，不妨參考以下幾種方法。

1. 與她建立共同的目標

　　當你與她有著共同的目的時，為了達到目的，兩人就必須同心協力。這種同心協力的關係，自然而然地便把彼此的心結合在一起而產生情感。

　　就拿男經理與女秘書來說吧，為了使公司的業務順利地進行，提高工作效率，必須配合得相當默契才行。於是，雙方經常有密切聯繫的機會。有時候，經理不想見客戶，由秘書出面去談，或對來客作禮貌上的回絕等。當然，也常有被邀約一起出遊等好機遇。

　　由於共同合作而產生了彼此間的親近感，從中也洞悉了彼此的心思。女人特別敏感，在不知不覺中，心就會傾向對方，這種變化，的確是十分微妙的。

　　總之，如果要想打開對方的心扉，首先必須營造彼此間的合作關係，這一點是非常重要的。一旦彼此間有了同心協力做一件事情的機會，感情的發展自然就水到渠成了。

2. 對對方多說「我們」

　　當你和她在一起時，經常把你和她說成「我們」，不知不覺中，兩人的心就會莫名地接近了。

　　從心理分析的角度來說，在對方的思維中是排斥「你是你，我是我」的言詞的，她們的心傾向於「群體」，群體當中有我。群體給人溫暖感和保護感，自然就不覺得孤單和寂寞了。

　　因此，不管碰到什麼稀奇古怪的事，人們對兩人變為一體的組合是非常敏感的。

比如說，女性一旦喜歡上某個男子，便會在夢想中希望有一天能與他穿著相同的服飾走在街上。進餐時，若需餐券的話，她也希望餐券是兩張一組的。類似這種「兩心相連」的夢想，其中卻蘊藏著很深的少女情懷。

另外，還有一些喜歡上餐館的青年男女，他們並非沒錢，但是卻只要一杯飲料兩人共飲，一支霜淇淋你一口我一口地吃；且明明各自都帶有傘，卻情願兩人共撐一把小傘淋濕也毫不在乎。其實，這所有的表現，都是「兩人一體的組合」心理的表現。

當然，這種夢想只是女孩們潛意識裡的願望，並非堅定不移的思想。因此，是要立刻表現在行動上，只要你總是以「我們」一詞來建立起「兩人一體」的關係，並且一直持續下去的話，不久以後，你們便真會成為「天生的一對」了。

3. 當對方與人對立時，及時地挺身而出替她辯護

在女人的心目中，「敵人的敵人就是友人」這種觀點早已根深蒂固。

女人喜歡集體行動，可又人多嘴雜，但是，有時候也很團結。她們的這種群體應算是封閉型的，因此，排外的意識極強。通常，她們的向心力愈強，排他性或敵對性就愈明顯地表現出來。

由於生理上的差別，她有著強烈的警戒心，如果面對一個陌生人，她不知對方是好人還是壞人，很難放心地與他打交道，除非弄清他的來龍去脈，否則，她不會解除她的警戒線。不懂得這一點，你就將被拒之門外。

一旦掌握了對方的心理之後，只要與她有同一目標，是很容易得到她善意的接待的。

如果你有辦法表現得令對方感到「上級人員做出這種事來是不應該的」，自然而然，她就會替你代辦許多事，不需要多久時間，你與她便會攜起手來。

當然，如果你的行動不被對方看在眼裡，事後補救也還來得及。但最主

要的是，在實際的接觸中，你就要旗幟鮮明地站在對方的「敵人」的對立面。

朋友，請記住：女人往往會信任一個與她有著共同「敵人」的人，而且會把心傾向於他。

4. 在「但是、不過」上下功夫

現在的年輕人當中，有很多人對自己所不滿的事總是很明確地表達出來，而在社會中，經常心懷不滿而怨天尤人的人是很受排斥的。因為，人們把這種人看成是「一天到晚只會發牢騷的討厭鬼」，甚至被看成是心態和思想不正常的人。

當然，抱怨的人都有其抱怨的理由，不過，從他抱怨所反映出來的心態來看，很顯然是對事情處理不得法或不夠冷靜所致。

但是對對方來說，她不願自己被認為是有怨氣而不受歡迎的人。然而「有內必形外」，無論她怎樣掩飾，終究會表現出她的不滿和抱怨。在這種情況下你責備她只會任性、抱怨，必然會引起她的反感，使她更加築高她的圍牆，宣告任何人「不准入內」，你就只能「望牆興嘆」。

因此，儘管你要反駁她，也應採取「先順後逆」的說話方式，即首先贊同她的觀點，彷彿與她站在同一立場上，然後再用「但是」、「不過」等詞來一個大轉變，陳述你與她相反的觀點。

你不妨對她說「這件事情的確很突然，難怪你會不滿呢。」如此一來，她反倒會覺得自己實在不該這樣過於任性和挑剔，心情也就漸漸愉快起來。由於優越感的驅使，對事情的不滿心理很快就消除了。

要博得對方的芳心，你首先必須力求避免對方以任何方式拒絕你的追求。因此，在言談之間，必須十分小心，要研究談話方式，什麼事盡量先順從對方，與對方保持一致，實在不行時，也應在「但是」上多動腦筋，狠下功夫，如此，才能使對方很快地接受你的意見和要求。

卦三十二・恆

悉心創造和維護愛情，以保持夫妻感情長久

> 恆，亨，無咎，利貞，利有攸往。

將咸卦倒過來，成為恆卦。彼此是「綜卦」，感應短暫，恆久長遠，暫與久相互為用。

「恆」是恆常，永久的意思。下卦「巽」，象徵長女；上卦「震」，象徵長男。咸卦是男在女的下方，女尊男卑，象徵男女、陰陽相互感應的道理；這一卦，女在男的下方，男尊女卑，象徵夫婦的常理；所以，命名為「恆」。占得這一卦，只要有恆，堅持自己的意志，就能夠亨通。但動機必須純正，而且持續，才能無往不利。

《恆》卦認為，夫婦之道不可以不久，所以君子應當從中體會恆久之理，立身處事，持之以恆。

錢鍾書先生曾把婚姻比作圍城，外面的人想進去，裡面的人想出來。想進去的人是因為他不知道維護愛情的艱辛，想出來的人是不知道維護愛情。我們為什麼不願意改變這種局面呢？只要用心，我們的婚姻將不再是愛情的墳墓。

夫妻之間要善於交流和溝通，它能夠拉近彼此的距離，並在溝通中建立

理解和信任。

　　和另一半相處，首先要懂得求大同，存小異。為了讓你們的感情交流暢通無阻，交流思想更富有意義價值，雙方應該在生活的各個領域內，力求縮短彼此之間的心理距離。例如在教育子女的問題上，妻子主張「愛」為主，丈夫主張「嚴」為主，這樣雙方就產生了矛盾。然而，在「必須對子女進行教育而不是放任自流」這個問題上，雙方應該首先取得一致意見，然後妻子和丈夫可以按照自己的主張，靈活地對子女進行教育。這樣做，不但有利於子女的健康成長，而且也有助於夫妻之間的關係能夠得到協調發展。

　　同時，注意發現和培養你們共同的情趣。共同的興趣和愛好，可以增加夫妻間談話的廣度和深度，增加感情生活的頻率和速度，尤其是尋找彼此能夠共做的某些事情，使雙方充滿樂趣。

　　一個丈夫非常喜歡看球賽，幾乎是每場必看，並且一看到底，而妻子則喜歡靜悄悄地坐在旁邊打毛衣，聽丈夫的大叫大嚷，並把丈夫的這種嗜好嘲笑成小孩子的把戲。後來雙方發現，如果要使兩人的關係得到進一步發展，妻子必須理解丈夫的這種嗜好，而丈夫則應幫助妻子加深理解。於是，兩人經常在吃過晚飯之後，為了能同時觀看球賽，丈夫儘管十分討厭收拾碗筷，但他還是走過來幫妻子收拾，然後兩人坐下來邊看邊談球賽。藉由這種生活中毫不起眼的一幕，他們解決了矛盾，分享了歡樂，甚至還為他們驅散了遮在婚姻上空的一片片陰霾。

　　其次，要學會時刻表達你對對方的感激和愛情。丈夫對妻子做的每一件小事都應表示感激之情，即使是為他熨了一件襯衫，也要如此。妻子對丈夫在生活上的體貼、經濟上的幫助也應該表示感激。夫妻雙方時刻常說「謝謝你」三個字，看來無關緊要，實際上這是情感交流的一種有效方式。因為彼此能感覺到自己是被人需要的。

　　有時候，感情交流還需要親口說出來，最能表達夫妻情意的就是「我愛你」，即使你們結婚多年且關係良好，也不要忘了這三個字，它會幫助夫妻之

間架起一條全天候的通訊線路，使不幸的日子可能變得容易承受，使美好的日子變得更加燦爛。

其次，你要學會敏感和傾聽。夫妻應當知道彼此的需求。丈夫回到家裡顯得憂慮和沮喪，那麼無論妻子說什麼都不會引起他的興趣，這時應該給丈夫多一點親暱的愛撫。同樣，當妻子悶悶不樂、沉默寡言時，丈夫應當放下手中的工作，靜靜地坐在妻子的身邊，聆聽妻子的心聲。這就需要雙方增加敏感性，發現妻子或丈夫的不一樣，幫助妻子或丈夫解決他們內心的憂慮。無論哪一方在學習、工作和生活中受挫後，另一方的循循善誘、冷靜明智以及間或表現出來的無限愛戀，正是他（她）所渴望的。因此，夫妻之間應該學會用整個身心來感受對方的靈魂，傾聽對方的意見，從而拉近你們的距離。

最後，要用誠實建立你和另一半之間的信任和尊重，做到言行一致，將心比心。

現實生活中，我們對誠實的人所做的事，總是放心的、確信不疑的；相反，一個虛偽的人，人們就不會輕易地相信他（她）的話和他（她）所做的事。在你和另一半相處的過程中，情況也是如此，一個經常在妻子面前隱瞞這隱瞞那的丈夫，總有一天，會被妻子發現而從此對他抱有戒心和不信任感；而一個經常在丈夫面前「謊報軍情」的妻子，也一定會讓丈夫永遠地用懷疑的目光看待她。

只有做到言行一致，用誠意的「給予和付出」，才能建立起夫妻間的信任。夫妻間要做到清晰的溝通，是非常複雜的事，它並不是夫妻口頭上的信任就可以解決的。

例如，一個丈夫向妻子表白「我愛你」，但是在日常生活中他卻表現出自私、吝嗇、煩躁，這種言行不一的舉動，怎麼能使妻子信任他呢？也許他說這句話時確實是愛妻子的，然而，一旦投入日常行為的生活中，言語和行為就自相矛盾了。在很多情況下，夫妻常常會用相異的行動來破壞口頭上的承諾。例如，丈夫出差之前，答應給妻子買一件羊毛衫回來，但丈夫回來後，既沒買

來羊毛衫，又沒給妻子做任何解釋。妻子顯然不高興，甚至懷疑丈夫是否真的愛自己，造成夫妻間的矛盾。其實，只要彼此以誠相待，就能徹底解除另一半對你的防衛系統和戒備心理，讓你們之間的關係變得透明而更具吸引力。

用交流來建立彼此的信任，在不斷的溝通中拉近雙方的距離，從而讓你們的愛情更加堅固而持久。

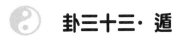

卦三十三‧遯

朋友之間要親密有度

象曰：天下有山，遯；君子以遠小人，不惡而嚴。

這一卦，上卦「乾」是天，下卦「艮」是山。山不論多高，也不能接近天，山高而天退；所以，這一卦命名為「遯」。君子應當效法這一精神，遠離小人；但也不是憎惡小人，而是嚴於律己，使小人不能接近。

《遯》卦中的意思是：天下有山，象徵著隱讓退避。因為山有多高，天就有多高，似乎山在逼天，而天在步步後退，但天無論怎樣後退避讓，卻始終高居在山之上。君子應和小人保持一定的距離。

在與人交往的過程中，應該隨時留心周圍人的品格、能力及其影響力，要用真心去交朋友。為了贏得他人的真誠相助，你必須先付出某些東西，如真心或物質。人心都是肉長的，你天長日久的付出總會有所回報。所以，平時與人交往時，要盯得準誰有能力幫助你。當然，與任何人相處都要以友善、真誠為本。

朋友是否幫你的忙，還看你平時表現如何。這就要求你與人交往時，目光要放遠些，不因小利而不為，亦不因利大而為之。如果你與對你求職就業有所幫助的朋友發生了不愉快，你應首先諒解他。「小不忍則亂大謀」，這是

古訓，在這方面古人也做出過榜樣，比如，韓信能受胯下之辱，張良能為老者拾履。平時的基礎打好了，量變積累終會成為質變，也就會「得來全不費功夫」了。你待人好，人家對你自然有真心，關鍵時刻幫助你一把也在情理之中了。

生活中，經常會有這樣的事發生。一些好得不得了的朋友，最終還是散了，有的緣盡情了，有的則不歡而散。

朋友失去了還可以再交，但新的朋友未必比老朋友好，失去友情更是人生的一種損失。為了避免失去朋友，讓多年的友情隨風飄散，有一個交友的原則值得考慮——好朋友也要保持距離！

這話似乎有些矛盾，既然是好朋友，那為何還要保持距離？這樣不就彼此疏遠、缺乏誠意嗎？而現實中很多人友情疏散，問題就恰恰是因為這種形影不離之中。

人為什麼會有「一見如故」、「相見恨晚」之感，就是因為被彼此的氣質互相吸引，一下子就越過鴻溝而成為好朋友，這個現象無論是在同性還是異性之間都一樣。但兩個人不管相互之間的吸引力有多大，他們畢竟是兩個不同的個體，彼此所處環境不同，所受教育不同，因此人生觀、價值觀再怎麼接近，也不可能完全相同，如果沒有差異那就是兩個同一體了，就不存在彼此之間的吸引力了。正如一對處於「蜜月期」的新婚男女一樣，當兩人的蜜月期一過，便不可避免地觸碰彼此的差異和缺點，並且這種差異表現得越來越多，結婚之前，他們一直在求同，眼裡閃爍的總是對方的優點，而經過時間後，求同的動力變小，差異就顯露出來。於是從尊重對方開始變成容忍對方，直至最後要求對方！當要求不能如願，便開始背後挑剔、批評，然後人離情散。

密友之間交往的藝術與夫妻之間相處的藝術有些共同之處，所以要「保持一定的距離」，這也是夫妻相處的藝術之一。所以，如果你有了自己的「好朋友」，與其因為太接近而彼此傷害，不如適度保持距離，以免發生碰撞，還

能增進對方的感情。

所謂「保持距離」，簡單地說，就是不要過於親密，一天到晚形影不離。也就是說，心靈應貼近，但形體應該注意保持距離。

「保持距離」能使雙方產生一種「禮」，有了這種「禮」，就會相互尊重，避免碰撞而產生矛盾。但運用這一技巧時，一定要注意一個「度」，如果距離過大，就會使雙方疏遠，尤其是現代社會，大家都在為自己的事業奔波，擠不出時間，這樣很容易忘了對方，因此一對好朋友也要經常打個電話，瞭解對方的近況，偶爾碰面吃吃飯，聊一聊，否則就會從好朋友變成一般的朋友，最後變成只是熟人罷了，兩人的友情等級會逐漸遞減！

與同事相處也是如此，太遠了人家會認為你不合群、孤僻、不易交往，太近了也不好，容易讓別人說閒話，而且也容易令上司誤解，認為你是在搞小圈子。所以說，不即不離、不遠不近的同事關係，才是最難得和最理想的。

有人說「好朋友最好不要在工作上合作」，有一定道理。

一天，公司來了一位新同事，他不是別人，正是你的好友，而且，他將會成為你的拍檔。上司將他交託與你，你首要做的是向他介紹公司的分工和其他制度。這時候，不宜跟他勾肩搭背，以免惹來閒言閒語。

私底下，你倆十分瞭解對方，也很關心對方，但這些表現最好在下班後再表達吧，跟往常一樣，你倆可以一同去逛街、閒談、買東西、打球，完全沒有分別，只是，閒暇時，以少提公事為妙。

只有和同事們保持合適距離，才能成為一個真正受歡迎的人。不論職位高低，每個人都有自己的工作範圍和責任，所以在權力上，切莫喧賓奪主。不過，記著永不說「這不是我分內事」這類的話，過於涇渭分明，只會破壞同事間的關係。

和上司處理好關係是必要的，但也要掌握「度」，不可以太親密。上下級之間有可能很快建立起友誼，並且這對雙方都是有利的。問題是這種密切的關係也會帶來嚴重的危險。

因為親密的關係有可能扭曲或干擾上下級之間正常的工作聯繫。設想一下，上司告訴你一個秘密，如果被洩露出去，他將受到很大的傷害。上司遲早會後悔把秘密洩露給你，而且，從某種程度上說，他這樣做是貶低他自己。

即使上司對你吐露的秘密僅僅是局限於公司內部的事情，但它們仍然會給你帶來麻煩。因為你對他所關心的事情介入越深，你就越會自覺或不自覺地跟著為之操心。

你越是親近上司，他就越會對你提出更多的要求，這會導致你的失信，而他也會因此對你感到失望。試想，如果兩個人長時間地待在一起的話，那麼，最終彼此不可避免地會瞭解雙方的怪癖和毛病。倒不是因為你在他面前暴露了自己的缺點，而是因為他的缺點暴露在你面前了，這就可能危及到你的職位。

卦三十四‧大壯

強盛之時要謹守正道，適時收斂鋒芒

象曰：雷在天上，大壯。君子以非禮弗履。

這一卦，上卦「震」是雷，下卦「乾」是天。雷在天上轟隆地響，聲勢壯大；因而，命名為「大壯」。君子應當效法這一精神，從事轟轟烈烈的壯大事業，但君子的強大，不在於勝過他人而在於克制自己；克制自己，就必須實踐禮儀。所以，不合乎禮儀的事，就不可以做。

《老子》說：「自勝者強」；《論語‧顏淵篇》中，孔子也說：「克己復禮為仁。」又進一步闡釋：「非禮勿視，非禮勿聽，非禮勿言，非禮勿動。」可以說是此卦的注解。

《大壯》卦中的意思是：震雷響徹天上，象徵著十分強盛，君子應該嚴格要求自己，不要越出準則和規律去做非分之事。

《易經》強調，處「大壯」之時而不用壯，乃善保「大壯」之關鍵。

俗話說，「人無千日好，花無百日紅」，意思是人不會一生順暢，花不能永遠綻放。命運讓人無法捉摸，在人生的道路上無論取得多麼大的成就都不要得意、炫耀，因為見好就收，才是大智慧者對待人生的基本態度。

眾所周知，廉頗曾因蔑視藺相如而在相如府前負荊請罪，究其原因，正

是因為廉頗的得意忘形，所以才使自己吃了苦頭。常言道：「凡事留餘地，日後好相逢。」不管做什麼事，都不能走極端，堵住自己的退路。事到難處須忍讓，抽身退出要趁早。即使自己很得意也不要炫耀，要懂得掩飾自己的才能，隱藏自身的光耀，要知道樹大招風，人在風光時很容易遭人嫉妒，尤其是在權衡得失時，切莫得意忘形，務必做到見好就收。

在一次百獸舞會中，獅子因為舞跳得很好，被推舉為王，一隻狐狸很嫉妒，看到獵人設的陷阱裡有一塊肉，就說找到了寶物，但不願獨佔，要獻給國王，力勸獅子去拿那塊肉。獅子聽了很歡喜地走了過去，結果掉入陷阱，獅子很生氣地說：「你為什麼要騙我？」狐狸說：「耶！獅子先生，像你這麼愚蠢，怎能當百獸之王呢？」

獅子因為得勢而生貪婪，認為整個森林的動物都會歸順，將所有的好處都留給自己。這是非常不理智的想法，如果想成為真正的強者，那麼就應該做到：「不可來者不拒，予人危害之機。」而身居高位，不假思索，不懂自省的人，注定會以失敗告終。

生活中的每一個人都想要一個很好的口碑，所以難免會談一些自己的得意之事，但是一定要做到見好就收、適可而止，否則別人不僅不會認為你很「了不起」，還會認為你是不成熟的，只會賣弄過去好時光的人，所以，不要時時處處提自己得意之事，在偶爾談到時最好使用以下幾種低調的方式：

1.在別人談起得意之事後，自己再談也不遲。也就是說，如果單方面大談得意之事有時會很尷尬。

2.在別人尚未表現出不耐煩時，自己先結束談話，這樣既不會顯得你在故意炫耀自己，也不會讓別人產生厭煩心理。

3.最好在別人再三追問的情況下再談起自己經歷的得意之事，這樣既可以滿足他人的好奇心理，又可以把自己的「光輝歷史」展現出來，恰到好處地在人前展現自己優秀的一面。

如果一個人能夠遵循以上三種方式，那麼就能夠在自己的生活圈子中有

一個良好的口碑，在以後的人生道路上鋪墊堅實的人緣之路，這就是低調做人的奧妙所在。

社會上總是有這樣的一些人為了「收穫名利」而忽略了見好就收的道理，最終招致禍害。

越王勾踐手下有一名重臣——文種，他為勾踐復國破吳立下了汗馬功勞。戰爭結束後，他自然是加官晉爵，但是，他仍然謙虛謹慎地侍奉越王。所以范蠡曾給他寫了這樣一封信：「飛鳥盡，良弓藏；狡兔死，走狗烹。越王的長相是：頸項細長如鶴，嘴唇尖突得像烏鴉。這種人只可以與他共患難，卻不能同安樂，你現在不離去，更待何時？」

文種讀了信後，聰明的他當然明白其信中的含義，於是在不久後便稱病返鄉，但是，由於他還貪戀自己的名望，沒有像范蠡一樣徹底隱退，返鄉後他的名字仍然威懾朝野，如此一來便讓佞臣鑽了空子，誣稱文種欲起兵作亂。越王早有「走狗烹」之意，故而趁著這個機會以謀反罪將文種處死。很顯然，文種「只進不退、見好不收」的做法招致了殺身之禍。在我國古代歷史上像文種這樣久居高位，最後慘遭殺戮的人並不少見，因為他們都像文種一樣心中始終有貪念，放不下名利，由此可見，見好就收有多麼的重要。

秦國宰相范雎，雖然是說客出身，但是也深諳用兵之道，他曾以「遠交近攻」的策略壯大秦國軍事實力，為秦做出了巨大的貢獻，他的名聲在當時也是家喻戶曉。

范雎晚年，他力薦的一名將軍帶領其手下的三萬士兵投降了敵人。當時投降乃是「株連九族」之罪，並且推薦者也會連帶處以極刑。范雎雖得秦王信賴被免除極刑，但他知道此事之後，秦王對他的信任度會大大的降低，於是，心中整日忐忑不安，正在這個時候，他收到蔡澤的勸慰信：

「逸書裡有『成功之下必不久處』之說，如果你趁此時辭去宰相的職位，既可保伯夷般清廉的名聲，又可享赤松子般的長壽！何樂而不為呢？」

范雎讀過信後心情豁然開朗，決定辭去宰相之職。於是，三日後他上了

一份請辭的奏章，並且舉薦蔡澤為相……

卦三十五‧晉

自我推銷為晉升鋪平成功之途

象曰：明出地上，晉；君子以自昭明德。

上卦「離」是太陽，下卦「坤」是大地，太陽出現在大地上，普照萬物；所以稱作晉卦。君子應當效法這一精神，使自己本來具有的光明德性，愈加顯明。

「昭」是顯明的意思。《大學》中說：「大學之道，在明明德。」《左傳》桓公二年中也有：「君人者，將昭德塞遠，以臨照百官。」含義都相同。

《周易》指出：晉升之道，在於光明道德而柔順。

常言道：「勇猛的老鷹，通常都把牠們尖刻的爪牙露在外面。」巧妙地推薦自己，是加快自我實現的必要手段。

一個人能不能獲得晉升，其第一關是看他能不能獲得別人的認可，特別是能否獲得上司的認可。這是最現實、最富真理意義的說法。但是從另一個角度來說，要獲得別人的認可並不是一件簡單的事。絕大多數人都天真地認為只要有能力就能夠獲得別人的認可，這句話聽起來似乎沒錯，但遺憾的是，現實並非如此，它不是放諸四海皆準的道理。古今中外，多少飽學之士懷才不遇，報國無門，只能在庸庸碌碌中抱怨一生！

讓我們先來看一個真實的故事：

1929年，徐悲鴻時任北平藝術學院院長。有一天，他應幾位朋友之邀，去參觀在北京舉辦的一個中國畫展覽。

在寬敞的大廳裡，一幅幅裝裱精緻的畫，令人眼花繚亂，遺憾的卻是畫作作者墨守成規、閉門造車，毫無新意。看了一會兒，徐悲鴻感到很不痛快。正想離開，忽然有一幅掛在角落裡的畫引起了徐悲鴻的注意。他仔細欣賞品味著畫面上那幾對蝦，只見它體態透明，鬚尾舒展，生動逼真，筆法嫻熟。這位觀賞過世界無數藝術珍品的畫壇大師立刻意識到，此畫作者，定是一位出類拔萃的藝術大師。出乎他意料的是，這幅畫出自一位年逾花甲的木匠之手。徐悲鴻不由得感嘆一聲：「我為這個懷才不遇的人感到惋惜，真沒想到在這角落裡還藏著一位傑出的國畫大師啊！」

這位國畫大師就是齊白石。

僅過了幾天，徐悲鴻就聘請齊白石任北平大學藝術學院教授，而且親自乘車接齊白石到校上課。一年後，《齊白石畫集》問世，此書是由徐悲鴻親自編輯作序的。

齊白石的名、利、地位皆因徐悲鴻的發現而來，這的確是伯樂識馬的故事。可是，如果徐悲鴻當初沒有看到那張畫，齊白石或許就得做一輩子木匠了。時代在發展，每個人都不應該只是翹首等待伯樂的到來，應該有勇氣走到伯樂的面前去，敢於主動去借貴人的幫助，來實現自己的理想。主動積極著去尋找自己人生路上的伯樂吧！

這是一個具有新時代意義的伯樂識馬的故事。

法國科學家法拉第曾經是一位印刷廠的工人。在裝訂圖書的過程當中，他對科學產生興趣，從此開始做簡單實驗。正巧在這時著名化學家大衛要開辦化學講座，對法拉第而言，這是一個千載難逢的機會，他抓住了這個機會，去聽了著名化學家大衛的化學講座。聽完了講座，法拉第鼓足勇氣，把自己的心得筆記寄給了這位大科學家。令法拉第感到意外的是，寄出自己心得還

沒有幾天，大衛就邀請他參加一個講座。在大衛的指引鼓勵下，法拉第做了許多出色的實驗工作。後來，法拉第還被引薦為皇家學院教授，這在當時的科學領域中不得不稱之為一種奇蹟。

「世界上沒有免費的午餐。」「天上掉烏紗帽，還得伸頭去接。」不主動，即使伯樂就在身邊，也不可能引起他的注意，獲得他的賞識，得到他的幫助。記住：伯樂是爭取到的，而且，只有主動爭取到的伯樂，才更相信你的才華，心甘情願幫助你。

賓士工業公司發展歷程中的重要領導人之一，尤爾根·施倫普，1989年4月被正式任命為該公司的董事，參與了此後賓士公司的每一個重大決定。他的成功源於個人努力，但也不能忽視「伯樂」的相助，更離不開他為爭取到「伯樂」相助而做出的努力。

小時候，施倫普只有自然科學的成績比較好。中學還沒有畢業，他就輟學去當了一名學徒工。後來施倫普被弗萊堡的賓士子公司老闆卡爾弗里德·諾德曼發現了，讓他進入賓士子公司。這不能不稱為他人生的轉捩點。

進入賓士子公司後，施倫普清楚地認識到，在德國賓士公司的總部和本國子公司，像他這樣的人短時期內是很難做出大貢獻的，進入公司的高層更加困難。因此，他三番幾次地向公司提出，要去國外的分部工作。

恰逢總公司計畫著拓展國外市場的開發能力，於是就把施倫普派到了南非。

隨著國際社會對實施種族隔離政策的南非政府施加越來越大的壓力，南非當局不得不在1980年被迫推進發動機國產化的進程。南非賓士子公司的前身——聯合汽車和柴油機銷售公司，和許多在南非投資的外國汽車公司一樣，面臨著這樣一個選擇：不在當地新建一處發動機廠，就得參加亞特蘭提斯柴油機公司的招標。

時勢造英雄，這樣特殊的背景，給了施倫普施展才華的好機會。施倫普仔細權衡各種情況後，主動出擊，及時向他的上級彙報自己的看法，提出自己

的主張。這是他進入賓士公司第一次與總部設在海外投資的董事——林內博士談話，但此次談話就給這位董事留下了深刻的印象，更為他今後的成功奠定了基礎。

林內博士十分賞識他，主動向他諮詢當時的解決方法，施倫普藉機提出了一項建設性意見，他認為南非子公司可以批量生產總公司新開發的昂貴發動機——6缸V型發動機。施倫普陳述了不少充足的理由，使林內博士挺感興趣。林內博士很快就向德國有關專家諮詢這個項目的前景，不久就表示要實施這一專案。最終賓士子公司參加了南非發動機項目的投標，並以絕對優勢打敗了強大的美國對手一舉得標。

施倫普在1980年7月的一次公司董事會榮任負責技術事宜的董事一職。1982年9月，他暫別聯合汽車和柴油機銷售公司、赴美國克利夫蘭就任賓士子公司奧克里德股份有限公司董事長一職。這段經歷，為他日後的工作積累了經驗，為日後的前進打下堅實的基礎。

施倫普鑑於奧克里德公司瀕於癱瘓，以最好的價格成功將其出售。贏得了從賓士總部到南非子公司的賞識，尤其是董事長布萊特斯威特的首次肯定。

1984年4月施倫普因工作需要，返回南非的賓士子公司。1985年，施倫普在林內博士的推薦下，被任命為南非賓士子公司的董事長兼總經理，迎來了他職業生涯中的輝煌年代。

1987年9月，施倫普被再次提升任命為總公司副董事長，回到德國總部。1989年4月，他被任命為公司董事長，自此，施倫普就成為賓士公司重要的決策人物。

施倫普順利地實現了他當初立下的「進入公司領導層」的目標，在他的奮鬥歷程中，林內博士是他的伯樂。但與許多人不同的是，「伯樂」是他主動出擊去爭取的。若他當初不採取「送貨上門」的做法，怎麼會擁有他如今所擁有的一切？

具有新時代氣息的伯樂識馬，千里馬都具有了主動的特點。因為，即使才能再出眾都要有肯定並指引你的伯樂出現，你才可以展示自己的才華，為社會做出自己最大的貢獻。新時代的伯樂同樣具有不可估量的巨大意義，只是千里馬更加進步了，懂得走到伯樂的面前，含有一定的「毛遂自薦」的意味，少了一份苦苦期待，增加一些自信的色彩。所以，行動起來吧，去尋找屬於自己登高的梯子——通向成功的橋樑——幫助自己的那位貴人！

卦三十六・明夷

以糊塗示人，用「無為」達到「無不為」

象曰：明入地中，明夷；君子以蒞眾，用晦而明。

這一卦，上卦「坤」是地，下卦「離」是明，光明進入地中，因而光明受到創傷。太陽普照萬物；但光芒過度強烈，則萬物逃避，當巨細得不到遮蔽時，反而受到傷害，就與寬容的德性違背。君子應當領悟這一意義，面臨群眾時，就要隱藏智慧，以平易的態度接近，才會被接納，從而真正瞭解群眾的需要。這就是利用昏暗，反而看得明顯的道理。

《老子》中說：「其政察察，其民缺缺。」政治上的措施，也是如此，如果明察秋毫，巨細靡遺，表面上好像嚴密，實際上，卻因法令過度繁瑣苛細，反而使民性變成澆薄。古代帝王戴的冠，前面有珠簾，遮住視線，兩邊有棉球，塞住耳朵，就是警惕帝王，不可過於耳聰目明。

《明夷》卦中的意思是：光明入於地下，象徵著「光明被阻」。君子要能夠遵循這個道理裝裝糊塗，即有意不表露自己的才能和智慧，以糊塗示人，反而能達到別人意想不到的結果，這和老子「無為而治」的管理思想非常接近。

糊塗人的經營哲學

日本有一家奇士達公司，其經營理念是：吃虧是佔便宜。對於以利益為目標的企業來說，這種經營理念，實在是令人難以置信。

競爭對企業來說，是絕對目標，可是這家公司，卻像是出來行善般地經營，不免令人懷疑：公司開得下去嗎？會有利潤嗎？

實際上，奇士達公司卻快速地成長，成為年營業額2000億日圓的績優公司。那個吃虧就是佔便宜的經營理念，成了公司的發展商機。

企業最怕賠錢，吃虧的生意是不做的，而奇士達公司將這些沒人願意做的生意承接下來，反而因為沒了競爭對手，生意自然大好。社長鈴木清一先生的苦心經營，為社會提供了物品，也為自己帶來了財富。許多公司不願虧損，而奇士達卻因為做虧損的生意，而帶來商機。

中國古代東海地方有個姓錢的老翁，他發家後要在城裡買一處房產。有人對他說：「某處有所房子，已議好了七百兩銀子的價碼，很快就售出了，您抓緊時機去把它買下來吧。」錢翁看了房子，決定出一千兩銀子與房主成交。

錢家的人都不理解，說：「已議好價為七百兩銀子，驟然增加三百兩，這值得嗎？」錢翁笑道：「裡面自有道理。我們原是小戶人家，房主避開眾多的買主而售給我們，不多付些錢，會使其他買主有怨言。況且房主也會覺得不合算。而現在我以一千兩銀子買下價值七百兩銀子的房子，既堵住了其他買主的口，使他們覺得無利可圖，又使房主感到不吃虧。從此以後，這房產就可以作為我們錢家的產業而永無後患了。」

錢翁買了這處房產一年後，市場整體房價上漲了一倍有餘，其他的房子買主都因為賣主覺得價虧而事後要補貼，或又轉手再賣，造成了很多糾紛。唯有錢家房子住得十分安穩。

這個故事中，錢翁多用三百兩銀子買下房產的安定。從表面上看，錢翁

是吃虧了，但正是由於吃了這個虧才避免了事態向不利的方向發展。正所謂吃虧是福。如今學習錢翁也很有現實意義。

長春就有一家遠近聞名的「糊塗樓酒家」，它獨具匠心，選擇的地點不是經營酒店的「風水寶地」，而是在巷內的住宅區。雖沒有大量流動人口，卻有眾多的回頭客，且這裡的店鋪租金相對要便宜得多，從而酒家整體成本降低很多。「糊塗樓」的經營高招是別出心裁的：免費為每位客人贈送一碗「糊塗粥」。這碗以玉米麵為主，用十幾種配料做成的「糊塗粥」，成本也不菲。「糊塗樓」還為送客上門的司機送上酬金，感謝他們把顧客送到酒店。一位經常載客人到酒店的計程車司機說：「錢不在多少，這份人情讓人難忘。」

據稱，從1995年2月至11月，該酒店就為計程車司機支付了20000元的酬金。「糊塗樓」酒店的火紅生意，正應了一句古訓：「好酒不怕巷子深」。有知情者評說：「糊裡糊塗」送粥送錢的酒店看似糊塗，其實聰明得很。

俗話說：「好漢不吃眼前虧。」在我們許多人的眼裡，把「吃虧」看作是蠢人的行為，其實很多時候，我們的判斷都是錯誤的，一些「虧」只不過是事情的表象而已。

糊塗的人不做糊塗事

智者說：吃虧是福。因為吃虧你就成了施者，朋友則成了受者，表面看來，是你吃了虧，他得了益，然而，朋友卻欠了你一個人情，在友誼、情感的天平上，你已加多了一個籌碼，這是比金錢、比財富更值得你珍視的東西。吃虧，會讓你在朋友眼裡變得豁達、寬厚，讓你獲得更深的友情。這當然會使朋友更心甘情願幫助你，為你做事。

與朋友相處不要怕吃虧，尤其是當朋友有困難的時候更應如此。不管是大虧，還是小虧，只要對朋友關係有幫助的，你都要盡可能地接受，不能皺眉。沒有幾人會不知道「紅頂」商人胡雪巖，他的發跡史實際上就是一個善於做人，善於吃虧的經歷。

胡雪巖本是江浙杭州的小商人，他不但善經營，也會做人，常給周圍的人一些小恩小惠。但小打小鬧不能使他滿意，他一直想成就大事業。他想，在中國，一貫重農抑商，單靠純粹經商是不大可能出人頭地的。大商人呂不韋另闢蹊徑，從商改為從政，名利雙收，所以，胡雪巖也想走這條路子。

　　王有齡是杭州一介小官，想往上爬，又苦於沒有錢作敲門磚。胡與他也稍有往來，隨著交往進一步加深，兩人發現他們有共同的目的，只是殊途同歸。王有齡對胡說：「雪巖兄，我並非無門路，只是手頭無錢，十謁朱門九不開。」胡雪巖說：「我願傾家蕩產，助你一臂之力。」王有齡說：「我富貴了，絕不會忘記胡兄。」

　　胡雪巖變賣了家產，籌措了幾千兩銀子，送給王有齡。王去京師求官後，胡雪巖仍操舊業，對別人的譏笑從不放在心上。

　　幾年後，王有齡身著巡撫的官服登門拜訪胡雪巖，問胡有何要求，胡說：「祝賀你福星高照，我並無困難。」王是個講交情的人，他利用職務之便，令軍需官到胡的店中購物，胡的生意越來越好、越做越大。他與王的關係也更加密切。

　　正是憑著這種功夫，胡雪巖使自己吉星高照，後來被左宗棠舉薦為二品官，成為大清朝唯一的「紅頂商人」。

　　以吃虧來交友，以吃虧來得利，是一種比較高明和有遠見的辦事技巧。當然，吃虧也必須講究方式和技巧。虧，要吃在明處，至少，你該讓對方意識到。

　　行事不必太精明，生活中處處精明就會很累，把自己看得笨拙些，做一些「很難得」的傻事，主動地展示了糊塗做人、豁達辦事的實用方法。這樣一定會在競爭日益激烈的現代社會中幫你立足和在發展中助你一臂之力。

卦三十七 · 家人

要以孝悌的道德，保持家庭的和睦

象曰：家人，女正位乎內，男正位乎外，男女正，天地之大義也。家人有嚴君焉，父母之謂也。父父、子子、兄兄、弟弟、夫夫、婦婦，而家道正；正家而天下定矣。

一家人，女在內，地位正，男在外，地位也正，男女在家庭內外，各有正當的地位，這是天地間的大道理。家庭中有嚴厲的君主，就是父母。一家人，父母、子女、兄弟、夫妻各盡各人應盡的本分，則家庭的倫理道德，就納入正規；所有的家庭，都走入正規，則天下就安定了。

儒家，以孝悌為一切道德的根本，而骨肉親情，確實是人類所共有，最親切最實在的情感。所以，如果能以孝悌的道德，端正每一個家庭，延伸到國家、天下，必然也端正了。因而，家庭規範的延伸，即可成為政治規範。《論語·為政篇》中，有人問孔子：「先生為什麼不從政呢？」他回答說：《尚書》中不是說孝順嗎？孝順父母的人，必然能友愛兄弟。使這一道理，實行於每一家庭中，使其端正，就是從政，又何必一定要做官，才說是從政呢？」不過，孝悌出自骨肉親情，要使其成為規範，必然就得相當嚴格。所以說：家庭中有嚴厲的君主，那就是父母。

《家人》卦講的是治家之道：要想保持家庭的和睦，首先要以孝悌的道德，端正家庭。

　　繼承和發展《家人》卦的基本思想，中國儒家認為孝悌是一切道德的根本。這一思想在世界範圍內都產生了廣泛的影響。

　　孝是一切道德的出發點，儒家把孝悌忠信作為做人的基本準則，孝是放在第一位的，古代有「百善孝為先」一說，這是中華民族在世界各民族中頗有特色的道德標準。在現代社會，雖然家庭倫理關係和道德標準發生了較大變化，但孝敬父母仍然是我們必須信守的道德。

　　所謂孝，就是善事父母。因為孝順父母，自己就要「修身」，修身做到了，才能「齊家」，也就是建立一個溫馨、和諧的家，使父母歡心，老有所養。家庭是社會的細胞，家族親情，會形成社會尊老愛幼的良好風尚。崇孝的人必能堂堂正正做人，有利於國家。

　　孝是一種為人所極力宣揚的行為美德。《孝經》中說：孝子之事親也，居則致其敬，養則致其樂，病則致其憂，喪則致其哀，祭則致其嚴，五者備矣，然後能事親。王祥即是嚴格按照《孝經》五個方面的規定去對待自己的母親的。臥冰求鯉，只因繼母想要吃鯉魚。

家和萬事興

　　家庭和睦是事業成功的重要保證，古今中外有很多例證可以說明這點。

　　在「唐宋八大家」中，蘇洵和蘇軾、蘇轍父子就佔了三大家。蘇家之所以能獲如此高的榮譽，跟有良好的家教和融洽的家庭氛圍是分不開的。蘇家三代的主人都很親和，這對其家庭成員的成長產生了良好的影響。

　　蘇洵年齡很大才決定去求學，因妻子程氏賢淑，為其操持家計，他從無後顧之憂，所以能專心致志遊學四方，因而文才大進，終於有成。作為父母，蘇洵和程氏對蘇軾、蘇轍兄弟教育有方，尤其重視道德教育。父母的仁慈博愛思想對其兄弟也有影響。蘇家有五畝園林，蘇洵夫婦很注意愛護鳥雀，不

許童僕傷害，故百鳥前來築巢林上。父母對兒子教育的重視和對鳥雀的仁愛，對蘇軾、蘇轍兄弟忠誠仁厚性格的形成是很有關係的。

蘇洵博學善文，融百家之說自成一家，他是蜀學派的創建者。蘇軾兄弟為宋賦鼻祖，是蜀學的中堅。

蘇軾為文有其特色，正如他所說：作文如行雲流水，初無定質，但常行於所當行，止於所不可不止。蘇轍幼時也受教於其兄蘇軾，因蘇軾學先成，蘇洵命轍向兄學習。父子三人即是父子之間、兄弟之間的關係也是師徒關係，故彼此感情甚篤。後來父子三人一舉成名，都是父教子，兄教弟的結果。

宋仁宗嘉祐元年三月，蘇洵率領蘇軾、蘇轍兄弟赴京秋試，蘇軾、蘇轍兄弟同時中進士。當時北宋文章宗師歐陽修見蘇轍文，不勝佩服地稱讚說：「吾當避此人出一頭地。」宋仁宗初讀軾、轍制策，也高興地說：「朕今日為子孫得兩宰相矣。」神宗為太子時特別喜歡讀蘇軾文章，有一次在宮中，讀文章忘記了吃飯，連稱天下竟有如此奇才。蘇洵雖不中，但文名也在京大揚，歐陽修得讀其所著書二十二篇，大為讚賞，公卿大夫因之爭相傳閱，一時學者競效其文。

蘇軾、蘇轍兄弟既有相同的政治理想和生活志趣，又有不同的仕途遭遇，因而在得意時互相勉勵，失意時彼此關懷和勸慰。又因志趣相同、情深似海，當兩人入仕後各自東西，常為離別而悲感交集。他倆闊別七年後在徐州再會，宿於逍遙堂，所以蘇轍寫的《水調歌頭》說：「離別一何久，七度過中秋。」可是，在徐州相會四個月左右又要離別，蘇轍感到無限悲愁：「今夜清樽對客，明夜孤帆水驛，依舊照離憂。」轍為不能實現與兄相聚之約而感到無限悲傷。蘇軾也是：「恨此生，長向別離中，凋華髮。」在幾十年的宦海浮沉中，他經常是「憶弟淚如雲不散，望鄉心與雁南飛。」為解離別愁，兄弟倆只能以互相唱和為慰藉。蘇軾曾對弟蘇轍說：「吾從天下士，莫如與子歡。」可見兄弟手足情之深。

蘇軾對妻子也同樣情深。他的家庭生活幾經周折，幾度悲哀。十九歲娶

王弗為妻，王弗二十七歲在京師病逝。十年後他寫的《江城子》一詞仍深切懷念他這位「敏而靜」的賢內助：「十年生死兩茫茫，不思量，自難忘。」他在夢中見她：「相顧無言，唯有淚千行。」後來他娶王弗堂妹王閏之為妻，她也是一位賢淑的女性，追隨蘇軾宦海浮沉，四處奔波，歷盡苦難，兩人相愛相伴二十五年後，閏之於四十六歲時也病逝於京師，這對於蘇軾又是一次莫大的打擊。蘇軾在其《祭亡妻同安郡君文》中，表示對她無限愛情：「已矣奈何，淚盡目乾。」後他納一妾朝雲，在他寫有關朝雲的詩詞中，反映他對她無限熱愛，而她隨他貶謫惠州時也死了，蘇軾悲痛不已，這時他已是六十歲的老人了。

蘇軾有三子，即蘇邁、蘇迨、蘇過，在蘇軾教誨下，都善為文。蘇軾下半生都處於謫居之中，其幼子蘇過始終追隨，尤其在最後一次被貶時，妻子也已經去世，幸有蘇過隨侍，蘇軾才不至於孤獨。當他這個謫官被召回時，途經常州病逝，蘇過葬父於汝州郟城小峨眉山後，便安家於潁昌。蘇過因隨侍父親，經常得到教誨，故道德文章大進。他著有《斜川集》二十卷，其《思子台賦》、《颶風賦》早行於世。時稱蘇軾為「大坡」；故稱蘇過為「小坡」；其叔蘇轍常讚蘇過孝順，以訓宗族，說：「吾兄遠居海上，唯成就此兒能文也。」

百善孝為先

在中國，「孝」有著獨特的含義，不孝的人是不會受到社會認可的。

杜環，明初官吏，金陵人。好學工書，深受朱元璋賞識。

杜環的父親杜一元有位朋友，是兵部主事常允恭。允恭在九江死後，家境開始衰敗。允恭的母親張氏，年已六十多歲，在九江城下傷心地痛哭，哀嘆自己沒有奉養的地方。

有認識常允恭的人，可憐張氏年老，告訴她說：「現在的安慶太守譚敬先不是允恭的朋友嗎？為什麼不去投奔他？他見了您老人家，念及與允恭舊

有的交情，一定不會丟開您老人家不管的。」

老夫人處境非常窘迫，想到允恭曾經在金陵做過官，親戚好友或許還有人在，也許能有點希望。於是她跟隨別人到了金陵，詢問了一兩個人，卻連一個熟人都沒有找到。

老夫人沒有辦法，只好打聽杜一元家在什麼地方，她想，杜一元或許沒有什麼意外吧。一個老道人回答他說：「杜一元已經死了很久了，只有他的兒子杜環還在，他的家位於鷺州坊中，門口有兩棵枯樹可以辨認。」

張氏穿著破舊的衣服，冒雨走到杜環家。此時杜環正陪著客人，見到常母這副樣子非常驚訝，覺得自己好像曾經見過她的面。因此試著問道：「您老人家不是常老夫人嗎？為什麼竟到這種地步？」

常母把過去的遭遇哭著告訴他，杜環也流下了眼淚。

杜環扶著老夫人坐下，對老夫人行了晚輩之禮，又呼喚妻子和孩子出來行禮。

杜環的妻子馬氏為常母換下濕衣服，又脫下自己的衣服給常母穿，捧著粥讓常母吃，抱來被子讓常母歇息。

常母問起平素較為親近的，情誼深厚的老朋友和她的小兒子常伯章的下落，杜環知道老朋友沒有存在的了，不能託付；又不知道常伯章的死活。只好婉轉地安慰她說：「天正下雨，等雨停了我再替您老人家打聽一下他們的近況。假若沒有人侍奉您老人家，我家即使再窮也要奉養您老人家。況且我父親和常老伯親如兄弟，現在您老人家貧困窘迫，不必到別人家去。您既然投奔到我們家來，這也是兩位老人在天之靈把您引來的，希望您老人家不要有其他想法了。」

當時正值戰後，年收成不好，一般人家親生骨肉之間都不能保全。常母見杜環家也不富足，雨停後堅持要出去，尋找其他朋友。杜環只好派一丫鬟跟著她同行。

到了天黑，常母果然沒有再遇到熟人，只好返回來，安心住下來。

杜環買了布料，讓妻子替常母縫製衣服被褥。

杜環家裡的人都像對待母親一樣地侍奉她。常母性情急躁，稍有不滿就容易生氣。杜環私下告誡家裡人，要順從她的心願，不要因為她處境艱難就輕視怠慢她，不要跟她計較。

常母患老年疾病，杜環親自替她煎藥，送飯菜。也因為常母的緣故，一家人都不敢大聲說話。

過了十年，杜環做了太常寺的贊禮郎，奉皇帝的詔令，到會稽舉行祭祀。返回時，路過嘉興，正遇上張氏的小兒子常柏章。杜環悲傷地告訴他說：「您的母親住在我家，日夜想念您，都想病了，您能不能早點去見見她。」

常伯章好像沒聽到這回事似的，只說：「我也知道這情況，只是因道遠不能去罷了。」

杜環回到家，又過了半年，常伯章才來。

這一天，正是杜環的生日，常母看到自己的小兒子，互相攙扶著放聲大哭。杜環家裡的人認為這樣做不吉利，欲制止他們。

杜環說：「這是人之常情有什麼不吉利呢。」

過了些日子，常伯章看到母親年老，怕自己不能走，竟然謊稱要辦其他事情，不辭而別，再也沒有回來看望母親。

杜環侍奉常母更加慎重小心。然而，常母越來越思念兒子伯章，病情越來越重，過了三年，就年老壽終。快要斷氣時，常母指著杜環說：「我勞累你了，我勞累你了。祝願你的子孫都像你這樣忠厚善良。」說完就斷了氣，杜環備辦了棺材和套棺隆重地安葬了她，每年還按時節去墓前進行祭祀。

替別人盡孝，代別人為父母養老送終，看似小事，卻是積了大德。所以，在我們中國一直認為「百善孝為先」。

卦三十八‧睽

顧全大局，對別人的言行抱持寬容的態度

初九：悔亡，喪馬勿逐，自復；見惡人無咎。

象曰：見惡人，以辟咎也。

「辟」即避。「初」與「四」應當相應，但「初九」「九四」都是陽爻，卻不能相互應援，應當會發生後悔的結果。不過，在背離的情況下，應當相合的卻背離，應當背離的反而相合。所以，應當相互排斥的「初九」與「九四」，反而相互應援，使想像中的後悔，消除於無形；就像喪失的馬，不必去追逐，自己就會回來。「初九」認為沒有應援，不可能上升，但意外的得到「九四」的應援，不必焦急，有了上升的機會。所以，人情反覆無常，為了避免災禍，有時不屑理會的惡人，也不得不交往。亦即，人事難以意料，寬大包容，在危難中，才會有意外的應援到來，即或是惡人，也不可以完全排斥，適度的交往，反而可以避禍。如《論語‧陽貨篇》中，孔子去回拜魯國的佞臣陽貨，就是這個道理。

這一爻，說明異中有同，就是正邪之間，也不例外。

《睽》卦揭示的是比睽力合的道理，說明事物處於水火不容、南轅北轍的背離之時，也終有可合、可同之處，要因勢利導，善於做其轉化工作。

《睽》卦的各爻分別指出了基本的轉化辦法：一是順其自然，「會自復」；二「見惡人」，說明道理‧採取化解的辦法；三是「交孚」、「噬膚」，與人交往要有誠意，要深交：四是不要疑心太重，捕風捉影；五是要借助客觀條件；六是委屈求合，「遇主於巷」也是可以的。這些都適用於處理「小事」，如我們今天所說的「內部矛盾」。在與別人發生矛盾的時候，要顧全大局，對他人抱寬容的態度。

開誠佈公回應抨擊

以誠感人要求誠與情密切配合。要使人動情，喚起人們的真情。

美國前總統尼克森在*1952*年嚴重受挫，後來，他作了一次震撼美國的演說，以真誠和樸實重又贏得了人心。

當他正為競選總統四處奔走時，突然《紐約時報》上登出抨擊他在競選中秘密受賄的文章。

為此，尼克森被迫在電視臺發表了半小時的談話。

下午六時半，當尼克森在電視螢幕上出現時，整個美國都安靜下來了。

他採取了一個在政治史上罕見的行動，把自己的財務全部公開，從自己的家產，一直談到他的欠債。

緊接著，尼克森話鋒一轉，詳細說明自己的經濟收入情況，連如何花掉每一分錢都告訴聽眾——從操心孩子矯正牙齒到改裝鍋爐等款項。

尼克森還告訴觀眾，這次競選提名之後，確實收到一件禮物，那就是「德克薩斯州有人送給我孩子一隻小狗」。

當尼克森講完，走出廣播間時，到處都響徹歡呼聲。有*100*萬人打電話、電報或寄出信件給他，幾乎每個著名的共和黨人都給他發了讚揚的函電。從郵局匯來的小額捐款達六萬美元。全國觀看這次談話的達六千萬人。

尼克森的這次談話，不僅澄清了事實，還得到了大批同情者。

僅僅經過一次電視演說，就使尼克森贏得了千百萬同情者，使之從被抨

擊的窘迫中解脫出來，這完全歸功於他在演說中表現出來的真誠。是「誠」這個打動人心的妙法征服了觀眾。

對別人的嘲笑一笑置之

絕大多數人都喜歡嘲笑別人，而不願意被別人嘲笑。在別人處於尷尬境況時，你如果能藉由讓自己出醜的方式減少對方的難堪，他一定對你非常感激。

曾任美國總統的福特在大學裡是一名橄欖球運動員，所以他在62歲入主白宮時，他的體型仍然非常挺拔結實。毫無疑問，他是自羅斯福總統之後體格最為健壯的一位。當了總統以後，他仍繼續滑雪、打高爾夫球和網球。而且擅長這幾項運動。

1975年5月，他到奧地利訪問，當飛機抵達薩爾茲堡，他走下舷梯時，他的皮鞋碰到一個隆起的地方，腳一滑就跌倒在跑道上。他跳了起來，沒有受傷，但令他驚訝的是，記者們竟把他這次跌跤當成一項大新聞，大肆渲染起來。在同一天，他又在麗希丹宮被雨淋了的長梯上滑腳兩次，險些跌下來。隨即一個傳聞散播開了：福特總統笨手笨腳，行動不靈敏。

自薩爾茲堡以後，福特每次跌跤或者撞傷頭部或者跌倒在雪地上，記者們總是添油加醋地把消息向世界報導。後來，竟然反過來，他不跌跤也變成新聞了。哥倫比亞廣播公司曾這樣報導說：一直在等待著總統撞傷頭部，或者扭傷脛骨，或者受點輕傷之類狀況的來吸引讀者。記者們如此這般的渲染似乎想給人形成一種印象：福特總統是個行動笨拙的人。電視節目主持人還在電視中和福特總統開玩笑。喜劇演員切維·蔡斯甚至在「星期六現場直播」節目裡模仿總統滑倒和跌跤的動作。

福特的新聞秘書朗·聶森對此提出抗議。他對記者們說：「總統是健康而且靈活的，他可以說是我們能記得的總統中身體最為健壯的一位。」

「我是一個活動家，」福特抗議道，「活動家比任何人都容易跌跤。」

但他對別人的嘲笑總是一笑置之。1976年3月，他在華盛頓廣播電視記者協會年會上和切維‧蔡斯同台表演。節目開始，蔡斯先出場。當樂隊奏起「向總統致敬」的樂曲時，他絆了一下，跌倒在歌舞廳的地板上，從一端滑到另一端，頭部撞到講臺上。此時，每個到場的人都捧腹大笑，福特也跟著笑了。

當輪到福特出場時，他站了起來，服裝被餐桌布纏住了，弄得碟子和銀餐具紛紛落地，他裝出要把演講稿放在樂隊指揮臺上，可一不留神，稿紙掉了，撒得滿地都是。眾人哄堂大笑，他卻滿不在乎的說道：「蔡斯先生，你是一個非常、非常滑稽的演員。」

以寬容的態度感動對手

不要為某人的某一句話就火冒三丈，發誓「要讓他知道我的厲害」。這樣只能使自己身陷泥淖。寬容於人於己，都有利。

維吉尼亞殖民地議會選舉在亞歷山大里亞舉行。喬治‧華盛頓上校作為這裡的駐軍司令官參加了選舉活動。選舉結果有兩個人得票最多，其中一個是喬治‧華盛頓推薦的，且大多數人都支持華盛頓推舉的候選人，但有一名叫威廉‧賓的堅決反對。為此，他和華盛頓發生了激烈的爭吵。爭吵中，華盛頓失言說了一句冒犯他的話，威廉‧賓聞言頓時怒不可遏，一拳就把華盛頓打倒在地。

擁護華盛頓的人以及華盛頓的朋友們見狀圍了上來，高聲叫喊著要揍威廉‧賓。駐守在亞歷山大里亞的華盛頓部下聽說自己的司令官被辱，馬上帶槍衝了過來，氣氛十分緊張。

此時，只要華盛頓一聲令下，威廉‧賓就會被搗成肉泥。然而，華盛頓卻相當冷靜，他只淡淡地說了一句：「這不關你們的事。」就這樣，事態才沒有擴大。

第二天，華盛頓給威廉‧賓寫了一封短信約他到當地的一家小酒店。威廉‧賓以為華盛頓一定是約他決鬥，於是毫不畏懼地拿了一把手槍，隻身前

往。

　　一路上，威廉·賓都在想如何對付身為上校的華盛頓。但當他到達那家小酒店時，他見了華盛頓一張真誠的笑臉和一桌豐盛的酒菜。「威廉先生，」華盛頓熱情地說，「犯錯誤乃人之常情，糾正錯誤則是件光榮的事。我相信昨天是我不對，你在某種程度上也得到了滿足。如果你認為到此可以和解的話，那麼請握住我的手，讓我們交個朋友吧。」

　　威廉·賓被華盛頓的寬容感動了，忙把手伸給華盛頓：「華盛頓先生，也請你原諒我昨天的魯莽與無禮。」

　　從此以後，威廉·賓成為華盛頓堅決的擁護者。

　　由上面的事實可見，寬容在競爭中爭取別人的擁護產生很大的作用。

卦三十九 · 蹇

借助外力讓別人幫你度過難關

上六：往蹇來碩，吉；利見大人。

象曰：往蹇來碩，志在內也。利見大人，以從貴也。

「上六」是這一卦的終極，要前進也沒有地方可去，徒然自尋煩惱，所以艱難。但回頭遷就「九五」，共挽時艱，就會有豐碩的成就。到此處艱難已經過去了，所以才說吉祥。偉大的人物，指「九五」；要遇到這樣剛健中正的人物，才有利。

《象傳》說：這是「上九」的意向，傾向下方的「九五」，追隨在君位高貴的「九五」，才會吉祥有利。

這一爻，說明克服困難，應當與賢能結合。

《蹇》卦，闡釋處困境的原則。乖離，必然遭遇困難，面對困境，應當用柔，不宜用剛；應當積極謀求對策，不可退縮；應當反省，堅持正義不要進入「岔道」；應當充分瞭解狀況，而且量力，不能輕率冒險。一旦陷入危險，就唯有奮不顧身的彼此相救才能脫險。明知有困難，冒險僥倖前進，莫如退守自保，先求安全，再尋出路。必須冒險犯難時，也應當結合同伴，增強力量。尤其堅持正義，得道多助，才能感召同伴，應當結合賢能，追隨賢能，才能轉

危為安。

合作具有無限的潛力，因為它集結的是大家的智慧和力量；競爭的所得是有限的，因為它激發的是個人或少數人的智慧和力量。

每個人的能力都有限度，但是，善於與別人合作的人，能夠借助別人的力量，彌補自己能力的不足，達到自己原本達不到的目的。

有一幅漫畫很有趣：一個地方著火了，瘸子跑得慢，很難逃出去；瞎子看不見路，急得在火堆裡打轉。眼看兩個人都得葬身火海。要想兩人都能活怎麼辦？瞎子背上瘸子，由瘸子指路，瞎子來跑，互相幫助，兩人都平安脫險。每個人都有各自的短處和長處。這件事，對你來說很難，對別人卻很容易；在那件事上，別人做很難，你做卻很容易。互相幫助，就能突破雙方的局限性，從而使大家都受益。

在生活中，大家也許會有這樣的體會：當你獨自研究一個問題時，可能需要思考十次，而這十次思考幾乎都是沿著同一思維模式進行。如果集體進行研究，從他人的發言中，也許一次就可以完成一個人十次才能完成的思考，並且，他人的想法還會使自己產生新的聯想。

一加一大於二是個富有哲理的不等式，它表明集體的力量並不等於個人力量的累加之和。所以，在商界中擁有借錢的能力，可以說是經營者的一項重要才能。如果能將借錢的能力與運用資金的能力互相配合，必將成為商界的成功人士。

美國具有商人之神稱謂的約翰·華納卡並非出生於顯赫之家，他沒有良好的學校教育，但是，他後來成了美國的百貨鉅子，甚至被列入名人傳記中。他14歲到書店當學徒，然後一邊從事推銷工作，一邊積累資金，獨資經營一家店鋪，最終被尊為美國商業界的權威。他的成功之道，可以用一個程式說明——

生意的成功＝他人的頭腦＋他人的金錢

這個程式是約翰·華納卡從豐富的實際經驗中總結出的。

這個程式的意思是：使成功由希望變為現實的途徑就是，適時借用他人的智慧、技術和金錢來為自己的利益服務，創造自己的價值。需要特別注意的是，華納卡是一位名副其實的成功企業家，可以自由支配的個人資金有上億美元，其總結的成功方程式，竟然也沒有去掉借他人力量，可見，「借」的重要。

　　美國第一旅遊公司副董事長尤伯羅斯，在任第23屆洛杉磯奧運會組委會主席時，就是靠著非凡的「借術」為奧運會贏利1‧5億美元。

　　當今最熱鬧的體育盛會——奧運會，卻擁有窮得叮噹響的歷史。1972年在聯邦德國慕尼黑舉行的第20屆奧運會所欠下的債務，久久不能還清。1976年第21屆加拿大蒙特利婁奧運會，虧損10億美元。第22屆奧運會是1980年在莫斯科舉行的，耗資90多億美元，虧損更是空前巨大。從1898年奧運會創始以來，奧運會幾乎變成了一個沉重的包袱，無論是誰背上它都難以避免巨大的債務，這幾乎是不可更改的狀況。在這種情況下，洛杉磯市卻聲稱將在不以任何名義徵稅的情況下舉辦奧運會。當尤伯羅斯任組委會主席後再次明確提出，政府不提供任何財政資助、不掏一分錢的洛杉磯奧運會，將是有史以來財政上最成功的一次。

　　沒有資金怎麼辦？很容易，那就是借！在美國這個商業高度發達的國家，沒有企業不想藉奧運會這個機會來做一下宣傳，以擴大企業的知名度和增加產品銷售，尤伯羅斯清楚地意識到了奧運會本身所具有的商業價值十分可觀，抓住了不少大公司想藉贊助奧運會，提高自己知名度的心理，確定了經費的重要來源，就是這些私營企業的贊助。他親自參加每一項贊助合同的談判，運用自己卓越的推銷才能，挑起同業之間的競爭以獲取廠商贊助。面對所有贊助者，尤伯羅斯並沒有認為自己是個受惠者，因而完全沒有那種唯唯諾諾的感覺，反而對他們要求很高。如，贊助者必須要達到組委會關於贊助的長期性和完整性標準；贊助者不得在比賽場內、包括空中做商業廣告；贊助的數量最低限額為500萬美元；本屆奧運會正式贊助單位僅有30家，每一

行業選擇一家；贊助者可取得本屆奧運會某項商品的專賣權。這看似一步險棋，卻實在有效。他料定，提出的條件越是嚴格，就越能激起贊助者的興趣，於是，各大公司拚命抬高自己贊助額的報價。僅憑此妙計，尤伯羅斯就籌集了3·85億美元的鉅款，是傳統做法的幾百倍。

出售電視的轉播權是贊助費中數額最大的交易。美國三大電視網為爭奪獨家播映權展開了激烈競爭，在競爭中，美國廣播公司以2·8億美元的高價爭得了轉播權，使得本屆奧運會總投入三分之一以上的經費得以落實。此外，尤伯羅斯以7000萬美元的價格把奧運會的廣播權分別賣給了歐洲和澳大利亞等。

通常龐大的奧運會，所需服務人員的費用是一筆不小的開銷。尤伯羅斯卻突發奇想到無償服務，成功地「借」來三、四萬名志願服務人員為奧運會服務，一份廉價的速食加幾張免費門票，就是這些志願者十分滿意的回報。

奧運火炬在希臘的奧林匹亞村點燃，空運到紐約，再繞行美國的32個州和哥倫比亞特區，途經41個大城市和1000個鎮，全程1·5萬公里，以接力形式，最後到洛杉磯，在開幕式上點燃。在此之前，火炬傳遞都是由社會名人和傑出運動員獨攬，已成為一種固定模式，火炬傳遞目的就是吸引更多的人士參與奧運會，可是許多國家花了鉅資也吃力不討好。尤伯羅斯意識到這是一個賺錢的好機會。於是，以往只有名人才能擁有的這份權利、這份殊榮，一般人如今也可以爭取——交納3000美金就可以獲得舉火炬跑1公里的資格。人們認為這是一次難得的機會，在當地跑1公里，有眾多的親朋、同事、鄰里觀看，鼓掌、喝采，這是種莫大的榮譽，因而紛紛排隊交錢。僅這一項就籌集了4500萬美元。

另外，在門票的售出方式上，尤伯羅斯也對它有所改變，提前一年將門票售出，由此獲得豐厚的利潤。尤伯羅斯成功的經營，扭轉了以往奧運負債的局面。該屆奧運會總收入6·19億美元，總支出為4·69億美元，淨贏利為1·5億美元。收入結果公佈，一下子轟動了全世界。這是奧運會歷史性的改

變。

　　中國人在自給自足的傳統中生活得太久了，使得他們不屑於向人借錢，認為借錢就會比別人矮了幾分，或怕因借錢而欠人情，總是認為自力更生才是最好的。這種觀念在現代市場經濟中，已嚴重的束縛著大多數中國人的創富夢想。「利用別人的資金來為自己謀利益」已經逐漸成為現代經營活動的一條重要法則。也是人們實現創業，通向成功，獲得財富的重要途徑之一。

卦四十‧解

謙遜辭讓，寬容別人的過錯

象曰：雷雨作，解；君子以赦過宥罪。

「過」是沒有故意的過失，「宥」是寬恕、減輕的意思。雷雨發生，大自然的閉塞現象解除。君子應當效法這一精神，赦免不是故意犯過的人，寬恕故意犯罪的人。《後漢書‧陳寵傳》中說：「到除夕，如果死刑還沒有執行完畢，春天已經到來，就要延遲到第二年的冬天再執行。」亦即人的行為，必須與大自然相應。

《解》卦中的意思是：春雷陣陣，春雨瀟瀟，萬物舒展生長之表象，充分顯示了《解》卦所蘊含的解除危難的含義，因此，君子也應該勇於赦免那些有罪過的人，使他們在寬容的環境下，得到解脫和新生。

容忍別人的缺點和不足

很多人最常犯的錯誤就是苛求完美，其實，世界上沒有十全十美的事，人也一樣，所以，只有懂得容忍別人的缺點和不足，才能增添自己的人格魅力。

小劉向來對自己要求很苛刻，也同樣苛刻地要求周圍的同事和朋友。

其實，他很聰明。對人很熱情，又極其熱愛交際，可以說，他根本無法忍受沒有朋友的那種孤獨和寂寞。然而，他又不允許別人身上存在缺點和毛病，甚至不允許存在與他不同的個性和為人處事的方法。一些朋友為能和他保持友誼，只好時時刻刻壓抑著自己，可是，壓抑自己是一種非常痛苦的事情，誰也不能堅持長久。

於是，他一邊熱情地結交著新朋友，一邊在挑剔中失去老朋友。久而久之，他連一位朋友也沒有了。

還有這樣一位男士，無論儀表、舉止言談、家庭條件還是工作、事業，在女士心目中都是非常優秀，甚至可以說是非常可親可愛的。可是，在婚姻問題上，他從來就沒成功過。

第一位妻子，因為懶惰被他「逐」出家門；第二位妻子，因為過於自私、貪圖小便宜，也被他「逐」出家門；第三位妻子，因為過於奢侈和遊樂又被他「逐」出了家門，好心朋友為他做媒，他接近的第四位女士卻說：「這人有病。」連他家的門也不進。

有這樣一位年輕人，大學畢業後在鄉下的一所高中當老師。他是一位非常懂得交朋友的人。

有位嗜酒如命，有酒必喝，酒後必醉，醉後因為失控，常常鬧得人家整夜難安的人。因為這個缺點，很多以前的朋友每遇之如見蛇蠍，避之唯恐不及。只有這位老師，每次都能奉陪到底，並且盡力制止他酒後一切不合理的行為，還把他安全送回家中。

在老師的朋友中，有個人性格極其暴躁。語言極其刁鑽刻薄，常常在朋友相聚時，不知誰一句不經意的話，就會惹他大發雷霆，甚至掀翻桌子、摔碎茶杯；或者突然說出幾句刁鑽刻薄的語言，讓某人丟盡顏面，無地自容。後來，很多朋友都對他敬而遠之。只有這位老師依然和他保持著良好的友誼。

有些人對他很不理解，背後也常有微詞，甚至有人說：「能和那種人是好朋友，你身上也一定有那種人的個性因素。」但不管別人怎樣理解，他總

是說：「每個人都有自己的個性，每個人身上都有別人不喜歡的東西，但我們能成為朋友，那是因為我們身上都有彼此喜歡的東西。何不多容忍一點！容忍我們所不喜歡的，珍惜我們喜歡的……」

就因為他的容忍，他身邊的朋友才會越來越多。每當社會上有什麼新機會，每當他個人有什麼重大舉動，這些朋友都會積極圍攏來。有錢的出錢，有力的出力，有智謀的出謀劃策。有社會活動能力的也不甘落後，以至於他的人生之路走得一帆風順，他的生活是那樣五光十色。

寬容冒犯自己的人

「我從未遇見過一個我不喜歡的人。」威爾·羅吉斯說，這位幽默大師能說出這句話，大概是因為不喜歡他的人絕無僅有，羅吉斯年輕時做過這樣一件事，可為佐證。

1898年冬天，羅吉斯繼承了一個牧場。一天，他養的一頭牛因衝破附近農家的籬笆去吃嫩玉米，被農夫殺死了。按照牧場規矩，農夫應該通知羅吉斯並說明原因。但是農夫沒這樣做。羅吉斯知道了這件事後非常生氣，便叫一名傭工陪他騎馬去和農夫理論。

他們在半路上遇到寒流，人身、馬身都掛滿冰霜，兩人差點凍僵，抵達木屋的時候，農夫不在家，農夫的妻子熱情地邀請他們兩人進去取暖，等待她丈夫回來。羅吉斯烤火時，發現了女人消瘦憔悴的樣子，還發現了躲在桌椅後窺視他的5個瘦弱的孩子。

農夫回來了，妻子告訴他羅吉斯和傭工是冒著狂風嚴寒來的。羅吉斯剛要開口說明來意，農夫便和他們握手，留他們吃晚飯，「兩位只好吃些豆子。」他抱歉地說，「剛剛在宰牛，忽然起了風，沒能宰成。」盛情難卻，兩人便留下了。

吃飯的時候。傭工一直等待羅吉斯開口講殺牛的事，但是羅吉斯只跟這家人說說笑笑，看著孩子們因為聽說從明天起幾個星期都有牛肉吃，高興得

眼睛發亮的樣子。

　　飯後，寒風仍在怒吼，主人夫婦一定要兩位客人住下。兩人於是又在那裡過夜。

　　第二天早上，羅吉斯和傭工喝過了黑咖啡。吃過了熱豆子和麵包，肚子飽飽地上路了。羅吉土對此行的來意依舊閉口不提。傭工就問他：「我以為你為一頭牛而來懲罰他呢。」

　　羅吉斯半晌不作聲，然後回答：「我本來有這個念頭，但是後來盤算了一下。你知道嗎，我實際上並未白白損失一頭牛，我換到了人情味。世界上的牛有千萬，人情味卻少得可憐。」

　　一個人冒犯你或許會有某種值得同情的原因。羅吉斯面對善良的農夫和他的妻子，徹底原諒了他們。在牛與人情味之間，羅吉斯更珍視後者。

卦四十一・損

杜絕欲望，培養品德，學會低調做人

象曰：山下有澤，損；君子以懲忿窒欲。

損卦的上卦「艮」是山，下卦「兌」是澤，減損澤中的土，以增益山，所以山高澤低。君子應當效法這一精神，對自己的忿怒，應當自我懲戒，對自己的貪欲，必須自行扼殺，以減損人欲，增益天理。

《損》卦中的意思是：山下有湖澤，湖澤漸深而高山愈來愈高，象徵著減損。君子應該根據這個道理來平息憤怒，杜絕欲望，不斷培養高尚的品德。其中，最重要的一點就是克服虛榮心，學會低調做人。

《老子》中說：損之又損，一直到無所作為。亦即，應當將有為、聰明、欲望減損，恢復到無為無欲的自然狀態，這是老子的哲學思想。但在處世哲學方面，由《易經》的「謙」「損」「艮」「節」各卦中，就可以發現，老子與孔子的思想是一致的。

當今社會，有些人總喜歡追著時尚跑，非要當時尚的急先鋒，專門買那些剛剛上市的高新技術產品，從手機到電腦，從電視到DVD，擁有了這些時尚的產品，的確會在它們剛剛出現的時候讓一些追逐時尚的虛榮者嘖嘖稱讚：「看人家，都在看3D電視了，多神氣！」

這些人有著相同的表情和動作神態，喝著千篇一律的卡布奇諾和冰水，到千篇一律的星巴克，吃一樣的哈根達斯，家裡擺著一樣的宜家傢俱，櫃裡放著一樣的村上春樹的作品。他們購物的宗旨就是：只買最貴的，不買最好的。為什麼？不為別的，就為追求時尚，追求時尚和格調就是他們的目標。他們簡單而錯誤地把時尚理解成穿著、愛好的品味和室內裝潢等表面的東西，其實這不叫時尚，只是時髦。時尚必須具有獨立思考和個性生活這兩大要件，而時髦只不過是物欲和世俗的同義語。

追求時髦必須擁有足夠的金錢，對時髦的追求說白了已經成為對金錢的追求了。當莎拉·布萊曼推出專輯《月光女神》的時候，社會上早已有了一批「月光」女神。她們不是不食人間煙火的月亮仙子，而是月月花光薪水的時髦女郎。她們往往上午向朋友借錢準備晚上的生日宴會，下午就把借來的錢換成了時裝；到了晚上，又搭車去向另一個朋友借錢，然後，讓計程車司機載著她急急奔向五星級大飯店……

而「飄一代」更是追求時髦的急先鋒，他們有份不錯的工作，有錢，還很任性，高興了就會跑到非洲逛一逛，不高興了就去歐洲散散心，而且哪裡偏僻、荒涼就在哪裡紮帳篷。簡單概括起來，他們就是喜歡花錢買罪受，他們崇尚的是「今天花明天的錢」。

蘇珊是一名在校大學生，她看見時裝就想買，根本不顧及自己的經濟承受力。她第一次在信用卡上簽完名後，得到了一件漂亮的晚禮服；第二次簽名後，她又擁有了、款式樣新穎的牛仔服……一年後，她已經在16張信用卡上簽了字，總計消費高達2萬美元。

這些追求時髦的人幾乎都是伴隨著債務過日子的，他們對自己的財務管理缺乏長遠考慮，並且只顧自己享樂，絲毫不為別人著想。他們的口號就是：不懂得花錢的人就不曉得賺錢，不懂得享受的人就不懂得生活！可是，等到他們發現錢的真正用途時，已經太遲了。他們貪圖一時的安逸享樂，花天酒地，揮霍無度，不得不提前去支取存款，提前領取薪資，拆東牆補西牆，寅吃

卯糧，結果，必然是債臺高築，嚴重影響了自己的行動自由和人格獨立。

其實，時尚不等於消費，時尚不等於流行。如果一個人總是在欲望的世界裡生活追求，那麼，他離奴隸狀況也就只有一步之遙了。他將不再是自己的主人，而是時時處於淪為別人奴隸的危險之中，欠了別人的錢，就必須接受別人為他開具的各種條件。生活中，他多少會有些奴顏婢膝，因為，他不敢勇敢地面對現實，一旦身處逆境，他要嘛靠別人的施捨、恩典度日，要嘛，靠給貧民的救濟生存。

在任何時期，對任何人來說，生活簡樸節儉都是必不可少的。節儉意味著為了將來的利益得到保障，要懂得放棄生活中不切實際的盲目欲望，不受眼前的物質誘惑，注意生活的節儉。節儉是自助的最好展現。節儉完全不同於吝嗇，因為，正是由於節儉才能使一個人在幫助弱者時表現得慷慨大方。不把金錢作為崇拜的偶像，而只是把它當作一種有用之物。

有一次，世界首富比爾·蓋茲和一位朋友開車去希爾頓飯店，到了飯店前，兩人發現停了很多車，車位很難找，而旁邊的貴賓車位還空著不少、朋友建議把車停在那兒。

「哦，那要花12美元，可不是個好價錢。」比爾·蓋茲說。

「我來付。」朋友堅持說。

「這可不是個好主意，他們超值收費。」在比爾·蓋茲的堅持下，他們最終還是找了個普通車位。比爾·蓋茲最討厭物不等值，對應花的錢，他從不小氣，看看他這些年為慈善機構捐款的數字就知道了。

一個世界首富尚能如此「小氣」，我們這些靠薪水過日子的人，是否能夠從比爾·蓋茲身上學點什麼？

每個人都應該正當賺錢，量入為出，按照自己的收入過日子，這樣才沒有債務的壓力，才能活得坦然而舒適。

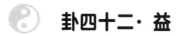

卦四十二· 益

暫時的損失是為了能夠繼續得到增益

彖曰：益，損上益下，民說無疆，自上下下，其道大光。利有攸往，中正有慶。利涉大川，木道乃行。益動而巽，日進無疆。天施地生，其益無方。凡益之道，與時偕行。

益卦是減損上方，增益下方，使人民無窮的快樂；由上而下，使人民受益，使其道義大放光明。前進有利；由於「六二」與「九五」都中正，所以吉慶。有利涉過大河；因為上卦「巽」是木與風。下卦「震」是動，木在水上漂浮，被風吹動，象徵木製的船，發揮了功用。又內卦「震」是動，外卦「巽」是順，順從道理而行動，必然每天都有增益，一直到無窮。否卦的上卦「乾」是天，下卦「坤」是地，這是天施予地一個陽，地為天生一個陰，使萬物無限增益的形象。大凡使他人增益的道理，時間因素非常重要，應當隨時機進行。

《益》卦是講減損上位者之有餘，以增益在下者之不足，故稱「損上益下」。這樣做下民都很歡喜，故稱「民說無疆」。由於「損有餘以益不足」而達到了適當的均衡，贏得民心，這就給社會穩定和政權的鞏固帶來了光明，故稱之為「其道大光」。由此可見，適當作些經濟上的讓步看來似乎是損失，而這種損失卻是為了能夠繼續得到增益。

當直路不好走時，不妨繞繞彎道

稻盛和松風工業公司的一名職員共同創建京都窯業公司。他們拼命工作，努力奔走行銷公司的產品；積極說服各廠商試用。但是，當時美製品佔有大半的日本市場，大的電器公司只信任美國的製品，根本不採用日本廠商自己生產的東西。稻盛心想，既然日本市場猶如銅牆鐵壁般難以打入，不如將新產品先打入國外，然後再輸入到日本，以奇招制勝。這一招就是使美國的電機工廠使用京都公司的產品，然後再輸入到日本，以引起日本廠商的注意，屆時再來日本市場就容易多了。

1962年，京都窯業公司的稻盛和夫隻身前往美國。此行的目的，稻盛和夫並不是要開拓美國市場，而是想用聲東擊西謀略將本公司的產品打進日本本土。

美國廠商不同於日本，他們不拘泥於傳統，不管賣方是誰，只要產品精良，經得起他們的測試，就可以採用。這給稻盛帶來了一線希望。

儘管如此，想在美國行銷產品也不是一件容易的喜。稻盛在美國將近一個月的時間裡，推銷行動全部都吃了閉門羹。稻盛遭受到這樣的失敗後，曾經下決心再也不踏上美國的土地。但是回國後，發現除了這個招數，實在沒有別的辦法，他只好又返回美國。

皇天不負苦心人。稻盛從西海岸到東海岸，一家一家地拜訪，終於在拜訪數十家電機、電子製造廠商以後，碰到德克薩斯州路緬公司。該公司為了生產阿波羅火箭的電阻器，正在找尋耐度高的材料，經過非常嚴格的測試後，京都公司的產品終於擊敗了西德與美國許多有名的大工廠的製品而獲得採用。

稻田和夫的成功證明了他「聲東擊西」的行銷戰略的正確性，並為公司的發展創造了一個新的轉捩點。京都公司的製品獲得路緬公司的好評被採用後，許多美國的大廠商也陸續與他們接觸，終於使稻盛如願以償，將產品輸

出到美國，使其成為美國產品後再運回日本。京都公司就這樣在美國打響了名號，從而獲得日本廠商的依賴。

以小代價換取大利益

松下電器公司與飛利浦公司的這場交易，松下幸之助先生在做出了妥協和讓步後，接受了飛利浦公司的巨額的專利轉讓費和不公正的違約和處罰條款。但松下幸之助先生的讓步，最終換回的是公司發展的強大助推力——飛利浦公司世界稱雄的技術實力，使松下公司最終發展成為世界著名的電子工業公司。

一個人的智力是有限的，因而要借助於他人的意見參考；一個企業的技術也是有限的，因而要借助於吸收其他企業的先進技術和成果。松下幸之助將此比喻為「借腦生財」。

1952年日本松下電器公司與荷蘭飛利浦公司就有關技術合作問題進行商務談判。飛利浦公司提出技術使用費的提成率為銷售額的7%，松下幸之助先生經過艱苦的坑爭，把提成率壓低到4‧5%，但飛利浦公司又提出新的要求作為提成率優惠的條件：專利轉讓費定為55萬美元，並且必須一次付清。

當時松下電器公司的資本總額不過5億日圓，而55萬美元就相當於2億日圓！這筆技術轉讓費對松下公司來說的確是一個相當沉重的負擔。對方的要求、條件能否接受呢？妥協和退讓值不值得呢？松下幸之助感到極度的猶豫。合約文本是由飛利浦公司擬就的，其中的違約和處罰條款的訂立也都有利於飛利浦公司。松下幸之助在形勢對己不利的情況下考慮到了「假人之手，從中漁利」的策略：如果做些妥協、退讓，接受對方的條件和要求，付出這筆錢，對松下公司的發展，對日本電子工業的發展都是有利的，因為接受了條件和要求，就可以利用對方的技術專利，為自己生財，這就是所謂的「借腦生財」。

松下幸之助為了保證技術合作專案的效益穩定，又對飛利浦公司做了深

入細密的調查研究。透過調查中,他發現飛利浦公司擁有一個30名研究人員的研究所。他們設備先進,人員精良,每天都在進行著世界最新技術和最新產品的開發研究。松下幸之助暗自思忖:如果創造一個同樣規模、同等水準的研究所,要花上幾十億日圓和幾年的時間,而現在,以2億日圓為代價,便可以充分利用飛利浦公司研究所的人員和設備,可以達到「假人之手,從中漁利」的效果,何樂而不為呢?於是,松下幸之助先生毅然和飛利浦公司簽訂了合作合同。從此,飛利浦公司派出了技術骨幹前去赴任,他們把技術、知識和管理經驗傳授給了松下公司。在雙方合作期間,松下公司輕易迅速地獲得了飛利浦公司最新的技術。雙方的合作,為松下電器公司發展為馳名全日本乃至全世界的公司打下了堅實的基礎。

如果交易者在商務會談中能夠靈活巧妙地運用「借腦生財」的技巧,將會較順利地實現交易目標。運用這種技巧,可以透過放棄一些眼前微小的利益,以換取長遠宏大的利益。要明白,這個技巧的關鍵是為了從中獲取更大的利益而甘願放棄一些利益,從而獲得可以利用「別人之腦」的條件,而且因為它的表象是放棄了一些利益,因而終於打破僵局,使企業重現生機。

卦四十三・夬

向下層民眾廣施恩德，積極地奉獻社會

象曰：澤上於天，夬。君子以施祿及下，居德則忌。

　　夬（**夬**）卦的上卦「兌」是澤，下卦「乾」是天，澤中的水蒸發，升到天上，當成為雨時下降。君子應當效法這一精神，將恩澤施予在下的人民。但不可因此就以為有了恩德，因為一切的恩澤，都來自天賜，並非個人力量所能及。

　　《夬》卦下乾上兌，乾為天，兌為澤，卦象是澤水已漲到了天上，堤防潰決滔滔下瀉而摧毀一切。君子觀此象，則當知利祿不可多得，滿招損，謙受益，要儘快向下施予。積德則不然，多多益善，利祿向下施予，看來是有所損失，其實是受益。

　　《夬》卦中的意思是說：澤在天上，這是湖水蒸發上天，即將化為雨傾注而下之表象，以此象徵決斷，君子從中得以啟迪：應該向下層民眾廣施恩德，否則高高在上就會遭到忌恨。對於普通人來說，則是要積極地奉獻社會。

　　島村芳雄生於日本一個貧困的鄉村，年輕時背井離鄉到東京謀生，在一家材料店當店員，每月薪金只有1.8萬日圓，還要養活母親和三個弟妹，因此

時常囊空如洗。

　　島村想自立門戶創業，但資金問題一直困擾著他。於是，他選定一家銀行作為目標，一次又一次地提出貸款申請，希望銀行能夠大發善心。這個過程前後經過3個月，到了第69次時，對方終於被他那百折不撓的精神所感動，答應貸給他100萬日元，當親朋好友知道他獲得銀行貸款時，也紛紛向他施以援手。這樣，島村又借到了100萬日圓。於是辭去店員的工作，成立丸芳商會，開始了販賣繩索的業務。

　　為了打開市場，島村想出了「先予後取」的方法：

　　首先，他往麻產地岡山以0.5日圓的價錢大量買進45公分長的麻繩，然後按原價賣給東京一帶的紙袋廠。他這樣做，不但無利，反而損失了若干運費和業務費。

　　虧本生意做了一年之後，「島村的繩索確實便宜」的名聲遠播，訂貨單從各地像雪片一樣飛來。

　　於是，島村按部就班地採取行動。他拿進貨單據到訂貨客戶處訴苦：「到現在為止，我是一毛錢也沒賺你的。如果讓我繼續為你們這麼服務的話，我便只有破產一條路可走了。」客戶為他的誠實做法深受感動，心甘情願地把每條麻繩的訂貨價格提高為0.55日圓。

　　然後，他又到岡山找麻繩廠商量：「您賣給我一條繩索0.5日圓，我是一直照原價賣給別人的，因此才得到現在這麼多的訂單，如果這種無利賠本的生意繼續做下去的話，我只有關門倒閉了。」

　　岡山的廠商一看他開給客戶的收據存根，也都大吃一驚，這樣甘願不賺錢做生意的人，他們生平頭一次遇見，於是不假思索，一口答應將單價降到每條0.45日圓。

　　這樣，一條繩索可賺0.10日圓，按當時他每天的交貨量1000萬條算，一天的利潤就有100萬日圓。

　　可見，適當適時的放棄可以帶來更多的收穫。但是，也有一些人，在關

鍵時刻就往往前怕狼後怕虎，由於捨不得放棄而最終換來更大失敗。

拿破崙在滑鐵盧大戰中，大雨造成的泥濘道路使炮兵移動不便。拿破崙不甘心放棄最拿手的炮兵，而如果延遲時間，對方增援部隊有可能先於自己的援軍趕到，那樣的話，後果將不堪設想。然而，在躊躇之間，幾個小時過去了，對方援軍趕到。結果，戰場形勢迅速扭轉，拿破崙遭到了慘痛的失敗，並且從此一蹶不振。

拿破崙的這次失敗經歷證明：在人生緊要處，在決定前途和命運的關鍵時刻，我們不能猶豫不決徘徊徬徨，而必須明於決斷，敢於放棄。卓越的軍事家總是在最重要的主戰場上集中優勢兵力，全力以赴去爭取勝利，而甘願在不重要的戰場上做些讓步和犧牲，坦然接受次要戰場上的損失和恥辱。

同樣，在人生的戰場，我們必須善於放棄，而傾注自己的時間和精力於主戰場上，不必計較次要戰場的得失與榮辱。「魚」與「熊掌」同等重要，往往是不可兼得的。在只取一件時，必然要放棄另一件。

不要怕選擇錯誤，因為錯誤常常是正確的先導，它會教我們逐漸學會放棄。

其實，在人生之中，我們必須學會放棄，不能為了一棵樹而放棄整個森林，這也許便是另一種珍惜。未來是不可知的，而對眼前的這一切，我們還來得及把握，我們還可以在無限中珍惜這些有限的事物！

人生，也就是在這種放棄與珍惜之中得到昇華的。

在人生的一些關口，我們的生命中會長出一些雜草，侵蝕我們美麗豐富的人生花園，破壞我們幸福家園的田地。我們要學會對這些雜草剷除和放棄。放棄不適合自己的職業，放棄異化扭曲自己的職位，放棄暴露你的弱點缺陷的環境和工作，放棄實權虛名，放棄人事的紛爭，放棄變了味的友誼，放棄失敗的戀愛，放棄破裂的婚姻，放棄沒有意義的交際應酬，放棄壞的情緒，放棄偏見惡習，放棄不必要的忙碌壓力……

只有放棄我們人生田地和花園裡的這些雜草害蟲，我們才有機會，和真

正有益於自己的人和事親近，才會獲得適合自己的東西。我們才能在人生的土地上播下良種，致力於有價值的耕種，最終收穫豐碩的果實，在人生的花園採摘到美麗的花朵。

　　放棄得當，是對圍剿自己藩籬的一次突圍；是對消耗你的精力的事件的有力回擊；是對浪費你生命敵人的掃射；是你在更大範圍去發展生存的前提。

卦四十四・姤

尋找能與自己融洽相處的伴侶

彖曰：姤，遇也，柔遇剛也。勿用取女，不可與長也。天地相遇，品物咸章也。剛遇中正，天下大行也。姤之時義大矣哉！

姤（**姤**），是相遇的意思，一個柔爻遇到五剛爻。不可以娶為妻子；是說不能長相廝守。而且以卦形來說，也是陰柔侵入陽剛的形象。不過，邂逅也不一定都惡劣，天與地相遇，各種類的物，才明顯的出現；剛遇到中正的柔，剛柔相濟，相輔相成，就能使其抱負大行於天下。這樣，邂逅的時間意義，就太偉大了。

《姤》卦講述的是邂逅、相遇。《易經》用這一卦講述了樹立正確的戀愛觀的必要性，並提出了要努力去找到最適合自己的伴侶。必須指出的是，主張尋找「最適合自己的伴侶」並不是要我們去尋找最好的，而是最能夠融洽相處的，和能夠促進彼此成長的。在擇偶的時候，自然不能夠馬馬虎虎，隨隨便便；但是也絕不能走向另一個極端，追求不切實際的十全十美。

戀愛中的兩個人，天各一方，相隔千里，時空阻隔了戀人的音容笑貌，很久很久他們都不能相見，其痛苦程度可想而知。古代就有無數首表達思婦之痛苦幽怨的詩詞歌賦，如李商隱的《無題》：「相見時難別亦難，東風無力

百花殘……」如李清照的詞《一剪梅》傾訴其思念丈夫趙明誠之苦楚:「……花自飄零水自流,一種相思兩處閒愁。此情無計可消除,才下眉頭卻上心頭。」思君之情「才下眉頭卻上心頭」,那種牽腸掛肚、愁思萬縷的情緒,揮之不去,斬之復來,真可謂「抽刀斷水水更流,舉杯消愁愁更愁」。異地相思給一對戀人帶來的痛苦感受不言而喻。

古人因交通過於閉塞,因而思婦之怨綿延不斷。現代社會交通設施高度發達,無線電通訊工具的普及大大擴展了人與人之間的交流管道。異地相愛的情侶理應不存在相思之苦了吧。

現代網路的發達,使許多人透過聊天來結交朋友,並期待能在網路中尋找到浪漫而完美的愛情。網友地域的廣泛性,使異地戀情的可能性大大增加。而空間的阻隔給愛情帶來的壓力,也同樣使許多情侶面臨著嚴峻的考驗,這份感情該何去何從?捨棄,還是堅守?首先盡量不要選擇這樣的戀情。網上戀情,本來就帶有一定的虛幻性和不實際性,異地網戀,更經不起現實的重重考驗。但如果你找到一個真正適合你的戀人,你們能經受考驗走到一起,擁有甜蜜無比的愛情,那是最好不過的了。但畢竟擁有這份幸運的朋友還是少數。

其次,如果你現在已經在戀愛,且你的戀人就在異地,你要努力創造條件使你們能夠聚在一起。也許大家會指責這話說得太絕對,但現實畢竟是殘酷的,在我們身邊,因為兩人長久分離而最終分手的例子比比皆是。相思給人帶來的煎熬是無法想像的。

當然,不可否認堅貞不渝的愛情最終是經得起時間考驗的,但如果有可能,我們為什麼不選擇能讓自己更加幸福的戀愛方式呢?

「愛我的人為我付出一切,我卻為我愛的人流淚狂亂心碎,愛與被愛同樣受罪,為什麼不懂拒絕癡情的包圍。」(引自歌手游鴻明〈愛我的人和我愛的人〉)正如歌聲中所表達的困惑一樣,找個愛我的人還是我愛的人,是許多正處於愛情糾葛中的人感到困惑的問題,而那些還沒有進入戀愛狀態的人,似

乎也不能給出一個較為圓滿的答案。

　　還是讓我們從《亂世佳人》中的美麗女主角郝思嘉充滿傳奇和浪漫色彩的愛情中尋找一些答案吧。郝思嘉少女時代就狂熱地愛上了近鄰的一位青年加西亞，每當遇到加西亞，郝思嘉就恨不得把自己全部的熱情都傾注在他身上，然而他卻渾然不覺。在郝思嘉向加西亞表達她的愛戀之情時，被另一個青年白瑞德發現，從此白瑞德對郝思嘉產生了好感。加西亞沒有領會郝思嘉的真情，和他的表妹梅蘭結婚了，郝思嘉陷入深深的痛苦之中，然而對加西亞的愛戀依然絲毫沒有減弱。後來二次大戰爆發了，白瑞德幹起了運送軍用物資的生意，並藉此多次接觸郝思嘉，他非常欣賞郝思嘉獨立、堅強的個性和美麗、高貴的氣質，並狂熱地追求她，引導郝思嘉衝破傳統習俗的束縛，激發出她靈魂中的真實、叛逆，讓她開始勇敢追求真正的幸福。郝思嘉最終經不起他強烈的愛情攻勢，他們結婚了。然而郝思嘉卻始終放不下對加西亞的感情，儘管白瑞德十分愛她，她卻始終感覺不到幸福，一直不肯對白瑞德付出真愛，以致他們的感情生活出現深深的裂痕。後來，他們最愛的小女兒不幸夭折，白瑞德悲痛萬分，對郝思嘉的感情也失去信心，最終離開了她。白瑞德的離去使郝思嘉終於意識到自己的真愛其實就是他，然而一切已悔之晚矣。郝思嘉被一個並不愛她的男人蒙蔽了發現真愛的雙眼，一生都在追求一種虛無飄渺的感覺，追求一種並不存在的所謂的愛情，當真正的愛情一直追隨自己時，她卻屢屢忽略。白瑞德選擇了一個不愛自己的女人，也因此付出了大量的青春和感情，最終使自己傷痕累累。他們倆的選擇都是錯誤的，因為他們都選擇了不愛自己的人，致使自己的感情白白付出，最終釀成了悲劇。

　　讀完這個故事，我們都應該掩卷沉思，從中得到啟發，以避免類似的悲劇再在我們身上發生。真正長久並能給人帶來幸福的愛情，應該是兩情相悅的，是愛情雙方互相認同和吸引的，是雙方共同努力營造的。所謂「一個巴掌拍不響」，單靠一個人的努力，另外一方無所回應，愛情的嫩苗不可能茁壯成長，愛情的花朵也不可能結出豐碩的果實。因此，我們在尋找愛情時，一定要

找一個既愛自己又被自己深深愛著的人，找一個與自己的道德觀念、人生理想、信仰追求相似的人。儘管這樣的愛情得來不易，適合自己的伴侶遲遲沒有出現，我們也應對真愛抱有堅定而執著的信念，做到「寧缺勿濫」，因為不適合自己的「愛情」不僅不能給自己帶來幸福，還會浪費自己的青春和感情，給自己的心靈造成傷害，使我們喪失對真愛的感悟力，使傷痕累累的我們沒有信心再去嘗試真正的愛情，從而錯過人生中的最愛，這豈不是人生最大的悲哀嗎？

卦四十五‧萃

在生活中要廣結人緣積厚人脈

上六：齎咨涕洟，無咎。

象曰：齎咨涕洟，未安上也。

「齎咨」（齎咨），是悲傷的怨聲；「涕」是流眼淚，「洟」是流鼻涕。「上六」已是萃卦的終結，柔弱又沒有地位，想要使群眾聚集，也沒有人追隨，因而悲傷，嘆息涕泣。《象傳》說：這是因為高高在上，孤立無援，以致不能心安。然而，在悲痛中應當反省，為什麼會孤立無援，才不會發生災咎；否則，怎麼會不發生災難呢？

這一爻，說明在被群眾遺棄時，應當反省，不可怨天尤人。

萃卦，闡釋群體的結合法則。相遇而志同道合，相聚結合成群體，力量集中，就能為共同福祉積極作為，富足強大，安和樂利，開創光明。但動機必須純正，否則成為暴力。手段必須中庸，柔和適度，才能保持和諧。必須有英明的領袖，才能意志集中，步調一致，有效發揮群體力量，為全民造福。正當的結合，不必遲疑，堅定意志，必然排除障礙；達到結合的目的。結合應以誠信為本，才能互助合作，精誠團結。不正當的結合，必然被唾棄，只有與不得志的同伴結合，前途才有光明。不正當的結合，也唯有一切作為的最後結果，

能夠至善，才不會有凶險，身為領袖，應當剛毅中正，至善堅貞，以德服人，才能使人心悅誠服，孤高必然失去群眾，應當警惕與反省。

《萃》卦，闡釋群體的結合原則。相遇而志同道合，相聚結合成群體，力量集中，就容易創出大事業。這啟示我們，在生活中要努力建立起強大的關係網。

很多人崇尚個性和獨立，認為與他人的關係如何無關緊要。但是，無論從哪個角度看，人與人之間的關係都是決定成功與否的重要因素，拋開這一點，單純強調個體的力量只能讓你處處碰壁。

人際資源是一種潛在的財富，表面上看來，它不能使人們直接獲得財富，但它卻是人一生中最寶貴的財富。如果沒有它，你就很難聚斂財富。即使你擁有很紮實的專業知識，而且是個彬彬有禮的君子，還具有雄辯的口才，卻不一定能夠成功地促成一次商談。但如果有一位關鍵人物協助你，為你鋪平道路，相信你的出擊一定會馬到成功，百發百中！

人際資源越豐富，賺錢的門路也就更多；你的人緣越好，你的錢就來得越快、越多。這已經是不爭的事實！

當你想要開創自己的事業時，必須具備哪些條件呢？

首先便是資金。而資金在銀行裡。

技術呢？這也不用擔心，你可以用錢買別人的技術專利或和其他公司進行技術合作也是可行的。

所以，事業開展最重要的因素，而且經常是成功與否的關鍵之一，便是人緣。

人緣、技術、資金這三大條件的核心就是「人緣」。如果你有足夠豐富的人緣資源，那麼，資金和技術問題就能迎刃而解了。所以「人緣」是擔負起你事業走向成功的關鍵。

如果你正在開創自己事業，你一定會有一種感慨：「如果我有足夠多的人緣，就一定能讓自己的事業更加順利地獲得成功」「如果和那位關鍵人物

能夠牽扯上關係，事業做起來可以更方便。」因為，只要我們和那些關鍵人物有一定交情，當有事情想要去拜託他或是與其商量討論時，總是能夠得到很好的回應。

這種與關鍵人物取得聯繫的有利條件，就是「人緣力量」。事實上，人緣資源越寬廣，做起事來就越方便。每個業務人士都希望那些有影響力的大人物能夠助己一臂之力，使他們在事業的發展上，能夠少遇些障礙。

在某一家公司，一個部門的正副經理都是博士畢業生，年齡相仿，經歷差不多，都可謂極富才華。不同的是，一位經理為人和善，善於和員工交流。在日常工作中，對下屬恩威並施，分寸得當；在業務上嚴格要求，從不放鬆，但偶爾出了什麼差錯，他卻總能為下屬著想，為下屬擔擔子；出差回來，總是不忘帶點小禮物、小玩意，給每一個下屬一份愛心。因此，與公司的許多員工建立了良好的關係。而另一位經理對下屬嚴厲有餘，溫情不足，有時甚至很不通情達理，缺少人情味。

例如一位平時從不誤事的下屬因為父親急病而遲到了5分鐘，這位經理還是對他進行了嚴厲的批評，並處以罰款，因而得罪了不少員工。不久，公司內部人事調整，前一位經理不但工作頗有業績，而且在其他員工中口碑甚佳，更符合一個高層管理者的素質要求，被提拔為公司副總經理。而另一位經理儘管工作表現也很不錯，但由於得罪的員工太多了，結果管理者認為他有失人情味的管理方式不利於留住人才，於是取消了原打算提攜他的計畫。

可見，「小角色」的力量匯在了一起，足以推翻任何一個「大角色」。所以，你不要輕易得罪「小角色」，不要與人發生正面衝突，以免留下後患，要學會與「小角色」合作，展現個人的魅力。不要用實用主義的觀點去處理「小角色」的關係，不要平時怠慢人家，等到你需要他們合作的時候才去動員他們。應記住：你平時花在他人身上的精力、時間都是具有長遠效益和潛在作用的。

可見，搭建豐富有效的人際資源是我們到達成功彼岸的不二法門，是一

筆看不見的無形資產！

　　所以，你在公司工作最大的收穫不只是你賺了多少錢，積累了多少經驗，而更重要的是你認識了多少人，結交了多少朋友，積累了多少人際資源。這種人際資源不僅對你在公司工作時有所幫助，即使你以後離開了這家公司，還會產生無窮的作用，成為你創業的重要的資產。擁有它之後，你知道你在創業過程中一旦遇到什麼困難，你該向誰求助。

　　所以，一個人一生中最大的收穫不是薪資、獎金分紅以及職務的升遷，而是你積累起來的人際資源，這比什麼都更重要，它是你終身受用的無形資產和潛在財富！

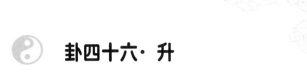

卦四十六‧升

做好日常工作，為不斷升職做準備

象曰：地中生木，升；君子以順德，積小以高大。

這一卦，上卦「坤」是地，下卦「巽」是木，地裡生出樹木，不斷的長大升高。樹木時時刻刻都在生長，如果停止生長，就枯死；君子也應當效法這一精神，謹慎自己的德性。不斷進修，由小處著手，累積成高大。

《周易》強調，升遷之道在於「順勢」、「順性」，如《象》卦云：「君子以順德，積小以高大。」這啟示我們，要想晉升，就要從平時做起。

晉升競爭之前確定晉升目標是必不可少的，目標是晉升獲取成功的一個重要因素。在確定晉升目標前，首先要對自己有一個清醒的認知。一個人能否取得事業上的成功，關鍵在於是否能準確認清並充分發揮自身的優勢，也就是在考慮晉升之前，要充分考慮到自身的特點，即自己的性格、興趣和特長。還要充分考慮到環境因素對自己的影響。並分析自我、瞭解自己、分析環境、瞭解職場，使自己的性格、興趣、特長與自己的職業相吻合。清晰了自身的優勢，就要樹立明確的職業發展目標。在確定自己的職業發展目標時，可以考慮一下：自己想往哪方面發展？能往哪方面發展？可以往哪方面發展？

但是，聰明的員工為了贏得自己的晉升機會，知道自己應該做好哪些工

作，具體來說有以下幾方面：

1.承擔更多責任

大部分公司在正式給員工晉升之前會對其能力進行全面的考察，而其中的一個考察方式就是在不變動該員工現有職位和薪酬的前提下給予與新職位相關的更多的工作職責。

有的人在這種時候過於急躁，向公司提出各種待遇和職位上的要求，這樣做的結果是讓公司將他排除在晉升人選之外。因此，在職業發展方面切忌過於急躁，必須有充足的耐心，關注工作職責所能夠帶來的職業發展機會，而非著眼眼前利益。根據自己所確定的職業發展目標主動尋求更大、更多的工作職責，將會為自己的職業發展爭取到更好的機會。一些人經常抱怨、指責、推卸責任，這不但使自己失去改進自身的機會，同時也讓周邊的人感到失望，以致不願與其合作。

*Jasica*擔任某公司的人事經理。一上任，她就遇到了棘手的事：因公司的經理們剛搬到幾公里外的新辦公室，留在倉庫的員工感到被忽視了，情緒波動很大，如果*Jasica*也搬走了人心就會更加渙散。她遂把自己的辦公室重新設在倉庫。事後，她又訓練倉庫管理員們做故障檢修員的工作，處理雇員關心的種種問題。由於她對這一切處理得非常妥帖恰當，她很快得到提升。

*Jasica*在公司遇到問題時，及時證明了自己的能力，因此獲得了提升機會。同樣，任何人都可以找個辦法來證明一下自己所能勝任的另一項工作。當承擔更多的責任時，應隨時記下所取得的成績，比如，為公司節省了時間、資金，或是令新產品問世等等。這一業績檔案能從兩方面幫助一個人升遷：

（1）可用它來重寫包括新責任的述職報告；

（2）可用它來重寫個人簡歷。

2.解決難題

許多公司都把分配具有挑戰性的工作，當作培養人才的手段。所以，一

個人要想在公司裡取得發展，應該積極主動地接受挑戰性的工作。在飛利浦，選拔人才主要從兩個方面著手：

（1）安排挑戰性的工作；

（2）看他能否承受住困難，不被挫折打敗，而是在困難中重新崛起。所以一個人要想獲得晉升的機會，就應在這兩方面不斷地尋找機會，如主動幫助上司解決工作中的難題，以前沒有做過的工作應主動去做。

實際上這些挑戰本身就是一個機會，如果能承擔下來，公司看到他可以做如此困難的工作，會考慮給予適當的晉升。

3. 提出建設性的意見

過去，對上司唯命是從者往往能步步高升，但現在，管理層更重視那些敢於表達不同觀點的員工。這些人的見解，常常能使公司避免重大損失。

新任客戶經理亞森就職後，第二天便參加公司高層會議，討論公司推出的一種汽車底漆。「我們的漆一向是黃色的。」他在會上說，「但從跟客戶的交談中，我們知道他們更喜歡淺灰色的。」

儘管自己剛進入管理層，亞森仍鎮靜地解釋為什麼將底漆的顏色轉為灰色能增大銷量。今天，淺灰色底漆是該公司銷路最好的產品之一。亞森大膽提出自己的見解，不過，他也相當謹慎，主要談到都是客戶的需要。

專家們一致認為，亞森的建議科學而中肯，值得考慮。也就是說，不要直接反對別人的看法，而應當提出建設性的意見。切莫說「你的辦法行不通」，要說「如果這樣，效果可能更好一些。」

4. 全力以赴協助上司

強尼在一家房地產公司擔任普通職員。他的工作是市場開發，打電話給可能有意租用本公司大廈的客戶。當頂頭上司說想跟他一起打電話時，他欣然同意。強尼對上海的房地產情況瞭若指掌，上司則熟諳各類租戶的需求，兩人很快攜起手來，各施所長，去說服租戶租用他們推銷的商業大樓。多年

來，他倆一直相互幫助，合作融洽。後來，當上司改行當高級管理顧問時，他介紹強尼到另一家規模很大的房地產公司任職。「最關鍵的是他信任我，」強尼解釋說，「一旦他要找人洽談大生意，他知道派我去就只管放心。」

5. 贏得同事們的信賴

英傑是一家肉類加工公司的主管。對他來說，同事們的支援至關重要。過去20年來，他是從生產線上開始，一步步晉升到高級管理層的。英傑以前經常代表大家與領班談判，解決紛爭，員工們都十分信任他。正是這種信賴，使得他屢屢升職。公司管理層深知，憑藉他在員工中的威信，英傑完全可以勝任經理職務。

「獲提升者在公司中享有良好的聲譽。」一位職場成功人士說，「他們之所以能扶搖直上，是因為同事們和上司信任他們。」

6. 做好在職的每一天

工作崗位是你施展才華的平臺，因此更大的成功和更高的薪水需要我們從珍惜自己的工作崗位做起，企業的發展和壯大更需要我們做好本職工作。因此，做好在職的每一天，是一條實現自己人生價值的必經之路。只有踏踏實實，充分利用自己在工作崗位上的每一天，刻苦鑽研，奮發圖強，我們才能獲得事業和人生的成功。

卦四十七·困

要有抵禦挫折、克服苦難的能力

象曰：澤無水，困；君子以致命遂志。

這一卦，上卦「坎」是澤，下卦「兌」是水，澤中的水，漏到下面，澤中缺水，因而窮困。君子應當效法這一精神，在窮困中，就要不惜犧牲生命，以達成理想。《論語·子張篇》中說：「士見危致命。」就是這一意義。

《易經》指出，君子應當善於從《困》卦中汲取教訓，在困境中潔德自守，來達到自己的理想。

危機時刻要保持冷靜

困局之中，千萬不要因急躁發怒而亂了方寸，臨危不亂、沉著冷靜地應對困局才是正道。冷靜地觀察問題，在冷靜中尋找出解決問題的突破口。

唐憲宗時期，有個中書令叫裴度。有一天，手下人慌慌張張地跑來向他報告說他的大印不見了。為官的丟了大印，在古時候，那可真是一件非同小可的事。可是裴度聽了報告之後一點也不驚慌，只是點頭表示知道了。然後，他告誡左右的人千萬不要張揚這件事。

左右之人看裴中書並不是他們想像一般驚慌失措，都感到疑惑不解，猜

不透裴度心中是怎樣想的。而更使周圍的人吃驚的是，裴度就像完全忘掉了丟印的事，當晚竟然在府中大宴賓客，和眾人飲酒取樂，十分逍遙自在。

就在酒至半酣時，有人發現大印又被放回原處了。左右手下又迫不及待地向裴度報告這一喜訊。裴度依然滿不在乎，好像根本沒有發生過丟印之事一般。那天晚上，宴飲十分暢快，直到盡興方才罷宴，然後各自安然歇息。

此事下人始終不能揣測裴中書為什麼能如此成竹在胸。事後許久，裴度才向大家提到丟印當時的處置情況。他對左右說：「丟印的緣由想必是管印的官吏私自拿去用了，恰巧又被你們發現了。這時如果嚷嚷開來，偷印的人擔心出事，驚慌之中必定會想到毀滅證據。如果他真的把印偷偷毀了，印又如何找得回呢？而如今我們處之以緩，不表露出驚慌，這樣也不會讓偷印者感到驚慌，他就會在用過之後悄悄放回原處，而大印也不愁不失而復得。所以我就如此那般地做了。」

因此，在任何環境、任何情形之下，都要保持一個清醒的頭腦，要保持正確的判斷力。當別人失去鎮靜手足無措時，你仍保持著清醒鎮靜；當別人做出荒唐決定時，你仍然保持著正確的判斷力，能夠這樣做的人才是真正的傑出人才。

一個遇到突發事件便手足無措的人，必定是個思想尚未成熟的人，這種人不足以交付重任。只有遇到意外情況鎮定不慌處變不驚的人，才能擔當起大任。

藉由逆向思維尋求突破

有一位大企業集團的董事長，他覺得自己年紀太大了，想把位子交給年輕人，可是又不知道該交給哪一個人才好。於是他就想出一個辦法來。

有一天，他把集團的總經理和副總經理兩個人叫到辦公室來，說明他想退休的想法，打算從他們兩人之中選一個來接替他的位子。為了公平起見，他就出一個考題來考考他們，誰能在最短的時間內說出最好的答案，就是下

一任的董事長。

於是，老董事長出了個題目：如果你們兩個人都有一匹馬，兩匹馬要賽跑，然而，比賽重點卻不在比快，只要誰的馬最慢跑到終點，誰就贏了。請問你們該怎麼做？

總經理聽完之後馬上舉手說道：「這很簡單，我會盡量拉住自己的馬，不讓牠前進。」董事長聽了搖搖頭嘆口氣。

這時副總經理卻說：「我會騎上對方的馬，快馬加鞭地到達終點！」

這個出人意料的妙答，讓副總經理順利地當上下一任董事長。

拿出「捨卒保車」的勇氣

在美國緬因州，有一個伐木工人叫巴尼·羅伯格。一天，他獨自一人開車到很遠的地方去伐木。一棵被他用電鋸鋸斷的大樹倒下時，被對面的大樹彈了回來。羅伯格躲閃不及，右腿被沉重的樹幹死死壓住，頓時血流不止。

面對自己伐木生涯中從未遇到過的失敗和災難，羅伯格的第一個反應就是：「我該怎麼辦？」他看到了這樣一個嚴酷的現實：周圍幾十里沒有村莊和居民，10小時以內不會有人來救他，他會因為流血過多而死亡。他不能等待，必須自己救自己。他用盡全身力氣抽腿，可是怎麼也抽不出來。他摸到身邊的斧頭，開始砍樹。因為用力過猛，才砍了三四下，斧柄就斷了。

羅伯格有些絕望了，不禁嘆了一口氣。但他還是克制住了痛苦和失望。他向四周望了望，發現在不遠的地方，放著他的電鋸。他用斷了的斧柄把電鋸鉤到身邊，想用電鋸將壓著腿的樹幹鋸掉。可是，他很快發現樹幹是斜著的，如果鋸樹，樹幹就會把鋸條死死夾住，根本拉動不了。看來，死亡是不可避免了。

在羅伯格幾乎絕望的時候，他想到了另一條路，那就是把自己被樹壓住的大腿鋸掉！

這似乎是唯一可以保住性命的辦法！羅伯格當機立斷，毅然決然地拿起

電鋸鋸斷了被壓著的大腿，並迅速爬回卡車，將自己送到小鎮的醫院。他用難以想像的決心和勇氣，成功地拯救了自己！

有時你需要快刀斬亂麻

古波斯老國王想選一個接替者。一天，他拿出一根打著結的繩子當眾宣佈：能解開此結者即可繼承王位。應試者眾多，但誰也解不開。

一位年輕人上前看了看，發現那是根本無法解開的死結，他沒有去解，而是拿刀去直接砍，刀落結開，眾人驚嘆不已。老國王讓人們去解一個解不開的結，其用意顯然是考察應試者的機智。這個年輕人的思路超出眾人之處，就在於他不是費力去解，而是想如何使之「開」。用刀去砍，不只表現了智，而且顯示了膽識。

這個故事告訴我們：面臨難解的死結時，有勇無謀不行，多謀寡斷也不行，要想避免當斷不斷帶來的危害，我們需要快刀斬亂麻的進行決斷。

卦四十八‧井

要奉行「先施予，後收穫」的原則

彖曰：巽乎水而上水，井；井養而不窮也。改邑不改井，乃以剛中也。汔（汔，使乾涸之意）至亦未繘（繘，用繩汲取井水）井，未有功也。羸（羸）其瓶，是以凶也。

象曰：木上有水，井；君子以勞民勸相。

上卦「坎」是水，下卦「巽」是入，進入水中，將水汲上，所以說是井；井以水養人，而汲之不盡。村邑改變，而井不改變，因為「九二」與「九五」都是剛爻，在上下卦的中位，剛毅中庸而不變。幾乎到達水面，吊繩沒有伸開；是說功敗垂成，徒勞無功。水瓶翻覆破裂，所以有凶險。

下卦「巽」是木，上卦「坎」是水，以木桶汲水，所以是井。一說，樹木由根部汲取水分，到達末梢，與井的作用相似；或者是以木製的水車取水；總之，是辛苦的由井中汲水，以養活人的意思。

《易經》指出：「井不修則無養人之用，人不修則無濟人之德。」《井》卦認為，君子應當效法此象，勸勉百姓互相資助！秉持這一精神，我們在生活中要奉行「先施予，後收穫」的原則。

「人在四十歲以前靠能力做事，四十歲以後才靠人脈關係做事。」

這句話的意思是說，人在四十歲之後做事業，應該運用人脈關係，這樣才能做得輕鬆，而且成效也大。如果還要靠自己個人的力量，當然也是可以做事，但不容易有大的成就。

所以，我們也可以這麼說：人在四十歲以後，若沒有好的人脈關係，那麼，他的成就是有限的。

可是，人脈關係並不是一日之間可以建立起來的，如果你到了四十歲，才想要建立你的人脈關係，當然也會有成績，但要看到成果，必須在一二年，甚至三五年後。因為人脈關係需要長期經營。之所以會如此，是因為好的人脈關係需要時間來瞭解，再從瞭解進步到信賴，而這個過程短則一年半載，長則七、八年，甚至一、二十年。三兩天就「一拍即合」的人脈關係往往是利益上的關係，基礎很脆弱，這並不是好的人脈關係，這種人脈關係帶給你的有時甚至是毀滅。

所以，你要的應該是經得起考驗的人脈關係，而不是速成的人脈關係。而要有好的、經得起考驗的人脈關係，就要有「播種」的心情，就像農夫在田裡播種那般，精心培育，耐心等待它成長。

要長成一棵果樹，必須先有種子，也就是說，「播種」是「長出一棵果樹」的必要條件。雖然有些種子是腐爛的，不會發芽，但不播種，就絕不會有果樹長出來！人脈關係也是如此，你的用心是人脈關係的必要條件，雖然不一定會有好的回應，但沒有用心，就不可能有人脈關係產生。雖然也有主動來和你建立關係的人，但也要你有「用心」的回應，這關係才會持續下去！你若冷淡以對，他還會來找你嗎？

有些種子會在節氣到時發芽，但有些卻不，像有些乾燥的地方，種子可以在土裡深埋數十年，但雨水一來，就迅速發芽。人脈關係也是如此，你的用心有時很快就會從對方得到回饋，但有時卻不；至於什麼時候才能得到「回饋」，我想你不必花心思去期待，反正你已種下了一粒種子，「機緣」一到，它自然會發出芽來！而這發芽的時間，有可能是在你四十歲、五十歲時，甚至

一輩子都沒發出芽來，但只要有機會總是有希望的。

　　種子發芽後，你得小心勤快地灌溉、除草、施肥，它才會長大成樹，開花結果；人脈關係也是如此，你也必須以熱心、善心來經營它，尤其不可「揠苗助長」，急於收穫果實，這只會破壞你的人脈關係。而最糟糕的是，你這種「揠苗助長」的作風會在同行間散播開來，成為你的負債。

　　播的種子越多，發的芽也越多，經過一段時間後，必會蔚然成林，那時，收穫的果實將令你感到欣慰。人脈關係也是如此，年輕時用的心多，交的朋友當然多，縱然有一些「不發芽」的，但長時間累積下來，你的朋友還是很多，那時，這種人脈關係就是你的果樹林，而你就可以悠然自得享受這些甜美的果實。

　　你現在多大年齡呢？人脈關係又如何？不必急，用「播種」的態度來經營吧，而且越早播種越好。什麼時候收穫呢？第一個目標就放在四十歲吧！

　　人生的意義在於佈施，每個人都可以用自己的方式奉獻社會，有智慧的人貢獻智慧，沒有智慧的人貢獻體力，沒有體力的人貢獻財物，沒有財物的人貢獻技術，沒有技術的人貢獻言語，沒有言語的人貢獻微笑，沒有微笑的人貢獻祈禱……

卦四十九．革

要學會接受改變

象曰：澤中有火，革；君子以治歷明時。

「歷」與曆同。這一卦，上卦「兌」是澤，下卦「離」是火，澤中有火，水盛大，使火熄滅；火盛大，使水蒸發消失；相剋相生，產生變革的現象。君子應當效法這一精神，制定曆法，以明確顯示季節變化，使人民據以耕種作息。

古代以農業為立國根本，特別重視曆法。頒佈曆法成為帝王的重要責任，改朝換代，往往重新頒佈曆法；所以，革命也稱作改朝換代。

「一陰一陽之謂道」，「生生不息」，「變動不居，唯變所適」，「爻者，言乎變者也」，「爻也者，效天下之動者也」，「剛柔相推，變在其中矣，繫辭焉而命之，動在其中矣」，「乾道變化，各正性命」，「變者化之漸，化者變之成」，論證宇宙事物生生不息的變化，是《易經》這部書的核心，所以，外國人把《易經》稱為「變化之書」，正是抓住了《易經》的最核心意義。

生活的每一場遭遇都能帶來有助於成長的機會，甚至連災禍也有可能帶來提升和改善人們生活品質的結果。一個活得幸福圓滿的人總是能看見，並

抓住生活中每一個「稍縱即逝」的機會。不要被你日常的生活軌跡所局限，執拗地閉塞視聽，條件反射式地按部就班，這樣，你會錯過通往目的地最便捷的路徑。

那些正在享受生活中陽光的人，與那些被生活悲苦所壓倒的人的區別，在於兩者看待外在事件的角度和方式不同。前者往往視困難障礙為機遇，而後者卻將生活道路上的險阻看作威脅和凶險。

如果我們不想冒險，那麼我們就無須謀求改變。然而，如果我們總是逃避改變，安於現狀，我們就絕不會擁有成長的機會。

不要害怕改變，不要視其為威脅你的可怕災難。我曾經也有過同樣的懼怕。但是現在我對改變有了全新積極的認識，我不僅熱切地歡迎它，還在四處去找尋它，並用感恩的真心去珍愛它。正是改變使生命變得如此的激動人心，令人鼓舞振奮。

許多人都認為安全、穩定以及對生活的提前預見是人生幸福的重要保證。他們覺得改變會使得生活失控，偏離航線。然而事實是，改變本身才是你我以及每一個人生活的真正航線。只有當你學會去接受改變，你才能找到真正的「安全」。

改變只會對心中缺乏安全感、內心不堅定的人構成危險和脅迫，而對於自信滿懷的人來說卻是機遇。所以你要努力培養你的自信，成為一個精力充沛的生活冒險家，探索人生中神秘的啟示，無畏地面對挑戰。

開啟你的心智去接納革新和改變。走出你舊有的人際圈，接觸新的人群，遊歷新的地方，享用口味迥異的新食物，欣賞新的音樂……以此來充實你的人生，使它更加圓滿。

試著去做一些你以前從未做過的新鮮事，嘗試一些富於變化的冒險活動。這也是領悟人生真諦，賦予你的生活真正意義的唯一途徑。

在當今，改造創造活動已不單單是科學家、發明家的事，改變也已經深入普通人的生活中，很多人都可以進行創造性的活動，生活、工作的各個方

面都可以迸發出創造的火花。人們在事業上的新的追求、新的理想、新的目標會不斷產生，在為新事業創造奮鬥的過程中，實現了這些新的追求、理想、目標，就能出人頭地，比別人賺更多的錢。我們看幾個普通人的例子：

1.克蘭是專售巧克力的商人，他每到夏季便苦悶異常，因為巧克力變軟，甚至融化，銷售量急劇下降。他苦思冥想，製造了一種專供夏季消暑用的硬糖。這種硬糖在造型上一改塊狀、片狀形，而壓製成小小的薄環。1912年，他開始批量生產這種命名為「救生圈」具有薄荷味的硬糖，結果，頗受歡迎，至今不衰。

2.戈德曼是目前去超級市場人人必需的購物推車的發明者。1937年他在奧克拉荷馬城超級市場，觀察到顧客個個或提或背著裝滿物品的購物袋，排著隊等待著結帳。他靈機一動，於是試製了一輛四輪小型推車，結果深受消費者和超級市場老闆的歡迎，還因此獲得了重大發明專利。

3.克魯姆是位美國印第安人，他是炸洋芋片的發明者。1853年，克魯姆在薩拉托加市的高級餐館中擔任廚師。一天晚上，來了位法國人，他吹毛求疵，總挑剔克魯姆的菜不夠味，特別是油炸食品太厚，無法下嚥，令人噁心。克魯姆氣憤之餘，隨手拿起一個馬鈴薯，切成極薄的片，罵了一句便扔進了沸油鍋中。結果好吃極了，他自己也品嘗了幾片，確實香酥可口。不久，這種金黃色、具有特殊風味的油炸洋芋片，就成了美國特有的風味小吃，甚至進入了總統府，至今仍是美國國宴中的重要食品之一。

4.哈姆威原是出生在大馬士革的糕點小販，1904年在美國路易斯安那州舉行的世界博覽會期間，他被允許在會場外面出售甜脆薄餅。他的旁邊是一位賣霜淇淋的小販。夏日炎炎，霜淇淋賣得很快，不一會兒盛霜淇淋的小碟便不夠用了。慌忙之際，哈姆威靈機一動把自己的熱煎薄餅捲成錐形，作為小碟用。結果冷的霜淇淋和熱的煎餅巧妙結合在一起，受到了出乎意外的歡迎，並被譽為「世界博覽會的真正明星」，獲得了前所未有的成功。這就是今天的蛋捲霜淇淋。

5.倫敦哈羅茲百貨當年的廣告標語是：哈羅茲專送，任何對象，任何人，任何地方。如果你走進去問一件東西，他們至少有6種不同的選擇供你挑選。假如你需要一件男人的襯衫，他們有五百種式樣供您選擇；要領帶，有九千種；羊毛圍巾，三十種顏色⋯⋯

也許你認為倫敦本來是男裝最流行的地方，不過你也可以走到食品部去問一問約旦杏仁糖。店員會很有禮貌地說：「好的，先生。請問您要白色、粉紅色，還是淡藍色的糖衣？您要金紙、銀紙、銅紙或古銅色紙的包裝？做結婚蛋糕旁的裝飾品？要裝盒子，還是裝在仿古的瓶子或花盆裡？」

倫敦哈羅茲百貨公司原是從一間雜貨店擴張、發展而來的，已有130多年的歷史。它的經營範圍之廣，代客服務之周全，在西方諸大公司中獨具特色。哈羅茲可以接受電話訂貨，其電話訂貨部的辦公室足有一座網球場大，食品與其他貨品分別送貨，以免香水滴漏到乳酪上或者肉類沾污了名貴的巴黎時裝。電話訂貨並無多少或大小之分，皇家的餐廳每週訂貨數百磅，或者一個小訂戶只要兩個甜甜圈或圓麵包，都一律照送不誤。

哈羅茲不光食品部十分有名，其他銷售的東西從初生嬰兒的搖籃到死者的墳地，也一應俱全。如各種衣服、傢俱、樂器都有，運動用具可以提供整個奧林匹克代表團的選擇，甚至連馬球所需的馬匹也有供應。有貓狗類的寵物部，出售各種動物。有六間附屬飯店和一間酒店，有供男子、女子和兒童專用的理髮廳。此外，該公司也有附設的銀行、圖書館和房地產部門，代客買賣房地產，負責裝修佈置，也為顧客拍賣古董和傢俱等。甚至，該公司提供葬儀的一切服務並兼辦送葬者的午餐。

哈羅茲的特點，不止於貨品齊全，而且服務周到，這正是該店成功的重要原因。

世界正在飛速變化，時勢變幻不過瞬息之間。人們必須緊跟潮流，隨勢改變自身，否則就會被生活所淘汰，成為新時代的棄兒。例如，科技神奇的發展正迅速改變著舊有的工作模式；改變和更新隨時隨處都在發生，終身制的

工作已不復存在，雇員們已經不願意一輩子從事同一種職業。

改變的車輪是不可阻擋，無法避免的。如果你渴望成功，就必須主動勇敢地去探索未知的事物，謀求改變。這樣的探索是激動人心和妙不可言的。

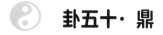

卦五十．鼎

君子要像鼎那樣端莊穩重，嚴謹地對待生活

象曰：木上有火，鼎；君子以正位凝命。

「凝」是聚，成的意思。這一卦，上卦是火，下卦是木，木上面有火，是烹飪的形象，稱作鼎。鼎的形狀，端正穩重，君子應當效法這一精神，以端正穩重的態度，凝聚完成天賦予的使命。

《鼎》卦中的意思是：木上燃著火之，是烹飪的象徵，稱為鼎；君子應當像鼎那樣端正而穩重，嚴謹地對待生活，以此完成人生賦予他的使命。

追求完美的人，遠不如享受已有生活的人過得幸福如意。婚姻上如此，在事業上也是如此。

有個叫伊凡的青年，讀了契訶夫「要是已經活過來的那段人生，只是個草稿，有一次謄寫的機會該有多好」這段話，十分嚮往，他打了份報告遞給上帝，請求在他的身上試試。

上帝沉默了一會兒，看在契訶夫的名望和伊凡執著的分上，決定讓伊凡在尋找伴侶一事上試一試。

到了結婚年齡，伊凡碰上了一位美麗非凡的女孩，女孩也傾心於他。伊凡感到很理想，很快結成夫妻。

不久，伊凡發覺女孩雖然漂亮，卻不太會說話，做起事來也笨手笨腳，兩人心靈無法溝通。他第一次把這段婚姻作為草稿抹去了。

第二次伊凡的婚姻對象，除了絕頂漂亮以外，又加了絕頂能幹和絕頂聰明。可是，也沒過多久，發現這個女人脾氣很壞，而且個性極強。聰明成了她諷刺伊凡的本錢，能幹成了她捉弄伊凡的手段。在一起他不是她的丈夫，倒像她的牛馬、她的工具。伊凡無法忍受這種折磨，他祈求上帝，既然人生允許有草稿，請准他第三稿。上帝笑了笑，也允了。

伊凡第三次成婚時，他的妻子除了上面提到的優點，又加上了脾氣特別好這一條，婚後兩人恩愛親熱，彼此都很滿意。半年下來，不料嬌妻患上重病，臥床不起，一張病態黃臉很快抹去了年輕和漂亮，能幹如水中之月，聰明也無用武之地，只剩下毫無魅力可言的好脾氣。

從道德角度看，伊凡應與她廝守終生；但從生活角度看，無疑伊凡是相當不幸的。人生只有一次，一次無比珍貴，他試探能否再給他一次「草稿」和「謄寫」。上帝面有慍色，但想到這項試驗，最後還是寬容他再做修改。

伊凡經歷了這幾次折騰，個性已成熟，交際也老練，最後終於選到了一位年輕、漂亮、能幹、聰明、溫順、健康、盡善盡美的「天使」女郎。他滿意極了，正想向上帝報告成功，不想「天使」竟要變卦，她瞭解到伊凡是一個朝三暮四的浪蕩男人，提出要解除婚約。

上帝為難，但為了確保伊凡的試驗，未允准。

「天使」說，我們多人被伊凡做了草稿，作為上帝行為，如果試驗是為了推廣，難道我們就不能有一次草稿和謄寫的機會？

上帝感到她說得有理，就只好讓伊凡也被作為別人的草稿，謄寫在外。

滿腹狐疑的伊凡，正在人生路上踟躕，忽見前方新豎一桿路標，是契訶夫二世寫的：「完美是一種理想，即使允許你做10次修改，你還是會覺得有些許的遺憾。」

卦五十一・震

做人要心態平和、寵辱不驚

震，亨。震來虩虩，笑言啞啞。震驚百里，不喪匕鬯。

《序卦傳》說：「主器者，莫若長子，故受之以震；震者動也。」前一卦，「鼎」是祭器；祭祀祖先，應由長子擔任；所以，震卦象徵長子，含義是動。

「虩虩（**虩**ㄒㄧˋ）」是壁虎，引伸為恐懼。「啞啞」是笑聲。「匕」是匙。「鬯（**鬯**ㄔㄤˋ）」是黍米酒，浸泡鬱金草，灑在地上，以香氣請神降臨。

震動，本身就能亨通。當地震來時，人人恐懼，唯有記取教訓，知道戒懼，以後才能談笑嘻嘻；也可以解釋成當災難來臨，恐懼萬分，過後就忘記，談笑自若，不知警惕，將不會得到任何益處。當地震來時，使百里以內震驚，但虔誠祭祀的人，手中的酒匙，卻沒有掉落；以比喻平時戒慎恐懼，當突然遭受震驚時，不會驚慌失措，而能從容鎮定。震卦象徵擔任祭祀的長子，所以用「匕鬯」比喻。

《震》卦的震，是藉雷震的震，表達一種震動，震撼、震驚、震懾等綜合的意思，亦即指超過一般人承受壓力而造成的駭異局面。《易經》透過震盪的現象論述了《震》本身「無眚」，它乃是一種正常現象，要怨恨，也只能怨

恨自己的承受能力；也論述了在巨大的震盪中，只有英賢之輩才能「不喪匕鬯」，才能「笑言啞啞」，才能從容不迫，而一些平庸無能之輩在震盪中，只有「震索索，視矍矍（䷲䷲，倉皇不專心貌）」，只會恐慌不安。

《震》卦之震，雖然其有如猛虎到來的震懾之勢，但聖賢君子卻能談笑風生，泰然處之。

人生就是受苦受難的過程。這個觀點不知道有多少人認同，但要謀求發展，必須「穩步前進、謙虛謹慎，寵辱不驚」。這是每個人都無可置疑的。因為成大事者必備的就是「泰山崩於前而色不變」的沉著。

三國時期，曹操手下有一智慧超群，謀略過人的謀士——荀攸，他輔佐曹操二十餘年，期間討袁紹、擒呂布、定烏桓，他從容不迫地謀劃戰爭策略，處理軍中上下錯綜複雜的關係，直到輔佐曹操統一北方，他始終在殘酷的人事傾軋中處於穩定地位，原因就在於他能夠穩住心氣，無論在怎樣的情況下他都不會亂了方向。

曹操曾對荀攸這種低調做人的心態用一句話作出了精闢地總結：「公達外愚內智，外怯內勇，外弱內強，不伐善，無施勞，智可及，愚不可及，雖顏子、寧武不能過也。」由此可見，荀攸的智慧過人，他對內對外，表現得迥然不同。對內，他用過人智慧連出妙策；對外，他用堅強的意志奮勇當先，不屈不撓。但他卻從不邀功，不爭權位，表現得謙虛謹慎，寵辱不驚，甚至還有意掩蓋他的功績。

在曹操謀取袁紹冀州時，荀攸前後謀劃了十二種策略，使得曹操順利地打敗袁紹。但當有人問起他當時的情況時，他的回答極其出人意料，他說他什麼都沒做，即使史家稱讚他是「張良、陳平第二」時，他仍然閉口不提自己的卓著功勳。

也是由於他的寵辱不驚的心態，使得他深受生性多疑的曹操寵信二十餘年，直到建安十九年在從征途中善終而死，還是沒有一人在曹操面前讒言陷害，更沒有過讓曹操不悅的行為，這在歷史上非常罕見。在他死後，曹操痛

哭流涕，說：「孤與荀公達周遊二十餘年，無毫毛可非者。」

　　寵辱不驚的低調處世方式，並不像表面上看起來的那樣不知喜怒哀樂。事實上，它是透過多做事少說話、沉著冷靜地將智慧發揮得淋漓盡致。與此同時，寵辱不驚，穩住心氣還能夠保命安身，得以善終，這又何樂而不為呢？

　　西漢初年，在連年戰爭導致人口銳減，經濟蕭條，國家困難重重的情況下。漢高祖賜予功勳卓著的張良，富饒的齊地三萬戶為封邑。在這種情況下，張良毫不猶豫地婉言謝絕了高祖的厚賜，這種明哲保身的良苦用心堪稱極致。高官厚祿的確誘人，但是低調做人的本色不能丟棄。如果你擁有名利就沾沾自喜，失去名利就黯然神傷，那麼，你永遠也只是金錢名利的奴隸。

　　大凡成就大事的人，他們的成功都取決於為人處世的方法。一旦取得成績便興奮不已，大肆炫耀自己的功勞，絲毫不能穩住心氣，這樣高調的做人方法是不可取的。真正大智慧的人能夠做到寵辱不驚，有時為了明哲保身，甚至把自己的成就掩藏起來，把成功的光環戴在別人的頭上。

　　現實中存在著這樣一種情況：功高蓋主。自古以來人們就很注意這一點，不論做任何事，都要守住自己的本分，絕不能獨霸榮譽，避免功高蓋主。否則，輕則招致別人的怨恨，重則惹來不可預知的禍患。歷史上有很多這樣的事例，而那些能在關鍵時刻不炫耀、獨享榮譽的人，都能全身而退，有個好結局。

　　漢代晁錯自認為才智超過文帝，朝廷中的大臣也遠遠不及他，屢次向文帝暗示自己完全可以擔任佐命大臣，想讓文帝將處理國家大事的權力全部交給他。晁錯的這一行為正是功高蓋主的表現。

　　提起韓信無人不知，他屢立奇功最終下場卻悲慘至極。最主要的原因就是沒有穩住心氣，受寵的光環迷住了智慧的眼睛，導致功高蓋主，最終以悲慘結局收場。

　　韓信從項梁、項羽起義時，被任命為郎中。為其主屢獻良策，卻屢屢不用，自認英雄無用武之地，便投奔劉邦，被蕭何薦為大將。

　　楚漢戰爭時期，韓信明修棧道、暗度陳倉，出奇制勝一舉攻下關中。後來，劉邦與項羽相持於榮陽、成皋間，韓信被劉邦任命為左丞相，帶領兵馬攻打魏、平定趙、齊，而後被封為齊王。

　　在韓信的協助下，劉邦很快建立了漢朝。後來有人誣陷韓信，說他要舉兵造反，被劉邦降職為淮陰侯。後又有人誣陷韓信與其同謀，欲起兵長安。其實，劉邦深知韓信不可能造反，但因為其居功自傲，不可一世，最後被呂后設計殺害於未央宮。

　　《書經‧五子之歌》有云：「懍乎若朽索之馭六馬，栗栗危懼，若將殞於深淵。」就是告訴人們不要居功自傲，要學會寵辱不驚。功成名就時要穩住心氣，能夠適當地將榮耀分給其他人一些，或為了明哲保身，功成身退也不失為良策。

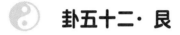

卦五十二・艮

控制欲望才能享受到幸福的人生

艮其背，不獲其身，行其庭，不見其人，無咎。

艮卦的卦形，與震卦上下相反，相互是「綜卦」，一動一靜，相互為用。「艮」是違背，引伸又有停止、怨恨、堅硬的含義，在此是止的意思。

人的身體，最不容易動的靜止部分，是背部。背部靜止，身體就是想動，也不能動；用來比喻內心寧靜；不為外物所動，就不會妄動，即或在行動中，內心依然保持寧靜，就可到達忘我的境界。當到達這一境界時，對外界的一切刺激誘惑，心都不會為其所動，所以在走過有人的庭院時，也不會覺得有人存在。能夠像這樣，不論動靜，內心都保持安寧，必然理智冷靜，能夠適可而止，不會有災難。

上下卦相同的純卦，如其他「震」「坎」「巽」「離」「兌」等卦，都具備元、亨、利、貞，四種德性中的某幾項，唯獨艮卦，完全沒有，只說無咎；因為已經到達人我兩忘的境界。

這一卦，充滿老莊的逃避思想。不過，宋代的儒家，對這一卦卻極為推崇，周敦頤說：「法華經全卷，可由這一艮卦代替。」也許是符合宋代禁欲的倫理思想的緣故。

　　《艮》卦卦辭是說，作為抑制自己行動的《艮》卦，要做到好像走到別人身後能夠突然停止，還不至於碰到別人身上；就像進入別人家院而突然停止，卻還沒有進入別人家室看見別人家裡的人，這樣恰到好處地及時抑制自己，那就不會有什麼災禍，這一卦提出了立即停止，化險為夷的思想，並指出：「敦艮，吉。」意思是：能夠以敦厚篤實的德行抑制邪欲，就吉祥。

　　《易經》以「艮」象徵抑制邪欲之理；只有控制欲望，才能享受到幸福的人生。

　　在現實生活中，名譽和地位常常被作為衡量一個人成功與否的標準，所以，追求一定的名聲、地位和榮譽，已成為一種極為普遍的現象。在很多人心目中，只有有了名譽和權力，才等於實現了自身的價值。其實，人生的目的，不在於名利金錢，而在於面對現實，去努力奮鬥，去盡情享受生命，去細心體驗生活的美好。

　　人生在世，功名利祿只是一些身外之物，只要我們努力地前行，真實地面對我們所擁有或將要擁有的一切，你會發現，要想得到滿足其實並不難。人生天地之間，轉瞬來去，就像是偶然登臺、倉促下臺的匆匆過客，人生既然如此短暫，活在世上就要珍惜人生，不要貪圖權勢，自釀苦酒。名譽與權勢，皆為身外之物，也是水流花謝之物，萬萬不可一味地去追求它們。如果為了爭名奪利不擇手段，那就無異於害人害己了，這樣的人生有何樂趣？何況，爭名奪利不但不會使你流芳千古，甚至可能會讓你身敗名裂呢！

　　焦耳，這個名字我們中學學物理時就很熟悉，人們為了紀念他所做的貢獻，將物理學中「功」的單位命名為「焦耳」。從1843年起，焦耳提出「機械能和熱能相互轉化，熱只是一種形式」的新觀點，打破了沿襲多年的熱質說，促進了科學的進步。他前後用了近四十年的時間來測定熱功當量，最後得到了熱功當量值。

　　事實上，與焦耳同時代的邁爾，是第一個發表能量轉化和守恆定律的科學家。1848年，當邁爾等人不斷地證明能量轉化和守恆定律的正確性，終於

使得這一定律被人們承認的時候，名利欲望的膨脹驅使焦耳向邁爾發起了攻擊。焦耳發表文章批評說，邁爾對於熱功當量的計算是沒有完成的，邁爾只是預見了在熱和功之間存在著一定的數值比例關係，但沒有證明這一關係，首先證明這一關係的應該是他。隨著焦耳發起的這場爭論的擴大化，一些不明真相的人也一哄而上，紛紛對邁爾進行了不負責任的錯誤指責。邁爾承受不住輿論和質疑帶來的壓力，特別是焦耳以自己測定熱功當量的精確性來否定邁爾的科學發現權，使得邁爾陷入有口難辯的痛苦境地。這時，邁爾的兩個孩子也先後因故夭折，內外交困中的邁爾經受不了打擊先是跳樓自殺未遂，後來得了精神病。

當年的邁爾被逼進了瘋人院，但今天人們仍然將他的名字與焦耳並列在能量轉化和守恆定律奠基者的行列。焦耳為爭奪名利而導致如此殘酷的後果，也為人們世世代代所譴責。

每個人都有自己的活法，對個人而言，各有各的追求，對社會而言，各有各的貢獻。一個快樂的人不一定是最有錢、最有權的，但一定是最聰明的，他的聰明就在於他懂得人生的真諦：花開不是為了花落，而是為了燦爛。可遺憾的是，在現代社會生活中，依然有許多人不但對功名利祿趨之若鶩，甚至把它看成是一個人全部的生存價值。好像是否成就了轟轟烈烈的功名、是否成為了名利雙收的「家」，就是人們衡量生存價值的唯一標準，這不啻是人類文明的墮落和淺薄。

現在，人們尤其是家長們最熱衷談論的話題全是高考分、考大學、出國深造、做官、成專家之類，其結果是苦了孩子，甚至耽誤了孩子的一生。生命價值的深度和廣度，怎麼能與成名、成家、做官、賺錢等劃上等號呢？人們如此看重功利名望，一旦爭名奪利失敗，往往會一蹶不振，對生命失去了信心和熱情，從此人生變得暗淡無光。這實在是當代人的悲劇。

我們每一個生活在當今社會的人，在人生的追求中，對名譽和權力的追求應該注意節制。不然，把名譽和權力看得過重，不惜一切代價地想把它們

追求到手，豈不是將人生過得過於功利和枯燥了？自己那美好的人生豈不是要大打折扣了？

無可否認，進入了權力中心的人，會有許多政治的、物質的、名譽的利益，不但能有權，得到更多享受。正因為有利益，有誘惑，才會有那麼多人奮不顧身地去追求。為官當政，有權有勢，眾人之上，能夠比普通人有更多的機會去「譜寫」一個城市、一個鄉鎮、一個單位的歷史，所以有一種大事的感覺，因此，在我們現實生活中，想方設法做官的人，可以說是前仆後繼。儘管當上官很得意、很快樂，可是權力也伴隨著許多的煩惱和風險，有權在手所受約束也大。對待上下左右都要小心謹慎，而且由於權力、地位與名利連在一起，所以自古以來就有爭奪權力、地位的鬥爭，這些鬥爭往往環環相扣，一旦陷入其中。便會越陷越深，不能自拔。從古至今，圍繞著權勢曾在歷史上和現實中演出過多少令人扼腕的悲劇。還有那些當不上官的人，他們不但自己飽嘗無奈、愁悶、痛楚，還給家庭罩上了揮之不去的陰影。所以說人生諸多煩惱，多由人性的貪婪和欲望引起；人間諸多禍患，也多由人性的貪婪和欲望招致。因此追求名譽和權力的時候，更應該銘記的是「君子愛財、愛名、愛權」都得取之有道。

人生在世，人人都想活得更好，人們總是在各種可能的條件下，選擇那種能為自己帶來更幸福或滿足的活法。所以，除了追名求利外，人生還有另一種活法，那就是甘願做個淡泊名利之人，粗茶淡飯，布衣短褐，以冷眼洞察社會，靜觀人生百態。這樣，更品出生命的美好，享受到生活的快感。

有的人既不求升官，也不求發財，每天上班安分守己做好本職工作，下班按時回家，每個月領著不多不少的一份薪資，晚上陪妻兒在家裡看看電視，週末帶孩子逛逛公園，年輕的時候打打籃球，年紀大點練練太極拳，不生氣，不上火，知足常樂，長命百歲。這樣的人生可能看起來有些「平庸」，但其中的那份「閒適」給人帶來的滿足，也是那些整日奔波勞累、費心勞神追求功名利祿之人所體會不到的。所以國王會羨慕在路邊曬太陽的農夫，因為農

夫有著國王永遠不會有的悠然自得，而你要有農夫那樣的悠然自得就不能有國王的權勢。

功成名就從一定意義上來說並不難，只要用勤奮和辛勞就可以換取，就是需要把別人喝咖啡的時間都用來拚搏。就一般情況而言，你多得一份功名利祿，就會少得一份輕鬆悠閒。而一切名利，都會像過眼雲煙，終究會逝去，人生最重要的，還是一個溫馨的家和腳下一片堅實的土地。

曠世巨作《飄》的作者瑪格麗特·米契爾說過：「直到你失去了名譽以後，你才會知道這玩意兒有多累贅，才會知道真正的自由是什麼。」盛名之下，是一顆被負累的心，因為它只是在為別人而活著。我們常羨慕那些名人的風光，但我們是否瞭解他們的苦衷？其實大家都一樣，希望能活出自我，能活出自我的人生才更有意義。

世間有許多誘惑：權勢、金錢，但那都是身外之物，只有生命最美，快樂最貴。我們要想活得瀟灑自在，要想過得幸福快樂，就必須做到：淡泊名利享受人生、割斷權與利的聯繫，無官不去爭，有官不去鬥；位高不自傲，位低不自卑，欣然享受清心自在的美好時光，這樣就會感受到生活的快樂和愜意。否則，太看重權力地位，讓一生的快樂都毀在爭權奪利中，那就太不值得，也太愚蠢了。

學會以淡泊之心看待功名利祿，乃是免遭厄運和痛苦的良方，也是得到人生幸福和快樂的智慧所在。

卦五十三 · 漸

逐漸提高個人修養，培養良好品德

漸，女歸吉，利貞。

這一卦，下卦「艮」是止，上卦「巽」是順，柔順的停停進進，有漸進的意義。當女子出嫁時，必須經過一切婚嫁的禮節，當然也是漸進。這一卦，由「六二」到「九五」，各爻都得正，象徵出嫁的女子品德純正，當然吉祥；但這一純正，必須堅持，才會有利。

《漸》卦啟示我們，從點滴做起，一步步走向成功，才是正確的行為。在品德方面的培養也是如此。

要注重培養自己的美德

一位哲學家帶著一群學生去漫遊世界。10年間，他們遊歷了所有的國家，拜訪了所有有學問的人，現在他們回來了，學生們長了不少見識，個個滿腹經綸。

在進城之前，哲學家在郊外的一片草地上坐了下來，說：「10年遊歷，你們都已是飽學之士。現在學業就要結束了，我們上最後的一課吧！」

弟子們圍坐哲學家身邊。哲學家問：「現在我們坐在什麼地方？」弟子

們答：「現在我們坐在曠野裡。」哲學家又問：「曠野裡長著什麼？」弟子們說：「雜草。」

哲學家說：「對，曠野裡長滿雜草。現在我想知道的是，如何除掉這些雜草。」弟子們非常驚愕，他們都沒有想到，一直在探討人生奧妙的哲學家，最後一課問的竟是這麼簡單的一個問題。

一個弟子首先開口說：「老師，只要有鏟子就夠了。」哲學家點點頭。另一個弟子接著說：「用火燒也是很好的一種辦法，」哲學家微笑了一下，示意下一位。第三個弟子說：「撒上石灰，就會除掉所有的雜草。」接著第四個弟子說：「斬草除根，只要把根挖出來就行了。」

等弟子們都講完了，哲學家站了起來，說，「課就上到這裡了，你們回去後，按照各自的方法去除掉雜草。一年後，再來相聚。」

一年後，他們都來了，不過原來相聚的地方已不再是雜草叢生，它變成了一片長滿穀子的莊稼地。弟子們圍著席地坐下，等待哲學家的到來，可是哲學家始終沒有出現。

若干年後，哲學家去世了。感慨頗深的弟子們在整理他的言論著作時，在最後補了一章：要想除掉曠野裡的雜草，方法只有一種，那就是在上面種上莊稼。同樣的道理，要想讓靈魂無紛擾，唯一的方法就是用美德去佔據它。

試想，那些學生們的人生如果缺了這最後一課，即使學富五車，又有多少意義呢？可見，注重培養美德對一個人的成長和發展是多麼重要。

美國第16任總統林肯擔任律師時，有人找林肯為一件訴訟中明顯理虧的一方作辯護。林肯回答說：「我不能這樣做。如果我這樣做了，那麼出庭陳詞時，我就會不知不覺地高聲說：『林肯，你是個說謊者，你是個說謊者。』」

林肯為什麼會成為美國歷史上最偉大的人物之一，並長久地受到人們的尊重呢？除去他成就的事業外，更緣於他那偉大的品德。

同樣身為美國總統，比爾·柯林頓在任期的成績是世所矚目的，他執政的能力也是無可挑剔的。但一連串醜聞卻令他終生蒙羞，儘管美國人民原諒了

他，但他在歷史上留下的品德上的污點是無法抹除的。

在人的一生中，你的道德品格要嘛是你的寶庫，要嘛是你前行的絆腳石。試想，如果你在不滿20歲時就被人貼上一個不道德的標籤，未來的路要怎麼走下去呢？因此，對於每一個人來說，千萬不可忽視對品德的培養。

修養是一個人綜合能力與素質的體現。良好的修養最能體現一個人的品味與價值，一個有很高個人修養的人，才最具有個性和人格魅力。

中國傳統哲學特別強調修養，並把這稱為修身功夫。在某種意義上說，成年人的修養提高顯得更為重要，因為他們在社會中具有表率作用，而現在眾多缺乏修養的現象絕大多數都出現在成年人身上。

人之所以不同於其他動物，是因為人有著精神層面的東西，如思考、情感、修養等。

生活中的一些人在某些方面表現出修養不高，絕不是先天的，而是可以透過自身的努力逐漸提高的。

1. 從「改」做起，從「受」做起

一個人要增加修養，先要從「改」做起，從「受」做起，從自我要求做起。怎樣「改」，怎樣「受」呢？

（1）要改言、改性、改心。語言是人與人之間溝通的橋樑。如果我們說話不得當，或是說話沒有藝術，不注意分寸就不容易得到別人的好感。在性格上如果惡性不除，壞心不改，心裡頭的貪嗔、愚癡、邪見、嫉妒、傲慢都得不到及時的改正，就不容易在道德、修養上有所增長。所以，要不斷地改，要改言、改性、改心，才會不斷地進步。

（2）要受教、受氣、受苦。在人生的旅途上，為什麼有的人能不斷地進步，有的人則不進反退？原因是他不能接受。就像學生讀書一樣，有的人容易進步，因為他能接受；有的人不會進步，因為他一直在抗拒。我們在學習的過程中要能受教，受教就是把東西吸收到心中，然後消化為自己的思想。

我們不但要受教，有時甚至還要受氣，一個人如果只能接受人家的讚美，是不能增加自己力量的，還要能接受別人批評、指導，乃至傷害，能受氣、受苦，才會有進步。

（3）要敢說、敢當、敢做。有些人不敢表達自己，有意見不敢在大眾面前發表，只在私下議論紛紛，遇事也不敢去做、不敢承擔。不敢擔當就不能負責，不能負責就無法獲得別人的信任。所以只要是善事、好事，我們就應該要敢說、敢做、敢當。

（4）要思想、思考、思慮。無論什麼事情都必須三思而後行。思想是智慧，凡事經過深思熟慮後再去做，必能事半功倍。

2. 不斷完善自己的信念、價值觀和世界觀

素質修養的提升肯定來自日積月累的修練，就是一個人的信念、價值觀、世界觀的不斷完善。我們的價值觀的形成很大程度上是在被動地回應外部世界的時候產生和形成的。由於每個人對同一個事件的反應都不同，所以每個人的世界觀也不盡相同。有些人是消極地理解外界，就形成了消極的信念和價值觀。有的人是積極的理解世界，就形成了積極的價值觀。

要提升自己的素質修養，就要不斷地學習，學習包括向書本學習，向別人學習，向自己學習。

向書本學習就是要看書，現在社會上流行的書很多。不要去看那些消極頹廢的東西，要多看積極向上的書；不要去看那些純粹說教的書，要看那些從人的本性分析問題的書……比如說，有些書，包括我們小時候的一些道德教育書，只會簡單粗略地告訴你，你應該這樣做，因為這是道德的需要；你不應該那樣做，因為違犯了道德標準。這樣的書是沒有說服力的。一定要看一些從人本身需要出發去分析問題的書。這些書看問題很客觀，很中性化，不會逼你去接受某些觀點，而是一切從你自己的需要出發，很有說服力。

向別人學習，多觀察自己周圍處理事情周全的人，看他們碰到問題時會

怎麼做。多和自己敬佩的人交流。

　　向自己學習，亦即經常反省自己的思想行為。內省是一個人修練最重要的方面。修練並不是要你刻意地去壓抑自己，而是要你清醒地認識自己，自己到底想要什麼，想做什麼，想成為什麼樣的人，經常和自己的內心深處說說話，瞭解自己的需要。修練和自律並不是粗暴地禁止自己的一些行為，而是自己從內心出發，清楚地意識到，什麼是該做的。什麼是不能做的，只有自己先弄明白了，自己說服了自己，那麼修練和自律就來得自然而簡單。

　　個人的修養要從生活中的一點一滴中去培養，做生活的有心人。氣質的培養是不能急功近利，更不是一朝一夕的事情。

卦五十四‧歸妹

保持和諧的夫妻關係

象曰：澤上有雷，歸妹；君子以永終知敝。

這一卦，下卦「兌」是澤，上卦「震」是雷，澤上有雷，澤中的水隨著震動，象徵夫唱婦隨。君子應當效法這一精神，目光放遠，看破結果，知道弊害，而能事先籌謀。

《歸妹》卦中的意思是：澤上有雷，兌為澤，兌又代表少女；震為雷，震又代表長男。因此是嫁出少女之表象；君子應當永遠使夫婦和諧，白頭偕老，防止夫婦關係被破壞。這種觀點至今對我們仍有非常重要的指導意義。

尊重生命才懂得尊重愛情

赫拉格騎師有三個徒弟：這兩個徒弟在學藝期間同時愛上了他漂亮的女兒愛麗斯。眼看女兒到了談婚論嫁的年齡，赫拉格就問愛麗斯這三個徒弟中，更中意誰做自己的夫婿。愛麗斯滿臉通紅，自己也拿不定主意。

於是，赫拉格決定讓三個徒弟舉行一場騎術比賽。他讓三個徒弟到馬群裡挑選自己的比賽夥伴。

大徒弟挑了一匹高大健碩、蹄起電閃的白馬。

二徒弟挑了一匹性子暴劣、但疾步如飛的黑馬。

三徒弟別無選擇，只能挑了那匹瘦骨嶙峋但精神抖擻的禿毛老馬。

比賽剛開始，三匹馬都飛溝躍塹、蹄奔似箭，保持在同一水平線上。中途，路遇一片花田的時候，情況發生了變化。大徒弟和二徒弟想都沒想，逕直踏花而過。唯有三徒弟收住了韁繩，繞花而行。結果，他被兩位師兄甩在了身後。

眼看就要到達目的地，大徒弟和二徒弟一陣狂喜，各自都以為愛麗斯非己莫屬。

不想前面一條河攔住去路，河面上只有一座獨木橋，僅可供單人獨騎穿行。大徒弟和二徒弟互不相讓，都想搶先過橋：結果，雙雙撞落河中。

大徒弟和二徒弟正在河中掙扎上岸之際，三徒弟已經策馬而來，輕快地過了獨木橋，結果最早抵達目的地。

按照約定，赫拉格騎師把女兒愛麗斯嫁給了最小的徒弟。

惜花如惜人，不懂得尊重生命的人怎麼懂得尊重愛情？應該說人類和其他生靈生活在同一片藍天下，大家在自然界中是一個整體。這不禁讓人想起唐代詩人白居易有這麼一首詩：「誰道群生性命微，一般骨肉一般皮。勸君莫打枝頭鳥，子在巢中望母歸。」可謂意味深長！

花鳥如此，何況人的生命呢。可是，現在的人在愛情路上遇到一點挫折，就動輒燒炭、跳樓、吃安眠藥，豈不知身體髮膚受之父母，我們來到這個世上，就必須好好地堅強地活著。首先我們要活著，才具備談情說愛的條件。我們透過努力工作，每天用積極的心態去面對生活的難題與挫折，我們的生命經過歲月的打磨，才會綻放出迷人的光彩。到了這個時候，你會散發出無窮魅力，很自然地吸引眾多愛慕者。生命之花傲然開放時，你的愛情之果便很快成熟了。

反過來，如果你的戀人變心了，你就用生命的代價做賭注，那麼你在愛情上注定是一個失敗的賭徒。即使你用血的代價留住他（她）的人，卻留不

住他（她）的心，你所得到的只是一個沒有愛情的空殼而已。

學會尊重生命，做到善待生命，你才會尊重愛情，才能得到愛情。

在愛的細節裡多些寬容

兩人生活在一起難免會磕磕碰碰，因此，日常生活瑣碎中的寬容和體貼才更能體現愛的真摯。生活本來就是平淡的，在激情漸漸退去的時候，填充而來的便是更實際的生活。在平淡的生活中，應該真誠地、細心地對待彼此，共同珍惜和維護彼此的感情。在相互的交流中，彼此應該寬容地看待對方的不足，並真誠地指出和幫助對方改正。你珍惜一分，他也會珍惜一分，甚至更多。這樣的愛情才是美好和長久的。

有這樣一對夫婦，他們婚前感情很好，恩愛有加，可結婚不久便開始出現矛盾。妻子埋怨丈夫身上的缺點越來越多，總是一身酒氣地半夜而歸，對自己也不像從前那樣疼愛。丈夫每天忙於工作應酬，希望回家後得到休息和溫存，可是妻子變得總是喋喋不休地埋怨，也不再像以前那麼溫柔了。

一次，夫妻兩人決定坐下來好好談談。

妻子說：「你有多久沒有回家吃晚飯了？」

丈夫說：「你有多久沒有起床做早餐了？」

妻子說：「你不回家陪我吃晚飯，我有多寂寞啊。」

丈夫說：「你不給我做早餐吃，你知道上午工作時我多沒有精神。老闆已經批評我好幾回了。」

「早餐你可以自己弄的啊，每天回來那麼晚吵我睡覺，我怎麼能起得來。你可以不回來陪我吃晚飯，我就可以不給你做早餐。」妻子不高興地說。

「你知道我一天上班有多辛苦，壓力有多大。一頓晚飯，自己吃怎麼了，難道你還是孩子，要我餵你不成？」丈夫也沒好氣地說。

妻子接著抱怨說：「你每天晚上總是喝得爛醉回家，有多久沒有給我買花，多久沒有幫我做家事了……」

丈夫也不甘示弱地說：「你知道你做的飯有多難吃，洗的衣服也不是很乾淨，花錢像流水，有多久沒有去看我的父母⋯⋯」

就這樣，夫妻兩人你一句我一句地互不相讓，最後竟鬧著要去離婚。

在去辦理離婚手續的路上，他們遇見了一對老夫婦正相互攙扶慢慢走著，老婦人不時掏出手帕給老先生擦額頭上的汗，老先生怕老婆婆累，非要自己提著一大袋菜。這對年輕夫婦看到這個情景，想起了結婚時的誓言：「執子之手，與子攜老。休戚與共，相互包容。」可是現在竟然⋯⋯

於是他們開始互相檢討。

丈夫說：「親愛的，我真的很想回家陪你吃飯，可是我實在工作太忙，常常應酬，並不是有意要忽略你啊。」

妻子不好意思地說：「老公，我也不對，不應該那麼小氣，你在外工作掙錢不容易，早上我不應該賴床不起的。」

「早餐我可以自己弄，每天回家那麼晚一定吵得你睡不好覺，你應該多睡會兒的。」丈夫忙說，「剛才在家我不應該那麼兇的和你說話，我知道自己身上有很多毛病⋯⋯」

妻子也忙檢討自己⋯⋯

就這樣，這場離婚風波平息了。從這之後，夫妻倆變得互敬互愛，彼此寬容忍讓，更多地為對方著想，恩恩愛愛。

可見，導致婚姻失敗、愛情終結的常常都不是什麼大事，而是一些日常中的瑣碎小事。

白頭偕老不是一句空泛的誓言，而是應該融入我們每一天的生活細節裡的行動。白頭偕老不僅僅需要愛情的支撐，更需要彼此的寬容和禮讓，而這寬容正是體現在日常生活中的瑣事中。

寬容才能讓彼此互相交流、融洽，寬容才能讓感情維繫長久。埋怨只能讓彼此疏遠，讓愛情更早地被葬送。但寬容也是有原則的，並不是一味地忍讓，也不是斤斤計較，付出就索取回報，而是要常常換位思考一下，不要把自

己的想法強加於人，要給予對方解釋的機會。

在日常生活中多多寬容的對待對方，在細節中給予對方更多的關心和體貼，你會發現生活更美好了，家庭更和睦了。原來，平淡中的愛情才是最美好的。

卦五十五‧豐

把眼前的事做好才能有大收穫

豐，亨。王假之，勿憂，宜日中。

「豐」是以高杯盛物，盛大的意思。下卦「離」是明，上卦「震」是動，光明而且活躍，是盛大的象徵。盛大，本身就亨通，王者當天下最豐盛的時期，擁有巨大的財富，無數的人民，不必憂慮；應當像日正當中，普照大地，使人民普遍分享豐盛的成果。然而，日正當中，無法持久，不久就偏斜；因而，這一卦亨通，但也隱伏著危機。

《豐卦》的卦辭寫道：「豐，亨。王假之，勿憂，宜日中。」有人認為是說作為象徵王師大舉進攻的《豐》卦，它亨通無比：說君王要率大兵親征，不必憂慮，只要在國力有如日中天的極昌盛時期出征就行了。這啟示我們，在生活中，要追求未來發展的空間，而不是只看眼前暫時的利益，這樣才能夠真正「豐厚光大」。

「日事日畢，日清日高」這是海爾的口號。海爾的全面品質管制當中，最重要的一個原則就是「三全」的原則，即全面的、全方位的、全過程的。全面品質管制主要是全員參與的管理。在整個品質管制過程中，「海爾」採取了日清管理法，就是全面地對每人、每天所做的每件事進行控制和清理，做到「日

事日畢，日清日高」。今天的工作今天必須完成，今天完成的事情必須比昨天有質的提高，明天的目標必須比今天更高才行。

其實，「日事日畢，日清日高」不僅對於企業管理很重要，對於員工個人來說也非常重要，堅持這個原則，可以保證我們的工作井然有序且保質保量的完成。「日事日畢，日清日高」是自我事務管理的黃金法則，它實際上有兩層意思：一是今日事今日畢，二是每天進步一點點。

1. 今日事今日畢

拖延的習慣最能損害及降低人們做事的努力。因此你應該今日事今日畢，否則可能無法做大事，也不太可能成功。所以應該經常抱著「必須把握今日去做完它，一點也不可懶惰」的想法去努力才行。歌德說：「把握住現在的瞬間，把你想要完成的事物或理想，從現在開始做起。只有勇敢的人身上才會賦有天才、能力和魅力。因此，只要做下去就好，在做的過程當中，你的心態就會越來越成熟。能夠有開始的話，那麼，不久之後你的工作就可以順利完成了。」

有些人一開始工作就會產生不高興的情緒，如果能把不高興的心情壓抑下來，心態就會越來越成熟。而當情況好轉時，就會認真地去做，這時候就已經沒有什麼好怕的了，而工作完成的日子也就會越來越近。總之一句話，必須現在就馬上開始去工作才是最好的方法。

即使只是一天的時光，也不可白白浪費。曾有一位員工在年終受到老闆忠告說：「希望明年開始，你能更加認真地工作。」可是那位員工卻回答說：「不！我要從今天開始就好好地認真工作。」雖然告訴你明年，其實就是要你現在開始的意思。不從今天而從明天才開始，好像也不錯，但比較起來還是要有「就從今天開始」的精神更為可嘉。

凡事都留待明天處理的態度就是拖延，對自己，對工作都不負責任。這不但是阻礙進步的惡習，也會加深生活的壓力。對某些人而言，拖延是一種

心病，它會使人生充滿了挫折、不滿與失落感。

雖然大多數人拖延的主要原因只有一個，那就是害怕失敗。但是喜歡拖延的人總是有許多藉口：工作太無聊、太辛苦、工作環境不好、老闆腦筋有問題、完成期限太急迫等等。所以，拖延的人從現在起就下定決心、洗心革面。拿支筆來，將底下對你最有用的建議畫條線，並且把這些建議寫到另一張紙上，再將它放在你觸目可及的地方，這樣做可幫助你改掉不好的習慣。

（1）列出你立即可做的事。從最簡單、用很少的時間就可完成的事開始。

（2）持續5分鐘的熱度。要求自己針對已經拖延的事項不間斷地做5分鐘，把鬧鐘設定每5分鐘響一次；然後，著手利用這5分鐘；時間到時，停下來休息一下，這時，可以做個深呼吸，喝口咖啡。之後，欣賞一下自己這5分鐘的成績。接下來再次重複這個過程，直到你不需要鬧鐘為止。

（3）運用切香腸的技巧。所謂切香腸的技巧，就是不要一次吃完整條香腸，最好是把它切成小片，小口小口地慢慢品嘗。同樣的道理也可以適用在你的工作上：先把工作分成幾個小部分，分別詳列在紙上，然後把每一部分再細分為幾個步驟，使得每一個步驟都可在一個工作日之內完成。每次開始一個新的步驟時，沒有完成，絕不離開工作區域。如果一定要中斷的話，最好是在工作告一個段落時，這樣工作容易銜接。不論你是完成一個步驟，或暫時中斷工作，記住要對已完成的工作給自己一些獎勵。

（4）把工作的情況告訴別人。讓關心這份工作的人知道你的進度和預定完成的期限。注意「預定」這個辭彙，你要避免用類似「打算」、「希望」或「應該」等字眼來說明你的進度。因為這些字眼表示，就算你失敗了，別人也沒必要為你感到沮喪。告訴別人的同時，除了會讓你更能感受到期限的壓力外，還能讓你有聽聽別人看法的機會，產生一定的監督作用。

（5）在行事曆上記下所有的工作日期。把開始日期、預定完成日期。還有其間各階段的完成期限記下來。不要忘了切香腸的原則：分成小步驟來完

成。一方面能減輕壓力，另一方面還能保留推動你前進的適當壓力。

（6）保持清醒。你以為閒著沒事會很輕鬆嗎？其實，那也是相當勞心累人的一種折磨。不論他們每天多麼努力地決定重新開始，也不管他們用多少方法來逃避責任，該做的事，還是得做，壓力不會無故消失。事實上，隨著完成期限的迫近，壓力反而與日俱增。所以，你千萬不要拖拉，把今天的事留到明天去做，那樣只會讓你有更大的壓力。

2. 每天進步一點點

今日事，今日畢，絕不把今天的事情留到明天去做，毫無疑問這是一個相當好的習慣。但是如果你以為僅僅做到「今日事，今日畢」就夠了，那就大錯特錯了。盡力完成當天的事會改變一個人懶惰和拖延的惡習，但是如果僅僅為了改掉這個壞習慣，每天都像是為了完成任務似的去做某些事情，就會讓事情的完成效果大打折扣。這麼做，不是對自己的工作負責，不是為在自己的前途鋪路，而是自己欺騙自己，自己斷掉自己前進的路。

事實上，做到了日事日畢，就應該去努力日清日高，就像海爾集團的管理要求那樣，爭取今天完成的事情必須比昨天有質的提高，明天的目標必須比今天更高才行。

那麼怎樣才能做到「日清日高」呢？

一是要從思想上端正自己的態度，進而改變自己的工作習慣，爭取每天都以最飽滿的精神投入工作，每天都達到最佳的工作狀態，每天都創造出讓自己滿意的價值。

二是在完成當天的工作後，要寫一個工作總結，這個工作總結不一定要寫得長篇大論、冠冕堂皇，它是給自己看的，不是給上司或同事看的。因此要簡明扼要地寫清自己今天工作的新收穫和存在的具體問題，給自己一個比較客觀的工作評估，並要針對問題列出解決問題的方法，對明天的工作提出一個較為明確的要求。第二天上班後，要翻出前一天寫出的工作總結，用以指

導當天的工作。

　　相信透過這種方法去要求自己，久而久之，你就會解決並杜絕工作中存在的問題，真正做到「日事日畢，日清日高」，每天都能進步一點點了。

卦五十六 · 旅

充分享受美好的人生之旅

上九：鳥焚其巢，旅人先笑後號咷。喪牛於易，凶。

象曰：以旅在上，其義焚也。喪牛於易，終莫之聞也。

「易」是場、田畔、國界。鳥飛得高，「上九」在最高位，所以用鳥比喻。「上九」剛爻在最上位，表示倔強傲慢。在旅途中，這種態度，會遭人厭惡，起初也許洋洋得意，最後必定號咷大哭，就像鳥的巢被燒掉，沒有可以安身的地方。上卦「離」是火，所以說焚。「牛」是柔順的動物，在田畔丟失了牛，象徵喪失了柔順的德性，所以凶險。

《象傳》說：「上九」在旅卦的最上方，當然被焚毀。在田畔喪失了牛，象徵終久會默默無聞。

這一爻，說明求安定必須柔順，不可倨傲。

旅卦，闡釋求安定的原則。盛大到極點，必然又陷入不安定的狀態，難有大的作為了。在不安定的狀態中，不正常現象極易出現，必須守正。應當大處著眼，先求安定，不可斤斤計較於細節。必須詳實檢討，審慎策劃，有萬全準備，然後行動。更須以謙虛的態度，結合群眾，獲得一切的支持與助力；手段更應當正當。這樣不計較一時的得失，態度光明磊落，柔和順其自然，把握

中庸原則，才能轉危為安；如果有恃無恐，倔強倨傲，得意忘形，就難逃失敗的命運了。

《旅》卦對我們的人生和如何充分享受美好的人生之旅有多方面的啟示。

快樂是一種境界

在人生之路上，即使是心心相印、白頭到老的夫妻也很難同年同月同日去，所以，愛情不會是我們永恆的伴侶；即使是著作等身的作家、造詣極深的發明家、登峰造極的科學家，他們旺盛的創造力也會隨著身體的衰老而逐漸萎縮，所以，事業不是我們永遠的旅伴；縱使是骨肉相連的親情和親密無間的友情，有時也會在時空的運轉中失去或變味；即使你曾經權傾一時，可是，花開終有花落時，官場風雲變幻無常，隨時都可能讓你墮身落馬；即使你有沉魚落雁之美，可是青春難駐，生命易老，你總有人老珠黃的一天。至於金錢更是來去無常，今天破產跳樓的那位，很可能就是昨天腰纏萬貫的富翁……那麼，還有什麼可以成為我們一生的伴侶呢？那就是快樂。

快樂就像是一個魔方，能給任何年齡的人帶來勃勃生機和活力，能讓消沉者發現生命的動力，讓默默耕耘者在無意中收穫，讓脆弱者變得堅強，讓強者更富有韌性……

快樂的心情不是與生俱來的，它雖有先天的基因，卻主要來自後天的陶冶。可以促使人們快樂的因素有很多，穩固的婚姻、和睦的家庭、真誠的友誼、高尚的精神、美好的願望都是快樂之源，而滿懷希望尤為重要。所以說，快樂誕生的前提是：你必須有使自己快樂起來的願望。

也許有的人會說，生活對我來說充滿曲折和坎坷，磨難一個接著一個，快樂於我總是遙不可及，我怎麼可能擁有快樂呢？其實，快樂與人生的順境和逆境無關，只與人的願望和努力的方向有關。你也許有一個不幸的童年，可是，你幼小的心靈裡充滿了不甘示弱的倔強，你當哭就哭，當笑就笑，用

勤奮和韌性代替心中的幽怨和委屈，就像磐石底下拱出的一棵嫩芽，不停地將彎彎曲曲的細長身體頑強地向上伸展，去竭力爭取得到陽光雨露的滋潤。於是，它的根在掙扎著生長的過程中深深地植入大地的胸膛，飽飲泉水和養分；它的軀幹和枝葉迎著燦爛的陽光茁壯成長，即便是在風雨中它也在不停地歌唱。所以，童年不幸的你，完全可以像這棵嫩芽一樣，用堅強和樂觀洗去臉上的陰鬱和眸子裡的癡呆，一步一步紮實地朝前走，最後，你一定會長成一棵參天的大樹。

也許你在情感路上突然遭受了一場嚴重的傷害，你的心被摧殘得支離破碎，你覺得就像失去了靈魂的人，但是，只要你心中還有一絲快樂，那麼，它就會慢慢治癒你心頭的創傷——天涯處處有芳草，快樂會幫助你重新找到屬於你的愛。

也許健康的你突變成了殘疾；也許原本家財萬貫的你突然變成了個一貧如洗的窮光蛋；也許聰明好學的你竟然高考失利……總之，世事無常，命運多舛，任何人都可能在任何時間和任何地點，遭受到不同的打擊和挫折，但是，只要有快樂和你同在，任何不幸都是暫時的，快樂會告訴你：一切的痛心、憤怒都不會使破碎的東西復原，那就讓它在記憶裡消失吧！快樂會幫助你及時把破碎的心情和生活整理一新，讓你和從前一樣，繼續做該做的事情，很快，你就會發現自己又成了一個快樂的人。

任何事情的本身都沒有快樂和痛苦之分，快樂和痛苦是我們對這件事情的感受，同一件事情，你從不同角度來看待，就會有不同的感受。比如就就業業工作著的你突然遭遇了被解職，你可以抱怨命運的不公平，可以痛恨上司的無情，但你也可以這樣想：命運成就了我又一次選擇職業的機會，也許，從此我的生活會變得比以前更充實、更富裕。於是，你心情輕鬆地踏上了求職的道路。一切的不愉快都不必掛在心頭，更無須梗阻於喉，那樣只能傷害身體。一切都會有的，麵包會有的，牛奶會有的，工作也是會有的。總之，只要保持快樂的心情，一切都會有的。

　　事本無異，異的是心情。邁克和湯普森幾年前跟人合夥做生意，運貨船突遇風浪，他們所有的夢想都沉入了海底。邁克經不起這個打擊，從此一蹶不振，整天失魂落魄，神思恍惚。可是湯普森卻活得有滋有味，他每天白天去碼頭做搬運工，晚上去圖書館閱讀行銷方面的書籍，生活得很充實、很快樂。於是，邁克就去問湯普森，為什麼經歷了那麼大的挫折，他還能樂得起來。湯普森說：「你咒罵，你傷心，日子一天天地過去；你快活，你高興，日子也一天天地過去。你選擇哪一種呢？」他還勸邁克說：「你每天花一些時間重溫一下當天發生的美好事情，這樣堅持下去試試，你會發現一切都會好起來的。」果然，透過這種方式，邁克很快就培養起了對生活的積極態度，從而變得快樂起來，不久，他就完全振作起來，在家人和朋友的幫助下，又開始從小生意做起，如今，他已經成為一個成功的大商人了。

　　一個人快樂與否與物質和社會環境無關，生活在和平、繁榮國度裡的人，不一定就更快樂。科學家研究證明，第二次世界大戰以來，人們的生活品質在諸多方面都有所提高，然而，自認為生活快樂的人並沒有增加。相反，擁有壞心情的現代人卻增加了近10倍。金錢和財富似乎能夠帶來快樂，然而，當收入能夠滿足基本需求之後，金錢就不再是快樂的源泉。人們對優越的生活條件習以為常後，就缺少了對生活的新奇感，從而也就遠離了快樂。

　　快樂，其實是一種境界，一種追求，一種憧憬，快樂也是一種情緒，懂得了控制情緒的方法，你就站在了快樂的一方。誰都無法「平安無事、無憂無慮」地過一輩子，誰都可能遇到不盡如人意的事，有的人往往能從挫折中發現人生的真諦，從困難中取得生存的經驗，從而歡樂常伴，勇於奮進，終於到達成功的彼岸；而有的人則把苦難和憂愁悶在心裡，整日煩惱不盡，沉淪不能自拔，不僅苦難照舊，事業無成，而且累及身心健康。因此可以說，一個人快樂與否，不在於他是否遇到什麼困境，而在於他怎樣看待和對待困境。也就是說，消極心態與快樂無緣。

　　很多時候，我們在塵世忙碌地奔波，忘了自己為什麼而活著，忘了感

動，忘了快樂。但你是否想過，其實我們是如此富有，如此快樂，因為我們身體健康，我們平安地活著。

「你知道，你愛惜，花兒努力地開。你不知，你厭惡，花兒努力地開。」是的，花兒總是在努力地開，美好的日子也在一天天地往前走，你是要痛苦地捱過一個個日子，還是希望愉快地度過每一天？我們大家都應該記住的是：你所擁有的一切都可能離你而去，只有好的心情將伴你一生，直到永遠。

懂得品味生活才會抓住幸福

在人生的長河裡，每個人都活得很辛苦，每個人都有著這樣的失意、那樣的挫折：要活，要吃，要穿，便要去找工作，去掙錢，去養活自己也養活家人；要等著評職稱，晉級，加薪，買房子；要去面對生活中的種種瑣事……然而，這一切並不可怕，因為，終有一天這些都會成為過去，我們會迎來新的生活。可怕的是，也許有那麼一天，我們對生活失去了熱情，那樣我們生活就會沒有亮點，一切就會索然無味。

生活本身充滿著酸甜苦辣，要平和地對待生活中的每一件事，要善意地對待周圍的每一個人，要永遠保持一種真誠、友愛、寬容、健康的心態，用心去感受生活對我們哪怕是極其微小的恩賜。

從前，在迪河河畔住著一個磨坊主傑克，他是英格蘭最快活的人。傑克從早到晚總是忙忙碌碌，同時像雲雀一樣快活地唱歌。傑克是那樣的樂觀，以致「感染」了周圍的人，他們也都樂觀起來了。這一帶的人都喜歡談論傑克愉快的生活方式。有一天，國王也聽說了傑克，於是說：「我要去找這個快樂的磨坊主談談。也許他會告訴我怎樣才能快樂。」

他一邁進磨坊，就聽到磨坊主傑克在唱：「我不羨慕任何人，不羨慕，因為我要多快活，就有多快活；」

「我的朋友，」國王說，「我羨慕你，只要我能像你那樣無憂無慮，我願

意和你換個位置。」

傑克笑了，給國王鞠了一躬：「我一定不會和您調換位置，國王陛下。」

國王問：「是什麼使你在這個滿是灰塵的磨坊裡如此高興、快活呢？而我，身為國王，卻每天都憂心忡忡，煩悶苦惱。」

傑克又笑了，說道：「我不知道你為什麼憂鬱，但是，我能簡單地告訴你，我為什麼高興。我自食其力，我愛我的妻子和孩子，我愛我的朋友們，他們也愛我。我不欠任何人的錢。我為什麼不應當快活？這裡有這條河，每天它使我的磨坊運轉，磨坊把穀物磨成麵，養育我的妻子、孩子和我。」

國王說：「我羨慕你，你這頂落滿灰塵的帽子比我這頂金冠更值錢。你的磨坊給你帶來的，要比我的王國給我帶來的還多。如果有更多的人像你這樣，這個世界該是多麼美好啊！」

幸福直接與我們自己的心靈有關，而與世俗的一切、與一切的物質都沒有什麼必然關聯。

不要以為幸福直接等於金錢，不要以為幸福直接等於情愛，不要以為幸福就是香車寶馬、功名利祿，不要以為幸福就是隨心所欲地生活；幸福是另外的東西，是有靈性的東西，是需要有微妙對應的東西。只有懂得收藏才會懂得品味，只有懂得品味才會抓住幸福。

其實，對於大多數人來說，在和平年代裡，只要內心充滿陽光，一心一意地享受世界的精彩，就已經是幸福了。如果你身體健康，沒有疾病，那麼你很幸運，所以，你應該對生活感恩。如果你從未嘗過戰爭的危險、牢獄的孤獨、酷刑的折磨和飢餓的滋味，那麼，你的處境還比較好，所以，你應該對生活感恩；如果你的冰箱裡有食物可吃，身上有衣可穿，有房可住，那麼，你還算富有，所以，你應該對生活感恩。如果你在銀行裡有存款，錢包裡有鈔票，口袋裡有零錢，那麼，你屬於幸運之人，所以，你應該對生活感恩；當你對生活充滿了感激時，你會覺得自己得到了很多很多，你會覺得自己是幸福的，因為，命運並沒有拋棄你。縱然生活中有風有雨，你也不會害怕，因為，你有那

麼多愛你的人會支持你……

　　如果你有一份很好的工作，有一個很和諧的婚姻，孩子聰明乖巧，父母身體健康，經濟狀況也不錯，也有很好的朋友，可是，你還是覺得有好多的煩惱，那就是你不知足，不懂感恩了。在這個世界上不是所有的人都有食物吃，不是所有的人都擁有健康的身體，風雨交加的日子裡，有的人沒有房子可以遮風擋雨；夜幕落下的時刻，有的人沒有燈光可以照明……因此，如果你衣食無虞，你就應該擁有一顆「感恩」的心。善於發現事物的美好，感受平凡中的美麗，我們就會以坦蕩的心境、開闊的胸懷來應對生活中的酸甜苦辣，讓原本平淡的生活煥發出迷人的光彩。

　　其實，「感恩」是一種生活態度，一種善於發現美並欣賞美的道德情操。人生在世，不如意事十有八九。如果我們囿於這種「不如意」之中，終日惴惴不安，那生活就會索然無趣。

　　哈佛大學曾做過一項有趣的心理調查。調查人員給調查對象打了個電話，問道：「你現在在幹嘛？」

　　「上班。」

　　「上班感覺怎樣？」

　　「沒勁極了，枯燥乏味。」

　　「那你希望做點什麼？」

　　「再等兩個小時下班就好了，我可以和同事一起去酒吧。」

　　兩個小時後，調查人員又打電話給他。「你現在在幹嘛？」

　　「和同事在酒吧。」

　　「感覺該好些了吧？」

　　「還是沒勁，都是些無聊的話題，我正打算去找女朋友。」

　　過了一小時，調查人員再次撥通了他的電話，「和女朋友在一起快樂嗎？」

　　「別說了，煩死了。說話時，有個女同事打來電話，詢問工作上的事

情，女朋友硬是要我交代是不是有外遇了。你說這能不煩嗎？我還是回家算了。」

到了晚上，調查人員的電話剛撥通，這個被調查者就先開口了：「別問了，很沒勁，雜誌翻完了，電影看完了，有點寂寞。」

「那你想怎樣？」

「還是上班好，明天工作努力點，好讓薪水多增加點。」

有時候，有工作可做也是一種幸福。每一份工作其實都有它的樂趣，對工作我們也應該學會珍惜。

當我們埋頭工作了許久，終於在某一時刻圓滿地完成了預想的工作時，我們站起身來，推開窗，恰好這一天外面是藍天白雲，空氣清新，那麼，不要忽略了這一刻，這就是幸福。慢慢品味它，享受它，並且收藏它吧。

人的一生，是一個不斷感動的過程，也是一個不斷尋找自我的過程。我們只有在真實面對自我的時候，才會由衷地感動。

有一天，有人對俄國作家托爾斯泰說：「您真幸福，您所愛的一切您都有了。」托爾斯泰說：「不，我並不具有我所愛的一切，只是我所有的一切都是我所愛的。」

也許是生活的壓力太大，有些人說：「活著，真累。」也許是遇到不順心的事太多，有些人說：「活著，真煩。」也許是對柴米油鹽的平凡生活厭倦了，有些人說：「活著，真沒勁。」這裡，有一個如何認識生活的問題，也有一個如何調整自己心態的問題。生活是真實而粗糙的，它不會總是一帆風順，更多的時候它是平凡瑣碎的，甚至顯得沉悶，我們不可能指望它天天都如狂歡節一般，而我們能夠做的就是擁有一種良好的心態。不對生活抱有不切實際的幻想，就不會太痛苦和失望。

印度有一個古老的故事，說佛陀為了消除人們的疾苦，就從人間選了100個自以為最痛苦的人，讓他們把自己的痛苦寫在紙上。寫完後，佛陀說：「現在，請你們把手中的紙條相互交換一下。」結果，這100個人交換看了別人的

紙條之後，個個都非常震驚：過去總以為自己是最「不幸」的人，現在才知道很多人比自己更痛苦，那麼，自己還有什麼理由消沉呢？

　　其實，我們都多多少少得到過生活的恩惠，接受過他人的幫助，但我們是不是都用心記住了這些，並因此多了一份感恩之情呢？如果你有一顆感恩之心，生活便會在你的眼裡變得越來越美好。如果你帶著感恩的心情去工作，你帶著感恩的心情去愛，那麼，你就會覺得生活著的這個世界就是天堂。

卦五十七‧巽

以柔濟剛，持正不阿

巽，小亨，利有攸往，利見大人。

「巽」的原義，是臺上放有物，假借為同音的遜，成為順與入的意思。巽卦，是一陰爻伏在二陽爻的下面，象徵伏、順。順從他人，就容易被接納，進入他人的心中；同樣地，順從自然的道理，就容易進入事物之中；所以，有入的含義。「巽」又象徵風，無孔不入。

巽卦是陰卦，以一個陰爻為主爻；因而陰柔，不會大亨，只能小有亨通。巽卦，是一陰爻順從二陽爻，陰順從陽，是自然的道理；所以前進有利，但順從也必須選擇對象，不可以盲從；因而，要順從偉大的人物才有利。

《巽》卦講述的是順從之道。巽順之道固然需要謙遜柔順，但卑順太過，亦不合於巽順之旨，當以剛濟柔，以柔濟剛，持正不阿。採取剛柔相濟的處世原則才是明智的。

戰國時期，趙太后剛剛執政，秦國就向趙國發動了進攻，當時秦國兵強馬壯，勢不可擋，接連攻下了趙國三座城池。

趙國到了岌岌可危的地步，萬般無奈之下趙太后只得向齊國求救。但齊國也懼怕秦國，苦於趙太后的苦苦相求才決定出兵援趙。但是，齊國要求趙

太后把小兒子長安君送到齊國當作人質，然後才能發兵。

　　趙太后最喜歡最疼愛的就是小兒子長安君。她早已為長安君謀劃好了光明遠大的前程，但是現在為了趙國，她必須讓長安君去做人質。經過苦苦思索，母愛超越了理智，趙太后拒絕了齊國的要求，因為她不願看到自己最疼愛的兒子去冒死亡的危險。

　　對於太后這一極不理智的決定，趙國的文武大臣們極為不滿，眼看秦國大兵壓境，趙國只有招架之功，根本沒有還手之力，整個國家朝不保夕，只有齊國出兵才能拯救趙國。可是，身為一國之主的趙太后卻置國家安危於不顧，只念及母愛私情。

　　於是眾大臣輪流進諫，陳述利害，苦口婆心，想說服太后，搬來齊國的救兵。無奈趙太后卻是個「意志堅定」之人，無論是誰勸諫，無論大臣們怎樣講，就是一言不發。

　　到了後來，只要誰一提及此事，她馬上將人拒之門外，閉門不見。滿朝文武都以為國將不國了。

　　正在眾人左右為難之際，趙國威望極高的左師觸龍來了。太后聽得稟告，料到觸龍也是為此事而來，有心不見，但念及觸龍乃幾朝重臣，對國家功勳卓著，這才勉強宣觸龍進見。

　　觸龍見了太后，絕口不提長安君之事，先是給太后請安，隨後又關切地問起太后的飲食起居。一番噓寒問暖讓心力憔悴的太后備受感動，從而就對觸龍有了幾分好感。

　　觸龍見太后氣色平和，明白她心中的敵意已消。於是，就和太后拉起了家長，從日常瑣事談起，最後扯到觸龍自己的小兒子身上。觸龍告訴太后，自己非常疼愛小兒子舒棋，為著兒子將來著想，希望太后能將他安排進黑衣衛士的隊伍，以在保衛皇宮中建功立業。如此一來，太后像遇到知音一樣，極感興趣地問道：「你們男人也會疼愛兒女嗎？」

　　觸龍回答道：「那當然，比你們做母親的還疼呢！只不過，依我看，太后

疼愛女兒燕后要勝過疼愛小兒子長安君。」

太后吃了一驚，急忙追問：「為什麼？」

觸龍解釋道：「父母疼愛子女，就要為他們作長遠打算，我記得當年燕后出嫁去燕國時，您是那麼依依不捨，之後儘管很想念她，但又總是祈禱燕后在那裡好好地生兒育女，將他們養育成人繼承王位，這不正是為燕后的長遠利益打算嗎？」

趙太后表示贊同地點了點頭。觸龍接著說：

「如今，太后您使長安君獲得的地位夠尊貴了，封給他的地也夠多了，權力也越來越大，然而，您卻忽視了最重要的一條，就是沒有給長安君建功立業的機會。假如有一天太后不在了，長安君靠什麼在趙國立足呢？那些文武大臣們會服他嗎？所以，請太后重新考慮一下，您的決定是否有不妥之處呢？」

聽到這裡，太后陷入了沉思，最終她答應了齊國的要求，把長安君送入齊國當人質，終於齊趙聯合，打退秦軍。

《史記·滑稽列傳》中也記載著一則這樣的故事。

楚莊王十分喜愛他的一匹馬，但這匹馬因過於養尊處優，太過肥胖而死。莊王命令全體大臣為死馬致哀，並要用一棺一槨裝殮，按大夫的禮節舉行葬禮。百官紛紛勸阻，莊王大動肝火，下令誰再勸阻，定判死罪。

宮中有個叫優孟的人，進宮號啕大哭。莊王問為什麼，優孟說：「這匹馬是大王最心愛的馬，以楚國之大，什麼東西弄不到！現在卻只以大夫的葬禮來辦喪事，實在太輕慢了！我請求用君王的禮儀來埋葬。」

楚莊王一聽甚為高興，便問：「依你之見，怎麼個埋葬法呢？」

優孟說：「最好以雕琢的白玉做棺材，以精美的梓木做外槨。還要建造一座祠廟，放上牌位，追封它為萬戶侯。這樣天下的人就知道，大王是輕賤人而貴重馬了。」

楚莊王一聽，如夢方醒，說：「我的過錯竟到了這種地步！」

優孟說服楚莊王輕馬重人，不是直言相阻，而是以退為進、以柔濟剛，先消除了莊王的對抗情緒和排斥心理，最後取得論辯的勝利。

據說，德國末代皇帝威廉二世，最愛吹牛。有一次，他到英國訪問，公然聲稱德國是唯一對英國友善的國家，因為有德國相助，英國人才不至於被蘇俄和法國所侵略；也是由於他，英國才打敗了南非的波爾人。這樣一些令人難以置信的話，竟出自一位皇帝之口，歐洲各國議論紛紛，英國人尤其憤怒。德國的政治家們驚慌失措，不知如何是好。

德皇意識到自己犯了錯誤，但又沒有勇氣承認，於是他找來大臣布羅親王，想讓他做自己的替罪羊。他授意布羅親王：是他建議皇帝說了那些荒唐的話。布羅親王當場表示難以接受威廉二世的授意，德皇為此大為惱火。

為了說服德皇，布羅親王調整了策略，對德皇說：「我沒有資格說剛才的話。陛下在許多方面的成就，我都不敢望其項背。臣曾聽過陛下談論晴雨表、無線電和X光，而我在這些方面幾乎一無所知。但是……」布羅親王繼續說，「臣正好有些歷史方面的知識，這可能對政治有些用途，尤其是外交政策。」

僅僅這幾句話，使德皇轉怒為喜，他笑著安撫布羅親王：「老天！我不是常告訴你，咱們是最佳搭檔，互補有無嗎？我們應該永遠在一起，我們會的！」

布羅親王就這樣奇蹟般地平息了傲慢自負的德皇威廉二世的惱怒情緒。他使用的正是論戰中的以柔濟剛術。

以柔濟剛術就是在論辯中避免正面衝突，作一定程度的退讓，緩衝對方的心理和情緒，調整進攻的策略和方向，伺機反撲，克敵制勝。1945年7月，中、美、英、蘇四國敦促日本無條件投降的波茨坦宣言規定，設立遠東國際軍事法庭，在日本首都對戰犯進行了審判。中國是受降國之一，梅汝璈作為中國法官參加審判。

開庭前為了法庭上的座次問題發生了爭議。在審判法庭上居中坐首席

的是庭長，已經由盟軍最高統帥麥克阿瑟指定，由澳大利亞德高望重的韋伯法官擔任。庭長之外還有美、中、英、蘇、加、法、新、荷、印、菲等十國法官。庭長右手的第一把交椅，似乎已屬於美國法官。為了庭長左手的第一把交椅，各國法官爭論甚為激烈。

梅汝璈意識到他是代表四億五千萬中國人民和千百萬死難同胞，來遠東國際法庭清算戰犯罪行的。當時中國雖稱為「世界四強」之一，但只是徒有虛名。面對這些各執一詞、互不退讓的八國法官，為了國家的尊嚴和榮譽，應該當仁不讓。梅汝璈當眾宣稱：

「若論個人之座位，我本不在意，既然我們代表各自的國家，我還需要請示本國政府。」

一句話將各國法官驚呆了。試想九國法官都要請示本國政府，本國政府的指示來了，彼此不一致又將怎麼辦？照這樣到哪一天才能排定席次？

「另外，我認為法庭座次應按日本投降時各受降國簽字順序排列才合理。今天是審判日本戰犯，中國受日本侵害最嚴重，而且抗戰時間又最長久，付出的犧牲也最大。因此，有八年浴血抗戰歷史的中國應排在第二位。」

與各國法官漫無原則的紛爭相比之下，梅汝璈提出的中國應排在第二把交椅的理由如此充分，顯得無可爭辯，法官們提不出什麼異議來。

可是，到了開庭的前一天預演時，庭長韋伯突然宣佈入場順序是美、英、中、蘇……梅汝璈看出如果預演時不據理力爭，次日開庭的座次就因此排定了。他立即提出抗議，並脫下黑色法袍，拒絕登臺。

「今天預演已經有許多記者和攝影師在場，一旦明天見報，便是既成事實。既然我的建議在同仁中並無很多異議，我請求立即對我的建議進行表決。否則，我只有不參加預演，回國向政府辭職。」梅汝璈一臉嚴肅地說。

庭長韋伯只得召集法官們表決，最後按日本投降書各受降國的簽字順序：美、中、蘇、加、法……排定入場先後和法官座次。

在唇槍舌劍的交鋒之中，一味地強攻疾進是不可行的，就像打出拳頭之

前要先收回拳頭一樣，所以有時為了出擊有力，還須適當退卻。只有始終牢記目標，洞察進退的利害，把握進退的時機和分寸，以退為進，才能掌握主動，穩操勝券。

在這場圍繞著法庭座次問題的論辯中，代表中國法官參加審判的梅汝璈靈活而有效地實施了這一戰略戰術來維護國家的尊嚴和榮譽。當他看見各國法官無視中國之時，立即當眾宣稱：「還須請示本國政府」，表面上似乎是暫時退出爭論，其實是讓大家不知所措。如果各國都來個「請示本國政府」，何年何月才能收回「指示」，各國政府「指示」不一，又到猴年馬月才能統一？這一招奏效後，他立即轉退守為進攻，義正辭嚴地提出了按日本投降時各受降國的簽字順序排列的方案。並無可置辯地闡述了受害深重的中國應當居第二位的理由，使各國法官無可異議。

然而第二天預演時有人從中作梗、突然發難，企圖用既成事實逼迫中國法官就範，梅汝璈又來了個二「退」：表示抗議，聲稱得回國向政府辭職，但「退」中有「進」，要求立即對自己的建議表決。這一招，梅汝璈是胸有成竹的，因為作為聯合國五大常任理事國之一的中國法官一退出，審判只能延後；而法官們要表決又只能採取對當時唯一的中國法官的提議表示贊成或反對的辦法。表決結果證明，梅汝璈以柔濟剛的策略是英明的，中國法官排在了第二個席次。

卦五十八‧兌

用良好態度接納自己

兌；亨，利，貞。

兌卦與巽卦，是「綜卦」，謙遜使人喜悅，自己也喜悅，互為因果。《序卦傳》說：「入而後說之，故受之以兌；兌者說也。」

「兌」是說的本字，是說話或笑的模樣；因而，這一卦有言語與喜悅的含義。兌卦，是一陰爻前進到二陽爻的上方，有喜悅表露於外的形象。

由兌卦的卦形來看，內外卦都是剛爻得中；柔爻在外；是中庸，外柔內剛的形象，當然使人喜悅，可以亨通。然而，也並非不分是非，一味地使人喜悅，而是動機純正，固守正道，使人喜悅，才會有利。

《兌》卦說的是人與人之間應如何建立和悅相處、相互信任的關係。《易經》對喜悅之道是有鮮明的標準的。喜悅要自然而生，不要摻雜私心和私欲，認為有意地去取悅於人或引誘人取悅於我，這都是有凶險的、在面對別人的時候，為了能夠自然而生喜悅，首先要對自己保持一種愉快而滿意的接納態度，也就是說，首先要正確地認識自我，愉悅地接納自我。

找到自己的音符

人生的旅途上，有些人或許已經找到自己所要的那個音符，找到了自己的人生發展節奏，這可喜可賀，卻也要繼續努力；而那些仍在尋找的人更不必氣餒，過程遠比結果來得重要。

如同偉大的作曲家心無旁騖、孜孜不息地尋找一個最能撼動他的音符，不管是從事何種行業的人，那最令人滿足、安慰的時刻，的確是在自己歷經「千山萬水」之後終於找到了的一瞬間。登山者攀越高峰，淌著熱汗，一步一腳印地爬上去，面對挑戰，戰勝挑戰，達到頂峰，那一刻的心靈震撼，絕對是無可比擬的！

人生最大的驕傲，不在名利或權勢。名利、權勢不過是暫時的錦上添花、過眼雲煙。倒不如試著學習認識自己的潛能，對自己的言行負責，並在設定方向之後，不畏艱辛，努力、不懈地追尋，一旦真的找著了最能感動自己靈魂的「那一個音符」，必得人生至樂！

保持內心的寧靜和應有的美德

在這個生活節奏極快的時代裡，沒有充裕的物質條件，心理同樣會受到傷害，所以同時也應具備努力賺錢的意識。然而，一個真正健全的人追求的應該是金錢的成功，而非恐懼、緊張、疾病與哀愁。這就是說，在擁有金錢的同時，還要擁有心境的寧靜和應有的美德。唯有如此，我們的生命才算完美無瑕，也只有這樣才能不斷地創富。

拿破崙·希爾曾說過，在取得你想從生活中得到的東西時，無論你取得什麼成就，主要取決於那些對你有信心，並信任你的人。

IMC公司的總經理瑪麗女士是一位非常有個性的女強人，她工作上熱情高，能力強，年輕漂亮，充滿一種健康向上的力量。在事業上是一位非常成功的企業家。綜觀她的優點，最大的長處是她總是那麼謙虛，關心人，待人體貼，尤其是對下屬更是如此，從不刻意地去表現自我。

有一位採訪過她的記者曾這樣生動地寫道：「不論你來自何方，只要有

機會與她相處，她總是把你當作是她的重要客人。當你與她說話時，她的眼神、語言總會讓你忘了面對的是一名赫赫有名的女企業家，而是與你親密相伴的朋友。她會認真地傾聽你的意見，讓你大膽地發表自己的意見和觀點。如果有別人在場，她並不會因為你僅是一名年輕的業務員或打字的秘書而怠慢你，仍然把你當作好朋友一樣熱情對待。」

這種與人為善的優點，將彌補她身上具有的一些缺點，這也是她成功的訣竅所在。

人們總這樣認為，公司的老闆如果謙虛了，反而不好。事實上，不少成功的領導者，待人接物總是那樣謙虛和隨和，並非常人所想的那樣。IMC公司的總經理在召開董事會時，總是想方設法把公司的成功歸於屬下，從不獨享，雖然這些取得業績的決定絕大多數都是她做出的。這正是她的高明之處。

這種優點和管理的妙方，對於任何人來說，都是可以學到的，並不那麼深奧。它對於任何級別的主管和任何層次的創業者來說，都是應該充分掌握的一種有效的管理手段。

表現出愛與和善的精神

人更多時候怕的是寂寞。孤獨的人心中會有著這種希望：「我真希望能成為一個受人歡迎，為人所樂於親近的人。」只是因為他們自己生性孤僻，缺乏吸引朋友的磁力，所以沒有多少人願意和這樣的人交往，使這些人失去了生活上的很多樂趣。

對任何人，如果能在言談舉止中表現出親愛與和善，他自身的吸引力就會在不知不覺中大增。在社交上，如果你能走出封閉的孤獨，處處表現出愛人與和善的精神，樂於助人，那麼就能使自己猶如磁石一般吸引眾多朋友。

吸引他人最好的方法是待人以誠，但不能做作，必須真誠地關心他人。許多人之所以不能吸引他人，是因為他們過分專注於自己，心靈與外界隔

絕，久而久之，便使自己陷入孤獨境地。

有這樣一個人，幾乎人人都不歡迎他，但他不知道是什麼原因。即使他參加一個公眾集會，人人見了他都唯避之唯恐不及。所以，當別人互相寒暄談笑、其樂融融之時，他一個人獨處在屋中的一個角落。即使偶然被人家注意，片刻之後，他也依舊孤獨地坐在一邊，整個人好似失去了吸引力的磁石一樣。

這個人之所以不受歡迎，在他自己看來乃是一個謎。他有很大的才能，又是個勤勉的人，每天工作完畢以後，他也喜歡在同伴中尋求快樂。但他往往只顧到自己的樂趣，常常給人難堪，所以很多人一看到他就避而遠之。但他絕未想到，自己不受歡迎最關鍵的原因在於他的自我封閉心理。他只想到自己而不顧及他人，竟然一刻也不能把自己的事情擱起來談談他人的事情。

一個具有良好德行的人是不會寂寞的，有些人之所以寂寞，是因為他們在心理上不去修橋築路，反而築牆將自己圍堵起來。在寂寞時，我們渴望別人的熱情關懷。所以，克服寂寞的另一個好方法就是儲存你的熱情。

心理學家發現，有自我中心傾向的人特別容易感到寂寞，所以當你逆向操作，忘卻自己而真心關懷他人時，就會產生與對方有互相關聯的感覺。感到自己與他人有聯繫，而不再是孤單的個體時，就會大幅減低疏離的感覺，寂寞也就無從產生。

因此，不寂寞的關鍵在於關心——關心他人，關心身邊的一切。

孤獨是人生的難題，寂寞是人生的常客。沒有誰會把你孤立起來，除非是你自己把心靈封閉起來，別人才會覺得與你難以相處。人活著既能享受孤獨，又能超越寂寞，這樣才能讓人生的快樂與你對飲。

熱忱可以改變一個人對自己、對他人、對學習與生活的態度，熱忱使得一個人更喜愛人生。一個人成功的因素很多，而居於首要的因素就是熱忱。要想解除自己對生活的無聊空虛感，最根本的還是在於認定一個生活中願意為之奮鬥的目標，即對人生有所想有所盼，對自己有目標有要求。夜深人靜時

不妨捫心自問：我最想得到的是什麼？我最喜歡的是什麼？我最嚮往的是什麼？你為自己找到了答案，便是得到了一股把自己發動起來的力量。看看周圍的人們，他們生活得快樂、充實、興致盎然，是因為他們特別有錢嗎？他們才貌出眾嗎？他們名氣特別大嗎？都不是。他們的快樂源自於，他們善於從平平淡淡的生活中發掘和體驗到一些具有真情善意、美好快樂的東西，他們對生活充滿了熱忱。沮喪的人不妨試著改變一下自己：

愛自己，學會管理自己。懂得愛自己才懂得管理自己。只有愛自己，將自己作為一個有價值的人予以接受，才能做自己的主人。你可以從別人那裡得到指點和方法，但最終給你生命答案的還是你自己。只有愛自己的人，才知道去愛別人，並透過幫助自己、關心自己來幫助別人、關心別人，並從中享受到真正的快樂。學會愛自己，不是姑息放縱自己，而是勤於律己和糾正自我，在自己孤立無援時，學會給自己一個微笑、一枝鮮花，懷著美好的理想和願望，走出自我消沉的黑夜，去擁抱屬於自己的清晨。

改變你的想法，擺脫舊自我。卡耐基說：「豐富生活的唯一途徑就是改變你的想法。」作為一個懈怠者，你總有一種「定型」的意識，那就是內心似乎充滿著「破滅與無望」。其實你完全有「能量」抗衡這種消極心理，只不過是你一時意識不到罷了。如果你始終認定自己是無能的人、失敗的人，那麼，無論你怎樣努力，總免不了失敗。只有肯定自己，才能把握自己，強化優點，發揮優勢。而始終以消極念頭看待自己，只會使自己越來越看低自己，且易生沮喪和感到許多無謂的壓力。

讓心情沐浴陽光

每個人都會有這樣的感覺，當我們生活都一帆風順的時候，我們就有一種壓抑不住的衝動和快樂，這個時候，我們渾身上下每一個細胞都充滿了勃勃的生機和活力；而當我們在事業或感情上遇到了挫折時，除了少數意志力堅強的人可以很快地恢復以外，大多數人都會落入感情的低谷，自卑、自責，

甚至開始懷疑自己的能力，從而失去了生活的動力，變得開始不思進取、碌碌無為。

在我們陷入人生低潮之時，若我們因懼怕而逃避，那只會令我們越陷越深，找不到出路。凡人畢竟不是聖賢，如果說逃避也是一種態度，那我們何不豁達一些，坦然接受。想起普希金說的，陰鬱的日子裡需要鎮定。同樣，人生狹隘之處要豁達。

豁達可以讓世界海闊天空，豁達可以讓爭吵的朋友重歸於好，豁達可以讓多年的仇人化干戈為玉帛，豁達可以讓兵戎相待的兩國和平友好。雖然說豁達的胸懷是靠看不見的內涵作基礎的，但俗話說，境由心造，每一個人若都能以博大、高尚的心境來容納一切的話，那麼世界就會變得般可愛、美麗。

不要幻想生活總是那麼圓圓滿滿，也不要幻想在生活的四季中享受所有的春天，每個人的一生都注定要跋涉千山萬水，品嘗苦澀與無奈，經歷挫折與失意。在漫漫旅途中，失意並不可怕，受挫也無須憂傷，只要心中的信念沒有萎縮，只要自己的季節沒有嚴冬。艱難險阻是人生對你另一種形式的饋贈，艱辛也是對你意志的磨礪和考驗。這何嘗不是一種達觀、一種豁達、一份人生的成熟、一份人情的練達。

在生活中，一定要讓人豁達些，因為豁達的自己才不至於鑽入牛角尖，也才能樂觀進取。還要開朗些，因為開朗的人才有可能把快樂帶給別人，讓生活中的氣氛顯得更加愉悅。

如果常保快樂的心情，就不會把人與人之間的瑣事當成是非。有些人常常煩惱，就是因為別人一句無心的話，他卻有意地接受，並堆積在心中。

一個人的快樂不是因為他擁有得多，而是因為他計較得少。多是負擔，是另一種失去；少非不足，是另一種有餘；捨棄也不一定是失去，而是另一種更寬闊的擁有。做人只有豁達大度，才能把一切都看作「沒什麼」，只有把一切都看作「沒什麼」，才能在危難時從容自如，在憂愁時增添幾許快樂，在艱難時頑強拚搏，在得意時言行如常，在勝利時不驕不傲。

卦五十九·渙

調整心態避免失望的情緒

上九：渙其血，去逖出，無咎。

象曰：渙其血，遠害也。

「血」是傷害，「逖」是遠的意思。「上九」已是渙散的極點，但距離下卦「坎」的險最遠，不會受到流血的傷害。所以，遠離可能受傷的場所，就不會有災難。

這一爻，說明拯救渙散，應除害。

渙卦，闡釋挽救渙散的原則。在豐盛安逸的環境，人心容易渙散，以致離心離德，重私利而忘公益，使風氣敗壞，破壞團結；必須及時拯救。因而，當顯露渙散的跡象時，應當以強有力的對策，及時挽救。首先應順應民情，先求安定，並且消除私心，消滅派系，抑制私利，革除弊端，為公眾造福。唯有犧牲小我，完成大我，才能促成大團結，重新獲得安定。

《渙》卦「上九」爻辭的意思是告訴我們，要擺脫不良情緒，遠遠地避開它，不再接近它，就不會有什麼禍患。

塑造你的樂觀品格

你能夠選擇令自己滿意的生活。你的心態和意志能幫助你消除一切懷疑。

認真確定你想成為哪一類人。你想克服羞怯感嗎？想獲得高度的自信嗎？是否想消除焦慮和恐懼心理？每天多花一些時間來思考你理想中的那一類人，擁有良好的心態和堅定信心，你就一定能做到。

設想一種沒有憤怒、沮喪、仇恨、壓力，充滿安全感的生活，每天朝著這個方向努力，你會發現越來越容易控制自己的情緒。我以前的生活也被那些令人心煩絕望的情緒所包圍，用意念去消除它們，終於獲得自由的心境。

改變自己的最好方法就是當作自己已經改變成了一個全新的人，並按照新的方式行事。習慣逐漸成自然，很快這些行為方式和態度就會融入你的個性，成為不可分割的一部分。

行動前要預先設想清楚。消除先前對自身的一切成見和懷疑，如果懷疑仍然存在，你將發現要想改善和發展自己的品格是舉步維艱的。

不要因為任何人或任何事而氣餒，還要常常鼓舞和激勵自己。把你意識到並希望改變的不良心態、情緒和個性上的缺點一一列出。例如，你可能很想克服易怒、恐懼、妒忌猜疑、自滿驕傲等毛病，或是想從一個悲觀的人變成樂觀主義者。那麼你就把這一切整理列表，用以時時鞭策監督自己。

那些被公認為幸福快樂的人通常都滿足於自己目前的生活狀態，並且能坦然接受自己的過去和勇於面對未來。他們嚴格依照自己的作息時間安排來飲食、睡眠、工作。他們目的明確，與他人建立健康和諧的關係。他們可能是雄心勃勃的，但卻絕不自私。他們將遭遇生活未知的挑戰當作享受，並樂在其中，從而得以不斷的成長。

德國心理學家伊莉莎白·紐曼對品格特性做了一項研究，她將這項個性指標稱作「品格力」。她發現這個指標與外向性格和自負性格之間有緊密的聯繫。品格中擁有這個特性的人大都是以樂觀的心態看待這個世界。無論是在個人生活或是工作中，他們往往比其他人更積極活躍，也更成功。他們通常

處於領導者和具有影響力的地位。

而對於那些處於社會底層的人來說，「品格力」顯得尤為重要。相比較而言，那些富有或受過高等教育的人並不那麼迫切地需要這種力量，因為他們可以透過財富或社會地位來彌補其個性上的不足。如果你很貧窮，那麼一種堅強的品格一定能幫助你實現成功。

你現在的一切狀況都是你的思想造成的。你的心態、恐懼和習慣都是聽從你思想指導的。要改變它們的唯一方法就是改變你的想法。一旦你改變了自己的想法和觀念，你就一定能成為你渴望成為的那種人。

研究顯示，擁有堅強品格的人往往比其他人更加充滿積極的好奇心，並且更樂意嘗試新的任務。他們從影響他人中發現樂趣。他們通常毫不自私，並且更加主動地致力於幫助那些個性軟弱的人。

你可以隨時開始著手培養樂觀的品性，你並不需要具備更高的智商或是新的才能。你已經具備一切必需的東西。你從今天就可以下決心改變自己，去獲得你渴望的樂觀品格。

以樂觀的態度投入生活

生活往往使我們的預期成為現實。如果我們凡事都抱持一種消極悲觀的態度，認定別人對我們不懷好意，總是在輕視我們、傷害我們、欺騙我們，那麼，這一切最後就有可能成為現實。相反，如果你把自己心底所有負面的情緒都拋開，而是以一種積極、樂觀的態度投入生活，相信自己能夠達到設定的目標，那麼，最終你一定會成功。

樂觀的人，隨時隨地在渴望著成功的來臨。他們尋找一切機會，而且，總是希望擁有最好的結果。他們精力旺盛，做事一絲不苟，異常專注；恐懼、焦慮，這種種情緒與他們是無緣的。

大多數人都喜歡和樂觀的人相處，喜歡讓他們快樂的天性感染自己，喜歡他們的熱情。他們不僅自己成功，也幫助他們親近的人實現成功。

樂觀的人，常常是面帶微笑、態度溫和的，他們總是從周圍去發現積極有益的東西，總是對他人表現出嘉許的態度。物以類聚，在樂觀主義者的周圍，我們常常能發現其他的樂觀主義者，每天懷著期待在生活著。

　　在樂觀者的眼裡，挫折意味著機會，他們還會把這種健康向上的心態向他們的周圍傳播開。他們眼中的自己，也是很積極的形象；在他們的一切思想和想像裡，都為自己描繪了一幅美好的圖景，生活幸福，事業有成。他們總是預想自己的願望都會實現，他們也知道，想像是生活的最好動力，於是，總是樂於用最高的目標來激勵自己。

　　樂觀者對於未來常常會制訂一個計畫，總是能夠知道自己在往哪個方向去。他們知道自己的目標，所以身處逆境，只會激發他們的鬥志，使他們更堅強。他們歡迎挑戰，從不退縮，反而藉此來磨礪自己。

　　在生活中我們容易發現，如果一個人改變了他對周圍事物和人的看法，那麼，同樣地，這一切對他的看法也會相應改變。如果有人願意這麼嘗試，讓自己的思想做一個一百八十度的轉變，結果會讓他瞠目結舌：他的物質生活狀況竟然也會因此發生天翻地覆的變化。事實上，一個人未必能接近他所希望的一切，但卻可以接近與他同類的東西。真正塑造我們命運的那種神秘力量就在我們自己身上，就來源於我們內心那個真正的自我。我們在現實中所能實現的目標，也就是我們在思想中為自己預設的那個結果。如果我們希望能夠有所進步、有所勝利、有所實現，那麼，唯一的辦法就是先讓自己的思想跟上；如果不能做到這一點，還是讓自己的思想停留在原地，他就無法獲得力量，注定會生活在不幸之中。

　　樂觀的人，常常是面帶微笑、態度溫和的，他們總是從周圍去發現積極有益的東西，總是對他人表現出嘉許的態度。

以積極樂觀的方式與人交往

　　成功人士善於與人相處，因為他們深諳人際關係的奧妙。他們懂得必須

311

尊重那些每日與自己交往的人。

如果你不善與人交往，那麼，獲得成功的可能性不僅非常渺茫，而且萬分艱難。無數聰明而又極具才華的人，由於不能與他人建立積極和諧的人際關係，才生活得異常艱辛和苦悶。

每個人都能學會與人交流的藝術，而且也必須學會。

與人交往的兩個最重要的必備特質是富於同情心和能將心比心，要多從他人的角度考慮問題，為他人著想。

對他人付出同情心不會讓你花費任何代價，卻能使你獲得積極美妙的感受。如果你滿懷同情的對待他人，向他們表示你的關懷，你會得到意想不到的巨大收穫。

當與人交往時，你同時要學會做你自己，忠於真我。不要戴著假面具做人，偽裝成別的樣子。

要對人親切禮貌，展示自己高尚的風貌、善意仁愛以及對他人表示真誠的尊重。一定要抽出時間回覆他人的信件，答謝別人對你哪怕只是很小的一點幫助。路遇相識的人時，應該主動點頭問候，對他人的招呼要熱情回應。在適當的時候體貼關懷他人，或向人表達自己的感激之情。不要吝嗇給予那些值得被讚揚的人慷慨的讚美。

在這個廣袤的世界裡，人類千萬不能讓自己變得私心自利。我們不能過與世隔絕的生活，他人也不能遠離我們而生存。在家中、商場上、學校裡以及在世界任何一個角落，我們都離不開別人的幫助。我們應該學會與人合作而不是處心積慮地爭鬥，人類融和的價值遠遠大於分裂。

這個社會中有太多的人目光短淺，心胸狹隘得如同井底之蛙，他們看不到周圍的世界，眼中除了自己還是自己。他們只按照自己的意願行事，絲毫不顧及他人。人們應該為一個更大的群體充滿責任感，那就是人類。

日常生活中，大多數人都不樂意承擔責任去做任何需要他們越出自我的狹小天地去幫助別人的事情。無論他們走到哪裡，如小吃店、銀行或政府公

家機構，對於幫助別人的事，他們總是希望做得越少越好。他們的眼界從不會越過自我半點。

不論是在工作、購物或者享受他人的服務，你與人相處時的樂觀積極態度應該是發自肺腑的。讓人們知道你非常重視他們，而你也很樂意為他們服務。如果別人幫助了你，你要由衷地感謝他們，稱頌他們的幫助是多麼的及時、重要。

責任感是一種非常重要的品質。如果你承諾要做某事，你就一定要做到。如果你對自己的能力有所懷疑，那麼一開始你就不要信誓旦旦地胡亂許諾，因為你對別人給出的每個承諾，都要承擔責任。例如，如果你與別人約好在某時某地見面，那麼你就一定要準時到達；如果你答應要為某人做什麼事，那你就必須做好。

對他人要以寬容的心去對待。所以我們應該學會去包容他人，接受他們的本來面目。有的人也許秉持截然不同的信仰或生活方式。不要試圖去批評或挑剔他們，那只會顯示出你的淺薄無知。

尊重他人的感受和想法能使他們感到自己的價值。人們都喜歡體會做一個重要人物的感覺。你要去慷慨地讚美他們的一切成績，和他們一起為此慶賀。人們都喜歡被讚美奉承。

假如你誠心想幫助別人，那你就不能對他人的行為橫加指責，動輒嚴苛批評。批評毫無根據，只能引起別人的反感和對抗情緒，反而招致怨憤。你要盡量去更多的瞭解別人，找出他們為什麼會這樣做的原因，幫他們一起改進，多提出和善真誠的建議。試著去理解他人，而不是一味的妄加評判。

竭力弄清楚他人的渴望和需要，學會從他們的立場看問題。不要武斷專橫、頑固偏執，否則你會因此而忽略他們的意見。要從多角度、多個完全不同的側面看問題，你就會豁然開朗，收穫出乎意料的驚喜。設身處地地為他人著想，將心比心，你就能理解他們，並能因此和他們建立起和諧融洽的關係。

對別人善意地表示出你想瞭解他們的興趣。傾聽他們的訴說，給予他們

自己力所能及的幫助。不要作繭自縛，一門心思只關心自己的需要。

人們活在這個世界上，需要同心協力。如果你私心太重，你將過得非常孤獨。正是因為他人的存在，我們的生活才變得富有意義和價值。與人交流能帶給你無數燦爛溫馨的歡樂時光。如果你缺乏對他人真誠的關懷和興趣，你可能永遠也無法獲得真正的成功。

關注他人的興趣和愛好，鼓勵他們敞開心扉，盡情抒發自己內心的感受。不要在交談中急不可耐地表達自己的意見。學會耐心地傾聽能使你獲益匪淺。

使別人感受到他們的重要性，讓他們感覺自己被人需要並且是不可取代的，讓他們看到自己的不菲價值。對他人的意見要表示出誠摯的尊重。盡量歡迎並接納不同的觀點，將它當作可以學習的經驗。

與人交往還要懂得使用外交手段和機智得體的辭令，盡力去發現他人思想中你能夠同意的部分。你如果直接挑戰他人的觀點，只會使他們對你產生戒心和抵觸，這樣做無疑會將自己置於劣勢地位，如果你採用一種權宜之計，謙恭地接近他人，你就能更順利地達到自己的目的。

在與所有人的交往中，你都應該做到以誠相待，真心相對。嚴格依據社會道德標準來指導自己的日常言行，在不侵犯他人權利的前提下獲得自己的成功。

要花時間來認真思考並確定自己倫理道德方面的信仰，並堅定不移地按照自己的信仰去生活。你對他人都懷有什麼樣的目的呢？你是否認為高度誠實是一種無價的珍貴品質？你很憎惡並抗拒欺騙行為嗎？你的價值標準是怎樣的呢？

答案是那些擁有最高道德水準和真人格的人，通常會取得更大的成功和幸福。

當你以一種積極樂觀的方式與人交往，你身邊的人也會被你快樂的情緒所感染，而你會感覺更樂觀，這種樂觀的態度能把那些同樣樂觀有趣的人吸

卦六十・節

摒棄吝嗇的不良習性

上六：苦節，貞凶，悔亡。

象曰：苦節貞凶，其道窮也。

這一爻，是節卦的極點，極端的節制，因而痛苦。「貞凶」與「卦辭」的「不可貞」相同，是說堅持下去，就有凶險。「悔亡」的解釋，也不相同，是說應知悔改，凶險才會消失。《象傳》說：像這種過分使人痛苦的節制。在道理上就行不通。

這一爻，說明過度的節制，造成反效果。

節卦，闡釋節制的原則。節制是美德，盲目突進，就有危險；欲望無窮，難以滿足必須節制，使其不逾越常規。但節制過與不及，都將造成傷害，必須恰如其分。節制，必須自動自發，明辨是非，行動謹慎，自我節制，並且使其適當。不應當節制而節制，將喪失活力，失去時機。應當節制而不節制，必然造成傷害。節制應順其自然，不可勉強；應以中正的德行，以身作則，宣導於先，使其蔚為風氣，必然人人樂於接受。如果矯枉過正，極端節制，不論節約或節操，都將達到令人痛苦的程度，必然阻塞不通，違反常則，難以貫徹，反而造成反效果。

《節》卦「上六」爻辭是：「苦節，貞凶，悔亡。」意思是：苛刻地節儉，凶險；如感到懊悔，則凶險有可能消失：《象辭》說：「苦節貞凶」，因為過分節制必然導致窮途末路。這就是要我們在注重節儉的同時，一定要注意摒棄吝嗇的不良習性。

何謂吝嗇？簡單地說，就是小氣，是一些人對待金錢、對待財物的一種「特殊態度」。因為它特殊，所以就有與一般人不同的特徵。

有一對夫妻下海經商，奮鬥了幾年後錢賺了不少，事業也越做越大。這對夫婦有一個兒子，因為夫妻倆長年天南海北地跑，沒有時間陪兒子，所以就用金錢來彌補愧疚。每次一回家大把大把地塞錢給孩子，對孩子有求必應，這樣一來，日子過得倒還算平順。有一次妻子的妹妹勸姐姐說：「大姐，你和姐夫賺的錢也不少了吧，怎麼還這樣一心往錢眼裡鑽！你們現在應該多抽出點時間陪兒子。這孩子今年17歲了，這麼大的孩子是最容易出問題的時候。」

但姐姐卻不以為然，「唉呀！你懂什麼。錢當然是越多越好，現在正是賺錢的好時機，不趁現在多賺那不成傻子了？我兒子也聽話得很，我們雖然不能陪他，可不是給他請了保姆和家教嗎？你算一算，最貴的保姆和家教一小時才要多少錢？我們一小時可是能做成幾十萬、幾百萬的大生意呀！」

看著財迷心竅的姐姐，妹妹只能暗暗搖頭。

有一天，這對夫妻正在國外談生意，突然接到電話說他們兒子出事了：吸毒和鬥毆！夫妻倆趕忙搭飛機趕了回來，當他們走進警局，看著蹲在地上衣著凌亂的兒子時，妻子一下就暈過去了！丈夫憤怒地追問兒子為什麼要學壞，兒子卻同樣憤怒地瞪著爸爸說：「這要問問你們！你們有資格做父母嗎？把我丟下幾個月不管，只顧去賺錢！你們滿腦子裡只有錢，那我算什麼？」丈夫被兒子問得啞口無言，他沮喪地揪著自己的頭髮，暗恨自己不該為賺錢而忽略孩子的教育。

在這個家庭中，父母一心只想著賺錢，可能他們這麼做的本意是為了讓

317

孩子生活得更好，但沒想到反而害了孩子。說實話，世上大概沒有幾個人不愛錢，努力賺錢也是件再正常不過的事。可是如果愛錢成癖，一頭鑽進錢眼裡，那這種心態就有問題了。生活中，很多人都把賺取金錢看成了生活的全部，永不滿足地追逐金錢，結果常常因此而迷失了自己，把自己的生活弄得一團糟。其實金錢根本無法給人帶來真正的快樂，而且生不帶來，死不帶去，癡迷金錢到底有什麼好處呢？

一個人一旦鑽進錢眼裡，就是把自己送進了陷阱。人生除了金錢還有其他更有意義的事情，不要一心想著錢，因為金錢就是一柄雙刃劍。

從前，有一個人貧困潦倒，家徒四壁，唯一的傢俱就是一張長凳子，他每天晚上在凳子上睡覺。這個人很吝嗇，他也知道自己這一點很不好，但就是改不掉。

他向佛陀祈禱：「如果我發財了，絕對會對別人很大方的。」

佛陀看他可憐，就給他一只裝錢的袋子，說：「這個袋子裡有一個金幣，當你把它拿出來以後，裡面會又有一個金幣；但是當你想花錢的時候，只有把這個錢袋扔掉才能花。」

於是，這個窮人就不斷地往外拿金幣，整整一個晚上沒有睡覺，地上到處都是金幣。這些錢足夠他花一輩子了，可是他還是很捨不得扔掉袋子，於是他就不吃不喝地整天往外拿金幣，把整個屋子都裝滿了。

可是他還是不停地對自己說：「讓我再多拿一點吧，再多一些錢的時候我就把袋子扔掉。」

就這樣，他不停地拿金幣，整個人處於歇斯底里的狀態。終於，他連拿金幣的力氣都沒有了，虛弱得快要死去，可是他還是捨不得把袋子扔掉，最後死在了錢袋的旁邊，而他的屋子裡堆滿了金幣。

如果這個人不是那麼財迷心竅，在拿出足夠自己花的錢的時候就停手的話，那麼他就會過上富足的生活。可惜他一頭鑽進了錢眼裡，結果送掉了自己的性命。

擁有更多的財富，是許許多多人的奮鬥目標。然而，金錢的誘惑常常似乎與手頭擁有的數目成正比——你擁有的越多，你越想要。同時，每一元錢的增量價值，似乎與實際價值成反比：你擁有的越多，你需要的也越多。金錢能夠買到舒適，促進個人自由。但一旦鑽到錢眼裡，金錢就會束縛個人的自由。

亞里斯多德曾這樣描寫那些富人們：「他們生活的整個想法，是他們應該不斷增加他們的金錢，或者無論如何不損失一個美好生活必不可缺的是財富數目，財富數目是沒有限制的。但是，一旦你進入物質財富領域，很容易迷失你的方向。」

45歲的銀行家特雷納說：「雖然我擁有超過200萬英鎊的財產，但我感到壓力很大，我不能在每年15萬英鎊的基本收入的基礎上使收支相抵。我想也許我正在失控，我總是苦於奔波，但我還是錯過了好多約會。當我不得不做決定時，我感到好像有人把他的拳頭塞進了我的腸子裡並不鬆手。午夜時，我會爬起床開始翻報表，我只是想讓自己平靜下來。我無法睡覺，無法停下來。然而我還是不能取得進步。」

很明顯，在特雷納看來，他所取得的一切都沒什麼意義，只有金錢是他生活下去的唯一依靠。他感覺自己像一位國王。金錢已成為他的自尊和支柱，一種對人的價值的替代之物。他意識到金錢本身絕不可能讓他幸福，並且一直到他重新界定他的價值和他的優先考慮事項為止，特雷納將繼續在成功的邊緣搖擺不定，將他的家庭和他的健康置於危險之中。

金錢作為美好生活手段的價值消失了，金錢本身成了一種目的。當它被置於愛情、信任、家庭、健康和個人幸福之前時，它總是傾向於腐爛。

習慣癡迷金錢的人，是非常可悲的人。因為金錢再多，也不見得能夠幸福快樂，相反很可能將自己推向充滿痛苦的欲望深淵。所以聰明人善於取捨，於我有益者，不懈追求，如麥粒；不利身心者，縱然好得天花亂墜，也不為所動，毅然拒絕。這才是智慧。否則，盲目追求只能讓自己背上沉重的包

袂，活得喘不過氣來。而且金錢及物質財富何為多，何為少，很難有一個衡量的標準。清朝乾隆時期的宰相和珅曾擁有的財富折合白銀八億兩以上，但他還是「物苦不知足，得隴又望蜀」，整天提心吊膽，最後落得財產被抄、本人自裁的下場。

世人為了追求金錢疲於奔命，甚至鋌而走險；其實錢財乃身外之物，生不帶來，死不帶去。這樣拚命地追求又有什麼意義呢？可是很少人能明白其中的道理，放下對金錢的癡迷吧！這樣你才能生活得更好。

癡迷於金錢的習慣是非常可怕的，它會使人迷失自我，甚至害己害人。所以，我們可以追求金錢卻不能癡迷於金錢，這樣我們才會生活得更自由快樂！

卦六十一・中孚

以誠信為立身處世之本

中孚，豚魚吉，利涉大川，利貞。

「孚」本義是孵，孵卵不能延誤日期，有信的含義；「中孚」是心中誠信。這一卦，上下各有兩個陽爻，中間兩個陰爻，是中心空虛的形象；亦即虛心，心中誠信，所以稱作中孚卦。又，上下的中爻，亦即「二」與「五」，都是陽爻；陽爻充實，中心充實，也是中孚的象徵。「豚魚」，是指平民用豚及魚作祭品。《禮記·王制》中說：「平民於春秋兩季，用豚與魚祭祀。」身分低的平民，雖然簡單的用豚與魚作祭品，但心中誠信，仍然會被神嘉納賜福，所以吉祥。

這一卦的卦形，外實內空，是船的形象；而且上卦「巽」是木，下卦「兌」是澤，木在澤上，也象徵船；所以，用有利於渡過大河，比喻心中誠信，就可以冒險犯難。不過，必須以堅守正道為先決條件。

「孚」本義是孵，孵卵不能延誤日期，有信的含義。《易經》中多次強調，誠信為立身處世的根本。

信用歷來是一個社會注重的問題，《易經》認為，態度誠實守信，必能增加威信，定會帶來吉祥。

正直誠信是每一個人部應該具備的一個重要品格。

誠與信是人們優秀品格中最重要的元素，是做人的美德，是成就事業、走向成功之路的重要法寶。值得人們去深深地思考與實實在在地踐行。

所謂誠，乃誠實也；信，乃守信，信用也。它是一個人正直的表現。誠則有信，信則獲譽，誠實和信用情同手足，密不可分，它們是共同構成事業大廈的頂梁之柱。人們應該積極培養這種優秀的品格。

首先，誠實需要堅守我們的人格。人格問題是一個普遍而又現實的問題，用簡單的話來說，人格就是做人的資格和為人的品格的總和。它是對人的思想和行為進行道德評價的一個概念。我們每個人都要懂得，在自己的生命中，人格是第一寶貴的。人格比「名」更崇高，比「利」更偉大，它是一個人的無價之寶，是任何代價都不能換取的。

其次，誠信是一個人的立足之本。要成為一個誠信的人，就應該做事實在，不扯謊言。有道是誠信是金，誠信是寶。一個人如缺少誠信是無法立足的。在現實生活中擁有誠信美德是走遍世界的通行證。誠信還是人類社會和平發展，和平相處的基礎，也是人性中最寶貴的部分，它與偽君子無緣，與空談家遠離。

再次，不講誠信的欺騙者往往最後欺騙的是自己。《韓非子》中說：「巧詐不如拙誠。」巧詐的人乍看之下，好像是機靈的策略，但是時間一久，必定會被人懷疑而遠離。世界上假的東西很多，它們在一時間也許會蒙蔽不少人，但假的終究是假的，經不起實踐的考驗，如果靠騙術來行事只會讓自己遭到慘敗的境地。所以做到誠實無欺是贏得眾人之心的關鍵，獲得事業成功的基礎。

總之，誠與信是我們通往成功之路的重要利器，天下沒有任何一種廣告能比誠信的美譽更能取得他人的青睞，善於對誠信做出深入的思考，進行認真地實踐，必將使我們的人生更加輝煌。

誠信是做人的美德

正直與誠信本身並不足以塑造一個偉人，但它是偉大的人的品格中，最重要的元素，是一個人安身立命之道。如果失去它，你將難以立足，你的事業支柱就有傾覆的危險。

誠信是正直的表現，是做人的美德。正直和誠信情同手足，密不可分，正直就是誠信，誠信也就是正直。

一個人到底怎麼樣，有時候很難做出正確的判斷。在這個物欲橫流的社會裡，幾乎一切事情都難以給出一個定論。在與人交往的過程中，很多人都是審慎地選擇自己應付別人的方式。

如果有人在社會上有失信譽之後，很多人不願與之結交。因為，有失信譽的人，會讓人覺得不負責，與一個不負責的人交往，自然是心裡很不踏實，辦事不放心。

老楊是基層出身的官員，他有豐富的行政經驗，有顆熱情而善良的心，同時還具備一定的文人氣質。大家也熱切地期盼有一位真正為民做實事的父母官。他的確是一身正氣的好人，但由於政界錯綜複雜的關係，而他是新官上任，還未站穩腳跟，他的「政見」無法實施。老百姓有事找他，他具同情心，簽上了他的大名，讓某某部門辦理。由於他的「簽單」太多，且缺少魄力，也就很難生效。老百姓戲稱他為「簽字縣長」。從此，這位「簽字縣長」再向別人許諾什麼，人們也不再相信他了。

在社會上有失誠信之後，別人不敢再輕易相信你，因而也不敢輕易與你來往，這就造成了人與人相處的尷尬，你的事業支柱就有傾覆的危險。

有這麼一個故事：

一個商人臨死前告誡自己的兒子：「你要想在生意上成功，一定要記住兩點：守信和聰明。」

「那麼什麼叫守信呢？」兒子問道。

「如果你與別人簽訂了一份合同,而簽字之後你才發現你將因為這份合同而傾家蕩產,那麼也得照約履行。」

「那麼什麼叫聰明呢?」

「不要簽訂這份合同!」

這位商人指明的道理不僅僅適用於商業領域,既然你已經許下諾言,那麼不管是什麼樣的事情,你都不能反悔。假如你已經作了某個承諾,尤其是關於人們的未來及前途方面的承諾,而你卻言而無信,最終必然導致糟糕的局面出現。

信用是通行人間的通行證

信用是一種人格的體現,是人類社會平穩存在,人與人和平共處的基礎,也是人性中最寶貴的部分,它與偽君子無緣,與空談家遠離,它是一項無字的合同,它是你欠他人的,更是你欠自己的債務。

人與人之間的信用無體無形,但卻比任何法律條文具有更強的行為規範,具有更高的效力,就像神話裡頭芝麻開門的魔咒,是通行人間的通行證。

當我們的社會進入市場經濟時代,很多人的信用觀念早已不復存在。人們開始學習玩小聰明,耍歪手段;羨慕陰謀詭計,弄虛作假;崇尚無原則辦事,拍馬投機……一時間,大街小巷皆見教人智謀,中學大學頻見捧讀韜略厚黑;大商小販傾心坑蒙拐騙。

我們的社會犯了什麼病?答案是:信用的缺失。

信用是一種人格的體現,是人類社會平穩存在,人與人和平共處的基礎,也是人性中最珍貴的部分。

要維護遵守信用,有時自然要犧牲一些時間、愛好、自由,甚至要付出鮮血和生命,但如果你自己,與你所在的整個世界都沒有了信用,那你又將生活在一個什麼樣的人世間?

以誠信贏得他人信任

不誠實的代價是昂貴的，它將使人處於相互戒備互不信任的關係之中，導致整個社會的無序和混亂。人們唯有以誠信為本，以誠信換取信任，整個社會才能充滿和諧和歡樂。

每個人每天都在是非、善惡、美醜的戰鬥中，這就是我們的人生。但我們時常生活在不誠實裡，玩世不恭被一小部分人推崇，而且他們以「大家都這麼做」為由拒絕誠實待人。也許不誠實在短期內會給你帶來一定利益，但最終遭受失敗的卻仍是你。和不誠實爭鬥是需要勇氣的，一方面在自己內心要和道德的「惰性」做一番爭鬥，戰勝虛假的心理，另一方面在外界我們還不得不和不誠實的人、事戰鬥，這也許會損傷許多朋友的感情和友誼。但不誠實終究是站不住腳的，不誠實是冬天的雪，誠實的陽光一出來就使它消融。

有失信譽之後，會使人很惱火，並且不知道你什麼時候才是有信譽的。如果你失去信譽之後，及時採取補救措施，還是會獲得寬容和諒解的。

有一家連鎖店，生意興隆，信譽頗佳。有一次一個顧客反映他從這家店裡買到了變質的熟食。

當顧客將變質的熟食拿回來，怒氣沖沖地質問他們為什麼出售變質的食品？服務員真誠地道歉，並耐心地解釋：他們的確不知道，但可以馬上退貨、退款……這樣，特地賠禮道歉，賠償損失，在一定程度上能挽回信譽，贏得理解。

「解鈴還須繫鈴人」，失去信譽之後，你的周圍會有懷疑的目光、埋怨的話語，你的真誠也未必讓人理解，那麼，你必須用加倍或多倍的努力才能重新樹立在別人心目中的形象。

當你有失信譽之後，遭人冷落、拒絕、刁難，你應該平靜地接受。因為，你做錯了才導致別人產生這樣的反應。同時，我們只能用信任去贏得信任，我們要相信身邊不真誠的人總會為真誠所動。

唯有誠實，方可長久

天下沒有一種廣告能比誠實的美譽更能取得他人的青睞。為人處事唯有誠實，方可長久。誠實是做人最坦率也最謙遜的證明方式。

誠實賦予一個人公平處世的品格。一個誠實的人，因為有正義公理作為後盾，所以能夠無畏地面對世界，得到大多數人的信賴，取得長久不衰的發展。而一個虛假欺騙者，只能騙人一時，而後被人們唾棄冷落。

給足尺寸，不缺斤短兩，樣品真實，服務周到，嚴格履行責任，這些是經商者必須具備的品格。

亨利‧福特抱怨一個小餐館給他的啤酒不夠數。他把店主叫來，對他說：「先生，請問，你一個月能賣幾桶啤酒？」

「10桶，先生。」店主回答說，

「那麼你希望能賣11桶嗎？」

「當然，先生。」

「那我就告訴你怎麼辦，」福特說，「把分量給足！」

再看一看「英國陶器之父」喬賽亞‧韋奇伍德的例子，他具有真正的誠實精神。雖然他出身低下，但他在盡全力做好工作之前，從不自滿。他尤其看重其工作的品質，看是否滿足別人的需要或受別人欣賞。這是他的力量和成功的源泉。他對低劣的產品無法忍受。如果做出的東西不符合他的設想，他就會揮起棍子把器皿打碎並扔掉，嘴裡還說：「這不是喬賽亞‧韋奇伍德做的！」

某布帛商店的經理說，他在商店中正在忙著將整匹的布帛剪成碎段。他說，只要透過廣告大加宣傳，提示人們購買碎段的布頭比按碼計算的布帛便宜得多，就一定可以使得人們樂於購買，因之可望會獲大利。

但是試問，一旦顧客發現了這是一種欺騙行為以後，還有誰願意再去光顧那位經理的商店呢？

許多人都認為欺騙、說謊話是一種有利的勾當。他們以為欺騙的手段是很值得使用的。

有些人甚至以為，在商場中，欺騙的手段，與資本一樣必需。他們相信，在言行誠實的同時想要在經營上得到大成功，實在是很難的。

當今新聞界中有一種很不幸的現象，就是刊物常有背離事實、顛倒事實等傾向。

其實，一家刊物的名譽如同一個人的名譽。如果一家刊物常常有意地刊登不真實而騙人的資訊，那麼它必定會蒙上「造謠說謊者」的惡名。那些忠於事實的刊物在社會中所佔的地位，要比那些雖銷路很廣但卻不忠實的刊物高得多。

不為利動，沒有私心，在任何情形下都有誠實的美譽，其價值比從欺騙中得來的利益大過千倍。

不堅持誠實，沒有絕對正直品格的人是很危險的。他們在平時也許是願意站在正直的一方，但是一旦關係到自己的利益時，他們就要離開正直，就要不說正直話，不做正直事了。

他們不明白，在他們多得到一分金錢的同時卻損失了誠實的品格。他們的錢袋中固然是有所增加了，但他們的人格卻降低了！

所以，世間不知有多少人會在日後覺悟到，欺騙的行為是不可靠的，是注定要失敗的！

翻閱商業歷史，我們可以看出，50年以前的大商店，在今日依然存在的幾乎是寥若晨星。那些大商店，在當時好像雨後春筍、朝氣蓬勃，登各種欺人的廣告，做各種欺人的勾當，真是盛極一時，然而它們的壽命不能持久，因為它們缺少誠實作為其後盾。它們終究是不可靠的，一時雖能欺騙得逞，但不久這種欺騙是會被發現的。那時它們就要受到冷落從而衰落終至失敗了。

卦六十二· 小過

不要好高騖遠，應當更務實些

小過，亨，利貞，可小事，不可大事。飛鳥遺之音，不宜上，宜下，大吉。

與中孚卦的陰陽相反，彼此是「錯卦」，因為過度自信，相互交錯。

這一卦，有四個陰爻，兩個陽爻，是陰過度的形象；陽大陰小，所以是「小過」。一說，小過是陰爻錯過，不能相遇；不是過度的意思；相反的，「爻辭」中有通過的意思，而《大象傳》則明白的解釋成過度。總之，「過」這個字，兼有經過、過度兩種含義。

這一卦，是陰爻過度，本身有亨通的含義；但必須固守正道，對小事可以，大事則不可以過度。又，這一卦的卦形，中間的兩個陽爻，是鳥身，上下的陰爻，是翅膀。與鳥飛的形象相似；而且，前一卦的「中孚」，是孵化的意思，這一卦的鳥，已經孵化。就像鳥飛過，只留下叫的聲音，不會發生作用；又像鳥不宜往上飛，要往下飛，才能找到棲息的地方。亦即，在小有過度的時刻，不可以好高騖遠，應當務實，才會大吉大利。

《小過》卦的卦形，中間的兩個陽爻，是鳥身，上下的陰爻，是翅膀，與鳥飛的形象相似；而且，前一卦的《中孚》，有孵化的意思，這一卦的鳥，已經孵化。就像鳥飛過，只留下叫的聲音，不會有什麼作為；又像鳥不宜往上

飛，要往下飛，才能找到棲息的地方。也就是說，在小有過度的時刻，不可以好高騖遠，應當務實，才會大吉大利：這對於在生活中幫助我們做出明智的抉擇很有指導意義。

真實地面對生活

戰爭的硝煙散盡之後，皇帝想要犒勞那些在戰役中英勇無畏的不同民族的戰士們。

「說出你們的願望來，我將以此獎賞你們，我的了不起的英雄們。」皇帝說。

「把波蘭歸還我們吧！」一個波蘭士兵嚷道。

「它是你們的了！」皇帝應道。

「我是個農夫——給我土地！」一個可憐的人叫道。

「土地是你的了，我的孩子！」

「我想要個啤酒廠。」德國人說。

「給他一座啤酒廠！」皇帝下了命令。

然後輪到了一個猶太士兵。

「你呢，年輕人，你想要什麼？」皇帝臉上帶著鼓勵的微笑問道。

「如果能夠的話，陛下，我想得到一條非常漂亮的青魚。」猶太人怯生生地嘀咕著。

「哎呀呀！」皇帝叫道，聳了聳肩，「給這個人一條青魚！」

皇帝離開以後，那些英雄們圍住了猶太人。

「你多傻啊！」他們責怪他說，「想想看，當一個人想要什麼就能得到什麼的時候，你卻只要了一條青魚！你也太辜負皇帝的美意了吧？」

「我們倒是看看誰是傻瓜！」猶太人回敬道，「你們要波蘭的獨立，要農場，要啤酒廠——這些東西你們根本不可能從皇帝那裡得到的。而我呢，你們看，我是一個現實主義者。我要一條青魚——也許我就能得到。」結果是，

生性吝嗇的皇帝只對猶太人兌現了諾言……

要真實地面對生活。「一鳥在手勝於二鳥在林」，在生活中，我們應該注重實際，去追求實實在在的東西，不要好高騖遠，不要去追求那些不實在的東西。與其畫餅充飢，不如吃點窩頭。

要心在高處，手在低處

若想成功地生活，一個人必須接受一些問題、壓力、錯誤、緊張、失望——這些也都是生活中的一部分。事實上有時許多人都會覺得無法應付生活對我們的要求。

有虛榮心的人，看不起腳踏實地、老老實實做事的人，總以為自己是志向遠大的，非一般人所能及。其實，成大事者是心在高處，手在低處——即透過一個個具體的行為去實現自己的遠大之志，而不是好高騖遠，總讓自己飄飄然。這是成大事者必備的一種做事習慣。

古羅馬大哲學家希留斯曾說過：「想要達到最高處，必須從最低處開始。」

有不少剛剛從大學畢業的學生，自以為讀了不少書，長了不少見識，未免有點飄飄然，做了一點事就以為索取是重要的，對自己的獲取也越來越不滿意，幾年過去了，自己越想得到的卻越是得不到，於是不知足的心理就佔據了全心。

這是很普遍的現象。

有一位年輕的王子就是這樣的，他對生活的不滿和內心的不平衡一直折磨著他，直到一個夏天與同學尼爾尼斯乘他們家的漁船出海，才讓他一下子變得開朗起來。

尼爾尼斯的父親是一個老漁民，在海上打魚打了幾十年，年輕人看著他那從容不迫的樣子，心裡十分敬佩。

年輕的王子問他：「每天你要打多少魚？」

他說：「嗨，孩子，打多少魚並不是最重要的，關鍵是只要不是空手回去就可以了。尼爾尼斯上學的時候，為了繳清學費，不能不想著多打一點，現在他也畢業了，我也沒有什麼奢望打多少了。」

年輕的王子若有所思地看著遠處的海，突然他想聽聽老人對海的看法。他說：「海是夠偉大的了，滋養了那麼多的生靈……」

老人說：「那麼你知道為什麼海那麼偉大嗎？」

年輕的王子沒有吭聲。

老人接著說：「海能裝那麼多水，關鍵是因為它位置最低。」

位置最低！

正是老人把位置放得很低，所以能夠從容不迫，能夠知足常樂。

而許多年輕人有時並不能正確擺正自己的位置，因此經常為自己的一點成績便沾沾自喜，為自己的一點優勢便以為老子天下第一，夜郎自大。

相反，如果能把自己的位置放得低一些，卻會有無窮的動力和後勁。

我們沒有任何理由去鄙視那些生活在社會最底層的人，他們創造財富同樣也讓人聽得有滋有味、羨慕不已。他們受益和成功的進程也最明顯。究其原因，主要是他們沒有心理負擔，自己大不了還是一個一無所有的失業者，沒有包袱，沒有顧慮，把自己的位置放得很低，所以他們成大事了。

而我們許多人卻沒有這種勇氣。

如果我們也敢經常對自己說：「大不了自己回家種田去。」在做什麼事情時就能充分發揮自己的優勢，就能真正超越自己，戰勝自己，而離成大事也就不遠了。

有一個剛從學校畢業的大學生，躊躇滿志地進入一家公司工作，卻發現公司有許多局限性，而上司分配的工作又是一個誰都能勝任的工作，對於一向自視甚高的他，別提有多麼失望。

他到處發洩自己的不滿，但好像並沒有人理會他，就這樣，他只好埋頭苦幹，雖然心裡經常存有不情願的感覺，但不再像剛去的時候那樣浮躁了。

而是努力去做自己手頭上的事情,做好一件,得到上司的肯定,自己的「虛榮心」就被滿足一次,靠著這種卑微的「虛榮心滿足」,日子就這樣一天天過去了。

有一天,他認識了一個白髮蒼蒼的老先生,起初他並沒有注意到這位老先生,只是後來由於工作的需要,接觸了幾回。經人介紹說,這位老先生就是赫赫有名的卡普爾先生,他是公司總裁的父親,他沒有因為特殊的身分而講究太多。竟然是那麼樸實,那麼不起眼,每天與大家一樣上班下班,風雨無阻。

實在讓人不敢想像!

年輕人記得老先生曾經對他說過這樣一句話:「把手頭上的事情做好,始終如一,你就會實現你所想的東西。」

年輕人記住了老先生的教誨,開始投入地做任何一件事情,無論自己如何地不情願,都盡心盡力地做好,而且做了以後,心態就平靜了。

過了好多年,年輕人還記得卡普爾先生的那句話,只不過他的工作已經變成了管理整個公司——如今他是這家公司的CEO。

務實才是成功的選擇

現實生活中,人人都有夢想,都渴望成功,都想找到一條成功的捷徑。其實捷徑就在你的身邊,那就是勤於積累,腳踏實地。

在一本有關泰國文化的書裡曾讀到這樣一個故事:

在很久以前,泰國有個叫奈哈松的人,一心想成為一個富翁。他覺得成為富翁最快的捷徑便是學會煉金之術。

此後他把全部的時間、金錢和精力,都用在了煉金術的實驗中。不久以後他花光了自己的全部積蓄。家中變得一貧如洗,連飯都沒得吃了。妻子無奈,跑到父親那裡訴苦。她父親決定幫女婿改掉這個惡習。

他讓奈哈松前來相見,並對他說:「我已經掌握了煉金之術,只是現在

還缺少一樣煉金的東西……」

「快告訴我還缺少什麼？」奈哈松急切問道。

「那好吧，我可以讓你知道這個秘密。我需要3公斤香蕉葉下的白色絨毛。這些絨毛必須是你自己種的香蕉樹上的。等到收齊絨毛後，我便告訴你煉金的方法。」

奈哈松回家後立刻將已荒廢多年的田地種上了香蕉。為了儘快湊齊絨毛，他除了種以前就有的田地外，還開墾了大量的荒地。當香蕉成熟後，他便小心地從每張香蕉葉下收刮白絨毛。而他的妻子和兒女則抬著一串串香蕉到市場上去賣。就這樣，十年過去了。奈哈松終於收集夠了3公斤絨毛。這天，他一臉興奮地拿著絨毛來到岳父的家裡，向岳父討要煉金之術。

岳父指著院中的一間房子說：「現在，你把那邊的房門打開看看。」

奈哈松打開了那扇門，立即看到滿屋金光，竟全是黃金，他的妻子兒女都站在屋中。妻子告訴他，這些金子都是他這十年裡所種的香蕉換來的。面對著滿屋實實在在的黃金，奈哈松恍然大悟。

卦六十三· 即濟

要謙虛謹慎，別讓「成功」阻止你前進的腳步

既濟，亨，小利貞，初吉終亂。

「濟」是渡河，有成的含義；「既濟」即既成，已經成功的意思。能夠超越一切，必然成功。

由卦形來看，這一卦，陽爻都在奇數位置，陰爻都在偶數位置，全部得正，形象最完整，象徵成功，稱作既濟卦。然而，造物的微妙，正在於此，陰陽錯綜複雜，才能產生變化，生生不息；過於完整，反而僵化，以致喪失積極奮發的活力，不能再有大的作為，只有小事，勉強還能亨通。凡事在成功之後，跟著來的，必然是頹廢鬆懈，趨向沒落；因而，必須堅守正道，繼續奮發努力，才能有利。當成功來臨，在極端興奮中一切顯得吉祥；然而，物極必反，終久又將陷入混亂，以告誡守成的艱難。

這一卦的「卦辭」，並不吉祥，以下六爻的占斷，也都有警惕的語氣。宇宙間一切最美滿的事物，也愈隱藏著危機；由這一卦，就可以看出《易經》含義的深長。

《既濟》一卦辭告訴我們，事成之時是吉祥的，但「初吉終亂」，就又從另一個角度揭示了「物極必反」的道理。

「既濟」（成功），著實令人興奮，但《易經》的「物極必反」法則告訴我們，要保持清醒，謙虛謹慎、戒驕戒躁，不讓「成功」阻止你前進的腳步。

不要被一時的勝利沖昏了頭腦

任何一個人的成功，除了靠努力奮鬥之外，還要具有謙虛謹慎的品質——自以為是、得意忘形的人永遠也找不到成功的途徑。

得意忘形是招災惹禍的根源。一旦得意忘形就會喪失警惕，飄飄然忘乎所以，忽視競爭對手的存在。這時競爭對手就會虎視眈眈，伺機攻擊你的弱點，而你的弱點也早就隨著你的得意忘形顯露在外，最終的下場是慘敗。

從前有一個農夫，他的田地在一片蘆葦地的旁邊。蘆葦地裡常常有野獸出沒，農夫擔心自己的莊稼被野獸毀壞了，總是拿著弓箭到莊稼地和蘆葦地交界的地方來回巡視。

這一天，農夫又來到田邊看護莊稼。一天下來，沒有什麼事情發生。農夫感到確實有些累了，就坐在蘆葦地邊休息。

忽然，農夫發現葦叢中的蘆花紛紛揚起，在空中飄來飄去，不禁感到十分疑惑：「奇怪，我並沒有靠在蘆葦上搖晃它，這會兒也沒有一絲風，蘆花怎麼會飛起來呢？也許是蘆葦叢中有什麼野獸在活動吧。」

這麼想著，農夫就提高了警惕，站起身來一個勁地往葦叢中張望，這才看清原來是一隻老虎。只見牠蹦蹦跳跳的，時而晃晃腦袋，時而搖搖尾巴，看起來好像高興得不得了呢。

老虎為什麼這麼興奮呢？農夫想了想，認為牠一定是捕捉到什麼獵物了。老虎得意忘形，完全忘了注意周圍會有什麼危險，屢次從蘆葦叢中跳起，將自己的身體暴露在農夫的視線裡。

農夫悄悄藏好，用弓箭瞄準了老虎現身的地方，趁牠又一次躍起之時，就一箭射過去，老虎立刻發出一聲淒厲的叫聲，撲倒在蘆葦叢裡。

農夫過去一看，老虎前胸插著箭，身下還壓著一隻死獐子。

老虎捕到了獐子高興萬分，卻沒料到會中箭而死，真可謂是樂極生悲。人生在世，應該謹慎從事，不要被一時的勝利沖昏了頭腦，得意而忘乎所以，以至於喪失了對危險的警惕，埋下災禍的隱患。

正所謂：得意忘形是摧毀心智的利器。縱使是叱吒風雲的人物，一旦開始得意忘形，也會落下不好的下場。要知道，得意者終必失意，越是得意越是失意。人生在世無論什麼時候都要學會收斂，學會謙虛，謙虛使人敦厚，有海納百川的吞吐之勢，得意忘形就好比海上揚波，縱使風波滔天裂岸，風平浪靜之後，也要復歸大海的沉靜。故而，人不能太得意，更不能忘乎所以。

把謙虛謹慎作為建功立業的基礎

我國古代學者曾精闢地指出：「滿招損，謙受益」，「人之不幸，莫過於自足」、「人之持身立事，常成於慎，而敗於縱。」謙虛謹慎是每個人必備的品格。具有這種品格的人，在待人接物時能溫和有禮、平易近人、尊重他人，善於傾聽他們的意見和建議，能虛心求教，取長補短。對待自己有自知之明，在成績面前不居功自傲；在缺點和錯誤面前不文過飾非，能主動採取措施進行改正。

不論你從事何種職業，擔任什麼職務，只有謙虛謹慎，才能保持不斷進取的精神，才能增長更多的知識和才幹。謙虛謹慎的品格能夠幫助你看到自己的差距，永不自滿，不斷前進；可以使你冷靜地傾聽他人的意見和批評，謹慎從事。反之，如果驕傲自大，滿足現狀，停步不前，主觀武斷，輕者使工作受到損失，重者會使事業半途而廢。

具有謙虛謹慎品格的人不喜歡裝模作樣，擺架子，盛氣凌人，能夠虛心向別人學習，取長補短。

美國第三任總統湯瑪斯·傑佛遜提出：「每個人都是你的老師。」傑佛遜出身貴族，他的父親曾經是軍中的上將，母親是名門之後。當時的貴族除了發號施令以外，很少與平民百姓交往，他們看不起平民百姓。然而，傑佛遜

沒有秉承貴族階層的惡習，主動與下層人士交往。他的朋友中當然不乏社會名流，但更多的是普通的園丁、僕人、農民或者是貧窮的工人。他善於向各種人學習，懂得每個人都有自己的長處。由於他作風務實，深入實際，他雖高居總統寶座，卻很清楚民眾究竟在想什麼，他們到底需要什麼。由此，他就在密切群眾關係的基礎上，使自己成為一代偉人。

謙虛謹慎的品格，還能使一個人面對成功時不驕傲，把它視為一種激勵自己繼續前進的力量，而不會陷在成功的喜悅中不能自拔，沾沾自喜於一得之功，不再進取。

居里夫人以她謙虛謹慎的品格和卓越的成就獲得了世人的稱讚，她對榮譽的特殊見解，使很多喜歡居功自滿、淺嘗輒止的人汗顏不已。有一次，居里夫人的一位女性朋友到她家裡去作客，忽然發現她的小女兒正在玩英國皇家協會剛剛頒給她的一枚金質獎章。她不禁大吃一驚，忙問居里夫人：「現在能夠得到一枚英國皇家協會的獎章，這是極高的榮譽。你怎麼能給孩子玩呢？」居里夫人笑了笑，說：「我是想讓孩子們從小就知道，榮譽就像玩具，只能玩玩而已，絕不能永遠守著它，否則就將一事無成。」她自己正是這樣做的。也正因為她的高尚品格的影響，以後她的女兒和女婿也踏上了科學研究之路，也像她一樣分別獲得了諾貝爾獎，成為令人敬仰的兩代人三次獲諾貝爾獎的家庭。

總之，古今中外大凡有成就的人，都把謙虛謹慎當作人生的第一美德來培養。陳毅元帥在總結自己的革命生涯時，以一首《感事書懷‧手莫伸》詩總結道：「九牛一毛莫自誇，驕傲自滿必翻車，歷覽古今多少事，成由謙遜敗由奢。」既鞭策自己，又警示後人。

不居功者成大功

《小窗幽記》云：「我爭者，人必爭，雖極力爭之，未必得；我讓者，人必讓，雖極力讓之，未必失。」聰明人總是在成功的時候不居功自傲，這才是

安身立命的長久之計。

西漢年間，長安城未央宮裡莊嚴肅穆。剛剛舉行完登基儀式的漢文帝，不顧疲勞一清早便來到未央宮，準備早朝。

漢文帝劉恆是漢高祖的庶子，被封為代王。他的母親薄姬不受漢高祖的寵倖，因此，在漢宗室與呂氏家族的殊死搏鬥中，免遭迫害。呂后死後，呂后的死黨們的陰謀被粉碎，劉恆因仁慈寬厚而被擁戴為文帝繼位。君臨天下，是多少人夢寐以求，甚至是不惜骨肉相殘而爭奪的目標，而代王劉恆不費吹灰之力便得到了。然而，他也深知這副擔子究竟有多沉重。繼位以來，由於宮廷內部的爭權奪利，使民風日下，生產遭到破壞，內憂外患不斷，大漢江山需要一個賢明的君主來拯救。漢文帝相信自己勵精圖治，定能有所作為。他如此自信還有另一個原因，那就是他手下有父親留下的兩位心腹老臣，丞相陳平和太尉周勃。他們一文一武，對漢室忠貞不貳，定會像輔佐父皇一樣輔佐自己。

群臣陸續進宮侍立在兩側，待各大臣一一叩見之後，漢文帝卻發現丞相陳平沒有站立在群臣之列，便問道：「丞相陳平為何不來？」

站在下面的太尉周勃站出來說道：「丞相陳平生病，不能下地，不能來叩見皇上，請皇上原諒。」

漢文帝心裡暗自納悶，昨天陳平還好好的，並沒有見他有什麼病狀呀？不過，他仍然不動聲色，只是說：「好，知道了。」

退朝以後，漢文帝派人去請陳平。人剛走，漢文帝又覺得這樣做有些不當。陳平是開國老臣，自己應當把他當作父親一樣對待，父親有病，兒子只能前去探望，哪有召見之理。於是文帝便換上平日穿的便服到陳平家去探視。

陳平躺在床上，頭纏白綢巾，手裡捧著一本書在讀。見到漢文帝來了，慌忙翻身下地行禮。漢文帝急忙把他扶起說道：「不敢，朕視卿如同父親，以後除了在朝廷上以外，一律免除君臣之禮。」

漢文帝掃視一下屋裡的陳設，又說：「今天聽太尉說您病了，特地前來

探望，不知是否請過御醫診視？您年歲大了，有病可不要耽擱呀。」

陳平聽了漢文帝溫暖關懷的話語，感動得熱淚盈眶，他對漢文帝說：「皇上太仁慈了，但我對不起您的一片愛臣之心，我犯了耽君之罪呀！」

原來陳平並沒有真的生病，是在裝病。他為什麼要裝病呢？這話就得從高祖去世說起了。

漢高祖劉邦在世時為了確保漢宗室的傳承，規定「非劉氏者不得為王」。但由於他晚年體弱多病，實權已經由呂后執掌。高祖死後，惠帝懦弱，呂后便不顧高祖的遺訓，竟然立呂家子弟為王，這使得諸呂的勢力越來越大，劉家的勢力卻日益衰微。

滿朝文武對這種情況敢怒不敢言。太尉周勃原是高祖的同鄉，秦末跟高祖起義屢建戰功，封為絳侯。他對呂后的肆無忌憚實在看不下去了，就告病還鄉。而高祖的另一個心腹之臣陳平，這時雖被呂后封為丞相，但也看不過呂后的猖狂，可又沒有辦法，只能韜光養晦等待時機。

呂后死後，呂氏家族餘黨，欲謀叛亂。陳平認為剷除諸呂的時機已到，立刻去找太尉周勃共商大計。周勃本以為陳平與諸呂是同流合污，很看不起他，沒想到陳平當時不過是保存實力，立即同意。陳周兩人親自說服駐紮在長安城的警衛部隊——北軍擁劉反呂，然後又坐鎮北軍，爭取到了南軍的支持，以武力為後盾，對抗呂氏家族，最後將呂氏家族一網打盡。

在這次行動中，陳平是主謀，但周勃是直接率兵誅滅呂氏家族的人，顯然功勞比陳平大。陳平自己也這樣認為。他想新帝繼位，應論功晉爵，自己應當主動把丞相的位置讓給周勃，但又怕周勃不肯接受，便假稱有病，不能上朝，以使文帝有理由任命周勃為丞相。

陳平把這一切都對漢文帝說清之後，又誠懇地說道：「高帝在世時，周勃的功勞不如我；誅滅諸呂時，我的功勞不如太尉。所以我願意把相位讓給他，請皇上恩准。」

漢文帝本來不知道誅滅諸呂的細節，他是在諸呂倒臺以後，才被陳平和

周勃接到長安的。聽了陳平的解釋，才知周勃立下了大功，便同意陳平的請求，發佈詔書，任周勃為右丞相，位居第一，任陳平為左丞相，位居第二。

漢文帝既然想做一位有所作為的君主，便用心研究治國之道。

一天上朝時，他問右丞相周勃：「現在的監獄裡，被判刑的有多少人？」

周勃謝罪，回答說：「臣不知道。」

漢文帝又問：「全國一年的錢糧有多少，收入有多少？支出有多少？」

周勃仍然回答不出。周勃平日統兵，從未過問財政、刑獄之事，此時汗流浹背，慚愧至極，真恨不得有個地縫鑽進去。

漢文帝看周勃回答不出，又問站在他旁邊的陳平：「左丞相，那你說呢？」

「此事當問主管此事的主官。」陳平答。

漢文帝的心裡有些不高興，臉色也沉了下來，說道：「既然什麼事都各有主管，那丞相又主管些什麼呢？」

陳平毫不猶豫地回答道：「每個人的能力都是有限的，不可能事無巨細，樣樣躬親。丞相的職責，上能輔佐皇帝，下能統理萬事，對外能鎮撫四夷諸侯，對內能安下百姓。丞相還要管理大臣，使每個大臣都能盡到自己的責任。」

陳平回答得有條不紊，漢文帝聽了，覺得很有道理，臉色緩和了下來。

站在一邊的周勃也如釋重負，暗暗佩服陳平能言善辯，輔政有方。

這件事對周勃的影響很大，他回到家裡還是久久不能平靜。他想，自己雖說為誅滅諸呂立了大功，但是在輔佐皇帝、處理國政方面的才能與陳平相差太遠了，為漢朝社稷百姓著想，還是應該讓陳平來做丞相。

於是周勃也假稱有病，向漢文帝提出辭呈。漢文帝非常理解周勃的心情，立即同意。陳平便成了文帝的唯一丞相，輔佐文帝振興了漢業。

由於陳、周兩人都不居功自傲，漢文帝時期君臣團結，共理朝政，使國家興旺發達，國泰民安。

卦六十四 · 未濟

生活永遠不會存在結局

　　《未濟》卦是六十四卦的最後一卦，與即濟卦是形爻上下相反的「綜卦」，也是陰陽完全相反的「錯卦」，虧而盈，滿而損，完成是未完成的終結；同時，也是另一次未完成的開始；既與未，相互交錯作用。《序卦傳》說：「物不可窮也，故受之以未濟終焉。」「既濟」是極度的完成，但一切事物不可能就此中止，永遠美滿，必然繼續變化發展。所以，完成是另一未成的中止。《易經》雖然到此中止，但宇宙包羅萬象，永遠變化演進，無窮無盡，生活本身也是這樣的，向前無限延伸，永遠不存在結局。

　　未濟，泛義指目的沒有達到。「未濟卦」緊承「既濟卦」而來，象徵新的召喚和動力又要開始萌生。事物沒有起於一點的起點，也沒有終於一點的終點，只有帶著各相關條件的初態和終態。如果硬要劃一個時間段和空間範圍的話，一切自然現象如同電影膠卷一樣，是連續性的；從局部看，一種自然現象是有原因有結果的；從整體看，一種自然現象或運動只是整個自然現象或運動中的一環，它既是結果也是原因。

一、終始循環，物必不窮

　　自然萬物的變化、事物發展的進程都沒有真正的結束，就如同四季和晝夜的變化，是環環相扣，生生不息的，許多看似結束的表象，其實是蘊含著另一個開始，是另一個開始的徵兆。鮭魚溯游產卵，並精疲力竭而亡，看似生命的結束，但完成使命產下下一代，使生命無限延續，不正是新一輪生命的開始嗎？

　　終與始是自然宇宙的規律，兩者不是因果的關係，而是不斷循環，完成並不是全然的結束，而是用一個新的開始實現無窮的接續。

　　對於人類來說，這種始終循環何嘗不是我們生活的原本面目呢？

　　一日，某海邊，一個年輕漂亮的女子跳海自殺，結果被一位捕魚的老人救了起來。老人問她有什麼想不開的，她就說了自己的悲慘情況——兩年前和一個男士結婚了，兩人生活恩愛，有一個可愛的兒子，沒想到兩年的時間，她就被拋棄了，更不幸的是孩子也死了。

　　老人聽後，沉思片刻問她道：「女孩，兩年前你是什麼樣子？」

　　女子說：「兩年前我是單身一人生活，什麼負擔也沒有，生活中充滿了快樂。現在的我卻太悲慘了，失去了孩子，又被丈夫拋棄，活著還有什麼意義？」

　　老人說：「我看你現在的生活和兩年前沒有什麼區別。兩年前你沒有先生、沒有孩子，現在你不也一樣嗎？沒有孩子、沒有先生，一切又回到了兩年前，讓你再多一次選擇人生的機會，又有什麼活不下去的呢？」

　　聽了老人的話，女子豁然開朗。

　　是的，失去何嘗不是另一種擁有呢？我們所以為的結果、結束，其實也意味著一種新的開始、新的起點。不要再為失去或結束而悲傷了，還是為新的擁有和開始而歡呼吧！

二、體憂思患、居安思危

　　《未濟》卦的意象是內險外明，告誡我們居安亦須思危，處逆而更得小

心翼翼。一時順遂，並不是代表永遠的順遂，若不能居安思危、體憂思患，終有一天會自遭滅亡的。這和「福兮禍之所伏，禍兮福之所倚」是同樣的道理，福未必就一定是好事，禍也未必就一定是壞事，不管是人類社會還是自然界，這個道理都是通用的。

在美國有一群瀕臨滅絕的鹿，被國家保護了起來，圈在一處水草豐美的地方，不讓任何天敵接近牠們。這群鹿過著十分愜意的生活，可以吃了睡、睡了吃。很快鹿的數量越來越大，滅絕的危險解除了。

但緊接著科學家發現了一個問題，這些鹿的身體越來越差，各種稀奇古怪的毛病出現在鹿身上，不是心血管病就是肥胖症。科學家使用了各種辦法治療牠們，卻總不見好。最後有一個科學家提出請一群狼來。當這群狼來到鹿群中間時，鹿群已經不知道狼為何物，傻傻地站在那裡。看到美食就在眼前，狼自然撲上去就咬，這時鹿群才知道狼是來吃自己的，爭相逃命。就這樣，每天狼群追著鹿群在草原上飛奔，凡是跑不動的就被吃掉。

幾個月之後，當醫生再次檢查鹿群的身體時，發現所有的疾病已經一掃而空，這群鹿在狼的追趕下，已經變得健步如飛，健壯如牛。

這個故事告訴我們，沒有了危機感和緊迫感，對於動物的生存來說，未必就是好事。沒有危險就是最大的危險，這是一個最富哲理的真理。對於生物來說，危險也是求得更好的生存不可缺少的重要條件。

古今中外，很多成功者在幼年、童年時期都曾經歷過不少的艱難困苦，即便是那些沒有經歷早期困難生活的成功者，也往往需要經歷一些困難才能走向更大的成功。

人類社會只有經過持續不斷充滿危機感的時代，才能夠達到真正的輝煌；而一個人也只有經過持續不斷充滿危機感的歲月，才能夠走向真正成熟而燦爛的人生。一個社會或一個人有危機而不能做出反應，就像獅子逼近卻不知道如何逃跑的羚羊，最後只能成為別人口中的美食；一個社會或一個人由於暫時的優勢而處於安逸之中忘掉了危機，就像一隻不斷沉睡忘了奔跑的

獅子一樣，最後只能被活活餓死。

　　但是，現代許多從艱苦生活中走出來的父母們，在面對自己的孩子時，卻往往出於對孩子的寵愛而失去了判斷能力，把孩子像保護鹿群一樣保護起來，捨不得讓孩子經歷一絲的風雨，捨不得孩子受半點的委屈和挫折，恨不得將孩子含在嘴裡長大，但是這種做法好嗎？

　　看看事實就知道了，在溫室裡長大的孩子，習慣了飯來張口、衣來伸手的日子，習慣了凡事有父母代替解決的日子，不但無法面對人生不可避免的艱難困苦或種種挑戰，不懂得奮發努力去拚搏人生，甚至於連平時的日常生活都無法自己獨力解決。

　　總之，世界如此之廣闊，宇宙如此之無垠，萬事萬物都無法尋找其始終。人類的成就也不可能有既濟的一天，我們對人生、對事業、對生活的追求都是沒有止境的，即使是一時的成功，也不過只是針對一個階段而言。

　　未濟，也就是告訴我們，不要滿足於一時的成就，不要為一時的所得而驕傲，人生就是一個精益求精、更上層樓無止境追求的過程。

先秦經典智慧名言故事

張樹驊主編　沈兵稚副主編

　　本書主要內容包括名言、要義和故事緊密相關的三個方面，淺顯簡單易讀，是給國、高中生最佳的課外讀物，短期內提升國學程度的利器。

《明朝一哥 王陽明》

出版3個月隨即暢銷100000冊的歷史大書
呂崢以心寫史最牛新銳，叫板當年明月。
《明朝那些事兒》之後最值得期待的通俗歷史佳作
最年輕、最犀利的陽明心學傳人為您講述，有故事的思想，有思想的故事，有
故事和思想的歷史。

王陽明到底有多牛？大明王朝三百年，只出王守仁一人。研讀《蔣介石日記》，
發現蔣介石一生中最大的偶像是王陽明。閱讀王陽明，令蔣介石「手之舞之，足
之蹈之」。日本「明治維新」的先驅在中國明代找到了他們唯一的精神領袖——
王陽明。

《明朝一哥王陽明》凝聚了作者披閱三載、增刪數次的心血。在窮盡一切辦法汲
取中外王學研究的基礎上，用通俗幽默的語言將王陽明幾起幾落的人生歷程娓
娓道來，力圖全景式地展現陽明先生盪氣迴腸的一生。除此之外，作者並不止步
於寫一本通俗歷史人物傳記，而是舉重若於輕、深入淺出地將陽明心學的三大命
題「心即理」、「知行合一」以及「致良知」的形成、發展貫穿其中，使心學思
想的脈絡有跡可循。

國家圖書館出版品預行編目資料

易經現代生活的智慧 / 孫三寶 編著--

一版. -- 臺北市 :廣達文化, 2012. 01

面 ； 公分. -- （典藏中國：33）（文經閣）

ISBN 978-957-713-489-9(平裝)

1.易經 2.研究考訂

121. 17   100024156

書山有路勤為徑
學海無涯苦作舟

易經現代生活的智慧

編著者：孫三寶

叢書別：典藏中國 **33**

文經閣 編輯室 企畫出版

出版者：廣達文化事業有限公司

Quanta Association Cultural Enterprises Co. Ltd

編輯執行總監：秦漢唐

發行所：臺北市信義區中坡南路 287 號 4 樓

電話：27283588　傳真：27264126

E-mail：siraviko@seed.net.tw

本公司經臺北市政府核准登記.登記證爲

局版北市業字第九三二號

印　刷：卡樂印刷排版公司

裝　訂：秉成裝訂有限公司

上　光：全代上光有限公司

代理行銷：創智文化有限公司

23674 新北市土城區忠承路 89 號 6 樓

電話：02-2268-3489　傳真：02-2269-6560

CVS 代理：美璟文化有限公司

電話：02-27239968　傳真：27239668

一版一刷：2011 年 12 月

定　價：280 元